OSTFRIESISCHE FAMILIENGESCHICHTEN

BAND 1:

LÜBBERS AUS MARCARDSMOOR

STANDARDAUSGABE

OKTOBER 2017

HINRICH LÜBBERS

400 JAHRE FAMILIE LÜBBERS

VICTORBUR

RECHTSUPWEG

MARCARDSMOOR

OSTFRIESISCHE FAMILIENGESCHICHTEN

ANIKKÄNBRÖ & KNETEMELK

Ostfriesische Familiengeschichten. Band 1: Lübbers aus Marcardsmoor.
400 Jahre Familie Lübbers. Victorbur. Rechtsupweg. Marcardsmoor.
Anikkänbrö & Knetemelk. Berlin.

1. Auflage 2017

ISBN 978 3 941936 21 8

Bibliografische Information der Deutschen Nationalbibliothek:
Die Deutsche Nationalbibliothek verzeichnet diese Publikation in der Deutschen Nationalbibliografie; detaillierte bibliografische Daten sind im Internet über dnb.dnb.de abrufbar.

Satz & Umschlaggestaltung: Carsten Brandes
Druck: BoD Norderstedt

110 F L02
ISBN 978 3 941936 21 8

VORBEMERKUNGEN

Im Januar 2002, kurz nach meiner Pensionierung, begann ich einen schon lange gehegten Plan in die Tat umzusetzen – die Erforschung der Geschichte meiner Familie. Ich weiß, dass dies eigentlich viel zu spät geschah. Zu spät deshalb, weil die meisten älteren Verwandten, die Kenntnisse über meine Vorfahren, deren Lebensgeschichten und deren Lebensumstände gehabt hätten, zu diesem Zeitpunkt bereits verstorben waren. Sie beizeiten zu befragen habe ich also leider versäumt. Zu Lebzeiten meines Großvaters Hinrich Lübbers, meines Vaters Hans Lübbers und meiner Onkel Hinrich und Heinrich Lübbers hat mich die Familiengeschichte nicht so stark interessiert, dass ich mich ihrer in Form von schriftlichen Dokumentationen angenommen hätte.

Die genannten Vorfahren hatten selbst offensichtlich wenig Interesse an einer solchen Dokumentation. Mehr noch: Aus meiner Sicht lag sogar ein Schleier des Schweigens und der Wunsch nach dem Verdrängen über der Vergangenheit. Der Grund dafür war offensichtlich ein Erbstreit, der um 1920 begann und sich bis 1938 hinzog. Überliefert ist, dass seinerzeit die Erwartung meines Großvaters Hinrich Lübbers, er könne nach dem Soldatentod seines Bruders Lübbert den Hof seines Vaters in Rechtsupweg übernehmen, enttäuscht wurde. Er musste gehen und gründete für sich und seine Söhne in Marcardsmoor eine neue Existenz. Die Vergangenheit und damit auch die Beziehungen zu Stiefmutter und Halbgeschwistern wurden seinerzeit weitestgehend abgebrochen.

In meiner Wahrnehmung sprach man in der Familie wenig über diese Vergangenheit. Überliefert ist nur wenig. Dokumentiert wurde seinerzeit offensichtlich so gut wie nichts. Wegen dieser Lücke in der Familiengeschichte fiel es mir anfangs schwer, einen Anfang zu finden bei der Erforschung meiner Herkunft und des Lebens meiner Vorfahren.

Glücklicherweise hatte meine Mutter Frauke Lübbers geb. Camp (* 04 NOV 1912, † 18 NOV 1994) im Jahre 1992 einiges über ihre eigene Lebensgeschichte aufgeschrieben. Deshalb verfügte ich am Anfang lediglich über die Notizen meiner Mutter, die auf der Basis ihres exzellenten Gedächtnisses viele Erinnerungen an Ereignisse in der Familie und Lebensdaten von Familienmitgliedern enthielt. Dazu gehörten auch eine Schilderung über die Soldatenzeit und die Kriegsgefangenschaft meines Vaters Johannes *(Hans)* Lübbers im Zusammenhang mit dem zweiten Weltkrieg. Allerdings wusste auch meine Mutter über die Zeit vor 1940 und die noch weiter zurückliegende Geschichte der Lübbers-Familie nicht allzu viel. Bezeichnend ist, dass meine Mutter zu Lebzeiten nicht einmal wusste, wo der Lübbers-Hof, das Geburtshaus ihres Schwiegervaters und der von 1919 bis 1927 zeitweilige Wohnsitz ihres Ehemannes, in Rechtsupweg zu finden sei. Und das, obwohl sich dieser Hof nur wenige Kilometer Luftlinie von ihrem eigenen Elternhaus in Upende befand und bis heute in Resten noch befindet.

Begonnen habe ich meine aktiven Nachforschungen mit einem Besuch bei Frieda Behrends in Moorhusen am 8. Januar 2002. Frieda Behrends ist die Tochter von Focke Dettmers und Lina geborene Lübbers. Sie ist 1922 geboren und auf dem elterlichen Hof in Rechtsupweg aufgewachsen.

Bei diesem ersten Gespräch sind mir einige Schlüssel zur Vergangenheit meiner Familie zugänglich geworden. Ich erfuhr zum Beispiel, wer der Vater und der Großvater meines Großvaters waren, und dass das Grab meines Urgroßvaters, von dem ich bisher noch nicht einmal den Vornamen kannte, in Marienhafe noch existiert.

An dieser Stelle nun eine Erläuterung der Zeichen und Abkürzungen, die ich in den folgenden Texten verwendet habe.

ZEICHEN	BEDEUTUNG
*	Geburtsdatum
~	Taufdatum, sofern kein Geburtsdatum ermittelt werden konnte
†	Sterbedatum
∞	Heiratsdatum
Rnr	Hinweis auf eine Randnummer bei der weitere Information zu Personen oder zu Sachverhalten zu finden sind.
Rnrn	Hinweis auf mehrere Randnummern.
OSB	Ortssippenbuch (Familienbuch der Kirchengemeinde), ist nur OSB angegeben, handelt es sich im Regelfall um das Ortssippenbuch der Kirchgemeinde Victorbur.
KSchB	Kopfschatzung von 1719.

Meine bis dahin noch recht hilflose Suche nach Erkenntnissen aus der Vergangenheit und nach Spuren unserer Vorfahren wandelte sich 2004 durch einen Kontakt zu Theodor Voß, der damals in Riepe wohnte, und an dem Ortssippenbuch für die Kirchengemeinde Victorbur arbeitete.

Beim Studium der Aufzeichnungen von Theodor Voß konnte ich bald gesichert feststellen, das der älteste Vorfahr der Familie Lübbers, über den etwas schriftliches dokumentiert ist, mit seiner Familie in der Kirchgemeinde Victorbur gelebt hat.

Die Kirchengemeinde Victorbur hat als älteste bisher bekannte und noch vorhandene Dokumentation ab dem Jahr 1620 ein Taufregister geführt. Ältere Aufzeichnungen, die noch vor das Jahr 1620 zurückgehen, gibt es also nicht. Ein Heiratsregister wurde von den Pastoren der Kirchengemeinde Victorbur erst seit Anfang 1694 und ein Sterberegister bzw. Bestattungsregister seit dem Jahr 1693 geführt.

Am 3. Dezember 2005 wurde das von Theodor Voß verfasste Ortssippenbuch der Kirchgemeinde Victorbur der Öffentlichkeit vorgestellt. Dies war für mich ein Wissensschatz, aus dem ich für die weitere Erforschung der Geschichte der Familien Lübbers unendlich viele Erkenntnisse gewinnen konnte. Weitere unersetzliche Informationsquellen waren danach ebenso die Ortssippenbücher der Kirchengemeinden Engerhafe, Loquard, und Marienhafe. In diesen Büchern, zeitlich angefangen mit dem Taufregister von 1620, konnte ich die Wege der Familie Lübbers über rund 400 Jahre bis in die jüngste Vergangenheit ziemlich lückenlos zurückverfolgen.

Aus Dokumenten des Staatsarchivs in Aurich konnte ich später wichtige Erkenntnisse über die Eigentumsverhältnisse verschiedener Grundstücke im Besitz der verschiedenen Lübbers-Generationen gewinnen und daraus viele interessante Informationen über deren Leben und Lebensumstände ableiten. Durch intensive Nachforschungen, die über das Amtsgericht Norden, das Staatsarchiv in Aurich, das Geheime Staatsarchiv in Potsdam und wieder zurück zum Amtsgericht Norden führten, konnte ich am Ende auch die Hintergründe der eingangs bereits erwähnten Erbstreitigkeiten eindeutig klären. Dazu mehr auf Seite 71ff.

Ein Protokoll über meine Forschung nach der Historie der Lübbers-Familie hatte ich 2005 nahezu vollständig hergestellt. Meine Absicht, daraus ein lesbares Dokument u.U. sogar mit alten Fotos bebildert, herzustellen, blieb leider unvollendet, weil ich mich seit dieser Zeit massiv mit der *Entdeckung der Welt* beschäftigt habe. Meine intensive Bereisung aller Herren Länder dieser Welt und der damit verbundene Zeitbedarf hält bis heute noch an.

2008 meldete sich Carsten Brandes aus Berlin, Enkel von Frieda Behrends. Er hatte über seine Verwandtschaft von meiner Familienforschung gehört und war, selbst ja ein Sproß der Lübbers-Familie, an diesem Thema sehr interessiert. Er schlug mir vor, aus meinem Protokoll der Familiengeschichte ein richtiges Buch zu machen. Wir waren uns schnell einig und beide von dieser Idee begeistert. Carstens Beruf und meine Weltenbummelei haben uns aber bis Anfang 2016 leider zeitmäßig davon abgehalten. diese Absicht in die Tat umzusetzen. Es waren doch noch intensive Vorbereitungen zu treffen, um die bestehenden Texte und Daten in eine lesbare Form zu bringen.

Ich freue mich umso mehr, dass wir das Büchlein jetzt vorstellen können. Möge es für alle Familienmitglieder, die mit uns leben und die nach uns kommen, eine Grundlage sein, um ihre eigene Lebensgeschichte in den Kontext zur 400-jährigen Geschichte der Lübbers-Familien zu stellen.

Hinrich Lübbers

INHALTSVERZEICHNIS

DER FAMILIENNAME LÜBBERS

VORBEMERKUNGEN ZUM NAMENSRECHT IN OSTFRIESLAND

Das Heft *Die Lübbers Familien im Weltbuch* sagt 1991 über die Herkunft des Namens Lübbers folgendes: „*Der Familienname Lübbers scheint patronymischen (= nach dem Vaternamen gebildeter Eigenname) Ursprungs zu sein. Untersuchungen haben ergeben, dass er von der deutschen Sprache abgeleitet ist und von Lübbe(n), der Kurzform des altgermanischen Vornamens Liut-bert (Bedeutung: im Volke glänzend) stammt. Es gibt heutzutage von den meisten Zunamen verschiedene Schreibweisen und es ist nicht überraschend, dass auch verschiedene Varianten des Namens Lübbers existieren. Einige davon sind: Lü(b)ert, Lübben und Lübbe - in der englischen Schreibweise auch Luebbers, Luebbert, Luebben oder Lubbers.*“

An dieser Stelle erscheint es mir angebracht, das Namensrecht im Allgemeinen, insbesondere aber die Besonderheiten des ostfriesischen Namensrechtes etwas näher zu beleuchten: Im deutschen Sprachraum war die Festlegung eines Familiennamens, bis auf wenige Regionen, zu denen auch Ostfriesland gehörte, allgemein verbreitet. In Ostfriesland gab es hinsichtlich der Namensgebung jedoch einige Besonderheiten.

Zum Namensrecht und zur Führung von Personenstandsregistern an dieser Stelle nachfolgend einige grundlegende Auszüge aus einer Abhandlung von Rudolf Folkerts, Marienhafe aus dem Jahre 1983 zum Thema Familienforschung und Namensrecht:

> „*Erst das Konzil von Trient (1548 bis 1563) machte die bis dahin lückenhafte und ungeregelte Führung von Personenstandsregistern für die katholischen Kirchen zur Pflicht. Die Geistlichen der protestantischen Kirchen führten in ähnlicher Weise Tauf-, Trau- und Sterberegister. Die Kirchenbücher waren lange Zeit Sache der Kirchen, in die sich der Staat nicht einmischte. Erst 1794 schrieb Preußen im allgemeinen Landrecht den Pfarrern genau vor, wie sie ihre Kirchenbücher über Aufgebote, Trauungen, Geburten, Taufen und Begräbnisse zu führen hatten. Ein erster massiver Eingriff des Staates in die Arbeit der Kirchen.*“

In Frankreich war das anders. Dort werden seit 1791 Zivilstandsregister bei den Kommunen geführt. Diese Regelung ist für Ostfriesland deshalb von Bedeutung, weil sie nach der französischen Machtübernahme ab 1811 auch bei uns (genauer: im *Departement Ost-Ems)* eingeführt wird. Von diesem Zeitpunkt an dürfen Pfarrer eine kirchliche Trauung erst nach der Ziviltrauung vornehmen. Auch bei Geburten und Sterbefällen haben nun die Zivilregister Vorrang vor den Kirchenbüchern: „*Das Jahr 1811 brachte für Ostfriesland (ebenso wie für die holländischen Frieslande) eine tiefgreifende Bestimmung: Mit dem Dekret vom 18.8.1811 wurde den Einwohnern die Annahme von festen Familiennamen zur Pflicht gemacht. Danach konnte der Vater oder der väterliche Großvater entweder den bis dahin geführten Namen behalten oder auch einen neuen wählen. Die ganze Familie musste dann allerdings diesen Namen verbindlich führen.*" Die Ostfriesen hielten sich jedoch nur unwillig an diese durch Fremdherrschaft auferlegte Regelung. Nicht selten wurde diese Vorschrift einfach missachtet. „*Hierzu ist auf eine Besonderheit hinzuweisen: Während in Deutschland Familiennamen schon seit dem 7. Jahrhundert vorkamen, hielten die Friesen (mit Ausnahmen) am überkommenen patronymischen Namensrecht fest.*"

Dies bedeutet im Regelfall, dass das erste Kind nach dem Großvater väterlicherseits, das zweite Kind nach dem Großvater mütterlicherseits, das dritte Kind nach der Großmutter väterlicherseits, das vierte Kind nach der Großmutter mütterlicherseits usw. benannt wird, wobei es durchaus Ausnahmen gibt. Um die Abstammung der Kinder deutlich zu machen, wird ihnen quasi als Nach- bzw. Familienname der Vorname des Vaters angefügt. So erklären sich in Bezug auf die Familie Lübbers folgende Namensketten:

1.	Ippe Lübben	* ca. 1595	
2.	Dirck Ippen	* 1638	3. Sohn von 1.
3.	Haye Dircks	* 1665	2. Sohn von 2.
3A.	Ehefrau Dewer Lübberts (Vater unbekannt)		
4N.	Dirck Hayen	* ca. 1695	1. Sohn von 3.
4.	Lübbert Hayen	* 1704	2. Sohn von 3.
5N.	Haye Dircks	* 1721	1. Sohn von 4n
5.	Haye Lübberts	* 1731	1. Sohn von 4.
6.	Lübbert Hayen	* 1757	1. Sohn von 5.
7N.	Heye Lübberts	* 1781	1. Sohn von 6.
7.	Peter Lübberts	* 1785	2. Sohn von 6.
8.	Lübbert Lübbers	* 1813	1.Sohn von 7.
9.	Hinrich Lübbers	* 1849	4. Sohn von 8.

Hier wird deutlich, dass der jeweilige Namenswechsel um die erwähnte Zeit (ca. 1813) endet und der Familienname Lübberts bzw. Lübbers als konstanter Nachname geführt wird. Weiter wird hier deutlich, dass der Familienname aus der Linie der Ehefrau Dewer von Haye Dircks stammt. Ihr Vater wird vermutlich den Vornamen Lübbert getragen haben.

Ab 1812 wurden dann in allen Gemeinden Ostfrieslands Zivilstandsregister eingeführt. So heißt es beispielsweise 1813 im Zivilstandsregister in der Geburtseintragung des oben genannten Lübbert Lübbers wörtlich:

„Im Jahre eintausend achthundert und dreizehn den fünften des Monats März des Abends sechs Uhr erschien vor uns Klaas Meints, Mairie und Zivilbeamter der Mairie Loquard in dem Canton Pewsum des Ost-Ems Departements, der Arbeiter Peter Lübbers, alt sieben und zwanzig Jahre hierselbst in Loquard wohnhaft und zeigte Kind männlichen Geschlechts vor, geboren im Jahre eintausend achthundert und dreizehn den vierten des laufenden Monats März des Morgens halb zwei Uhr, welches von ihm und seiner Ehefrau Heike Lübbers geborene Yzebrands erzeugt sey und dem er den Namen Lübbert Heyen geben wolle. Diese Erklärung und Vorzeigung ist geschehen in Gegenwart des Kaufmanns Frans Arends Wibben alt sieben und zwanzig Jahre und des Arbeiters Drews Drewßen, alt fünf und vierzig Jahre, beide hierselbst in Loquard wohnhaft, und sowohl die Zeugen als der Vater haben nebst uns die gegenwärtige Geburtsurkunde, nachdem sie zuvor ihnen vorgelesen wurde unterschrieben.“

Bereits 1813 aber endet die Herrschaft der Franzosen und die französischen Zivilstandsgesetze werden wieder aufgehoben. Ab 1814 ist nun wieder allein die kirchliche Eheschließung gültig. Doch offensichtlich kümmert man sich in Ostfriesland nicht allzu sehr um die neuen Namen, man verwendet sie allenfalls im amtlichen Verkehr, sonst aber eher kaum. Ja, sie lassen sogar die Register von 1811 durchweg verschwinden und kehren zum altüberlieferten patronymischen Namenssystem zurück. Das wiederum gefällt der neuen Obrigkeit auf die Dauer nicht. Für Ostfriesland, das seit 1815 zum neuen Königreich Hannover gehört, wird am 22. Mai 1826 eine *Verordnung, die Erhaltung der Familien-Namen in Ostfriesland betreffend* erlassen, in der es heißt:

„Demnach zu Unserer Bemerkung gekommen ist, daß in Unserem Fürstentum Ostfriesland nicht allgemein auf die Erhaltung der Familien-Namen

genugsam gehalten, sondern damit hin und wieder willkürlich gewechselt wird, hieraus aber mannigfache Verwirrungen und Ungewissheiten entstehen. So finden wir uns gnädigst bewogen, hiermit zu verordnen und festzusetzen, daß ein jeder einen Stamm- oder Familiennamen künftighin führen, auch den Namen, den er jetzt hat, behalten und ohne ausdrückliche Genehmigung Unseres Cabinets-Minsterii denselben willkürlich abzuändern nicht berechtigt seyn soll, so wie auch die Söhne jederzeit denjenigen Familien-Namen beibehalten müssen, welcher von ihrem Vater geführt wird."

Hier wird also erneut für Ostfriesland die Führung fester Familiennamen angeordnet. Als Grundlage sollen Namenlisten aus dem Jahre 1811 dienen. Dies funktioniert jedoch nicht überall, weil diese Listen teilweise unvollständig oder erst gar nicht aufzufinden sind. Es wird darum der Druck neuer Formulare genehmigt, nach deren Verteilung alle ostfriesischen Bürger sich bis zum Sommer 1829 auf ihren Familiennamen festlegen müssen.

„[...] Die dazu erlassenen Ausführungsbestimmungen legten unter anderem fest, dass der älteste lebende Ascendent den Familiennamen bestimmt. Mehrere volljährige Brüder, deren Vater bereits verstorben war, konnten jeder für sich einen Familiennamen annehmen. Witwen behielten den Namen ihres verstorbenen Ehegatten, unverheiratete Töchter den Namen des Vaters. Hinsichtlich der Namensgebung gab es für die Genannten also ein letztmaliges Wahlrecht. Dieses wurde in vielen Fällen genutzt.
Für Familienforscher ist es aufgrund der beschriebenen Gebräuche und Verfahren zur Namensgebung bis 1850 nicht ganz einfach, zumal nicht nur die Namen, sondern auch deren Schreibweise oft wechselten und die Pfarrer sich wohl auch nicht immer an die weltlichen Vorschriften hielten. Vielfach ist man so bei der Familienforschung auf Vermutungen angewiesen."

Noch lange bleiben Kirchenbücher die einzige Stelle für die Beurkundung von Trauung, Geburt, Taufe und Tod bzw. Beerdigung. Erst nach dem *Kulturkampf* zwischen Kirche und Staat ab 1872 kam es endgültig zur staatlichen Personenstandsbuchführung.

„[...] Preußen ging ab dem 1.10.1874 voran und richtete in seinem Bereich (zu dem seinerzeit auch Ostfriesland gehörte) Standesämter ein. Vom 1.1.1876 an galt dies für das gesamte Gebiet des damaligen Deutschen Reiches. Seither hat

die staatliche Personenstandsführung absoluten Vorrang vor der kirchlichen, wie bei uns ins Ostfriesland bereits von 1812 bis 1814."
(alle Zitate wenn nicht anders angegeben aus: Rudolf Folkerts: *Familienforschung und Namensrecht. Ostfreesland-Kalender 1983)*

Zum besseren Verständnis der Lebensverhältnisse unserer Vorfahren erläutere ich hier im Vorfeld noch kurz einige alte Berufsbezeichnungen:

Warfsmann: Als Warfsmann wird eine männliche Person bezeichnet, welche mit seiner Familie ein kleines, bescheidenes Haus bewohnt, zu dem auch eine kleine Landwirtschaft gehört. Diese beschränkt sich im Regelfall auf eine kleine Landfläche und einige wenige Haustiere wie Hühner, Ziegen und ggf. bis zu zwei Kühe. In einigen Fällen ist der Warfsmann auch berechtigt, Gemeindeweiden für eigenes Vieh mitzubenutzen.

Im Regelfall handelt es sich bei dieser *Warf* um Eigentum des Warfsmannes. Wegen der geringen Größe der eigenen Landwirtschaft verdiente der Warfsmann den Unterhalt für seine Familie meistens durch Mitarbeit auf den umliegenden Bauernhöfen.

Hausmann: Ein Hausmann ist im Regelfall ein Landwirt im heutigen Sinne, der eine eigene Hofstelle als Vollerwerbsbetrieb bewirtschaftet. Er hat damit auch besondere kommunale und kirchliche Rechte und Pflichten. Er ist im Regelfall Eigentümer seiner Hofstelle. Pächter von Hofstellen werden als Heuermann bezeichnet.

Landgebräucher: Diese Bezeichnung findet wohl erst in der zweiten Hälfte des 19. Jahrhunderts Verwendung. Ein Landgebräucher hat, wohl ähnlich wie vor ihm der Warfsmann, eine kleinere Landstelle, die in der Regel keinen Vollerwerbsbetrieb darstellt, so dass sich der Landgebräucher durch Zusatztätigkeiten etwas zum Lebensunterhalt seiner Familie hinzuverdienen muss.

Dienstknecht: Als Dienstknecht wird jemand bezeichnet, der als Landarbeiter auf dem Hof seines Arbeitgebers wohnt. Gründet der Dienstknecht eine eigene Familie, so zieht er regelmäßig in ein kleines, sehr bescheidenes Arbeiterhaus, welches manchmal auch zur Hofstelle des Arbeitgebers gehört. So ist er im Regelfall Mieter seines Heimes und lebt auf einem extrem niedrigen sozialen Niveau.

Zum Schluss dieser allgemeinen Abschnitte nun noch ein wenig Statistik zum Familiennamen Lübbers: Der Name Lübbers kommt, gemessen an der Bevölkerungszahl, wohl am häufigsten im Emsland und im westlichen Teil Ostfrieslands vor. Das Heft *Die Lübbers-Familien im Weltbuch* geht im Jahr 1990 von weltweit rund 1100 Lübbers-Haushalten aus, die insgesamt rund 3000 Personen umfassen. Von den weltweit 1100 Lübbers-Haushalten entfallen auf Deutschland rund 770 mit rund 2000 Personen und auf die USA rund 350 Haushalte mit knapp 1000 Personen. Andere Länder spielen demnach als Heimatland für Lübbers-Familien kaum eine Rolle.

Die vorstehenden Zahlen zeigen, dass fast ein Drittel aller Lübbers-Familien in den USA leben; ein Beweis dafür, dass in den Lübbers-Familien in zurückliegenden Zeiten Abenteuer- und Pioniergeist und damit die Bereitschaft zur Auswanderung vorhanden sind. In den USA konzentrieren sich die Lübbers-Haushalte auf die Bundesstaaten Illinois (rd. 90 Haushalte) und Missouri (rd. 50).

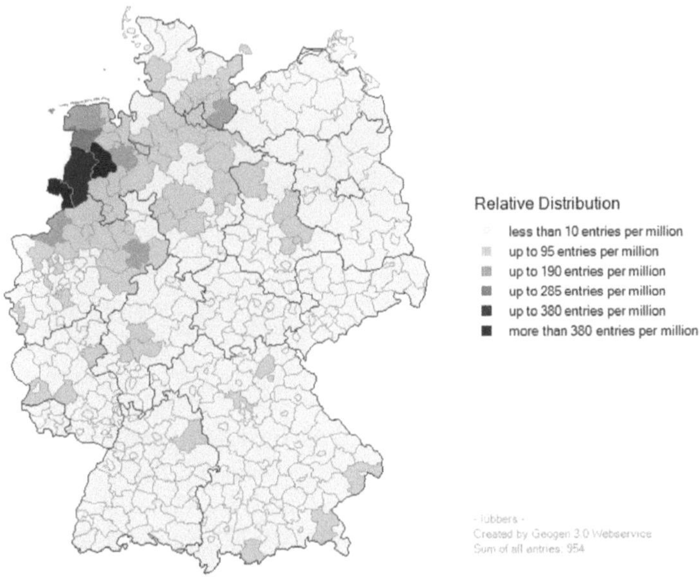

LUBBERS_NAMENKARTE_GER

Wo wohnen die meisten Lübbers? Namensverteilung des Familiennamens Lübbers in Deutschland.
Relative Verbreitung auf der Basis von 954 Einrägen für den Namen Lübbers insgesamt.
Erstellt von Geogen 3.0 Webservice.

Irritiert bin ich darüber, dass in dem Weltbuch die Niederlande als Heimatort für Lübbers-Familien nicht aufgeführt sind, obwohl ich stark annehme, dass der Name Lübbers auch in den Niederlanden, insbesondere im Grenzbereich zu Emsland und Ostfriesland sehr häufig vorkommt. Liegt es an der in den Niederlanden üblichen Schreibweise Lubbers? So schreibt sich doch der wohl bekannteste Lübbers der Welt: Ruud Lubbers, niederländischer Ministerpräsident von 1982 bis 1994 und Hoher Flüchtlingskommissar der Vereinten Nationen (UNO) von 2001 bis 2005.

LUBBERS_NAMENKARTE_NED

Verteilung des Namens Lubbers in den Niederlanden. Relative Verbreitung auf der Basis von 4296 Einträgen im Jahre 2007. Erstellt von der Nederlandse Familienamenbank. [http://www.cbgfamilienamen.nl]

Im Land Niedersachsen sind knapp 200 Lübbers-Familien ansässig, davon rund 100 im Emsland und knapp 70 in Ostfriesland. Örtliche Häufungen findet man in den Städten und Gemeinden Haren/Emsland (mit 21 Haushalten), Lingen/Emsland (20), Friesoythe/Oldenburg (18), Meppen/Emsland (16), Gronau/Nordrhein-Westfalen (11), Nordhorn/Emsland (11), Weener (10), Südbrookmerland (9) und Emden (8).

In der ostfriesischen Kopfschatzung von 1719 finden sich rund 40 Personen, die als *Familienoberhäupter* den Familiennamen Lübber(t)s tragen, etwa sieben davon sind Frauen. Diese Familien sind allerdings weit über

Ostfriesland verstreut. Erkennbar sind folgende Häufungen, aus denen sich aber keine Familienzusammengehörigkeiten erkennen lassen: Raum Bunde/Weener/Bingum/Jemgum 11, Raum Greetsiel 5, Raum Overledingen/Leer 5, Raum Riepe 4.

Im aktuellen Telefonbuch finden sich z.B. im Ortsnetz Marienhafe 11 und im Ortsnetz Südbrookmerland 13 Eintragungen.

UNSERE VORFAHREN

DIE GENERATIONEN

Vorbemerkungen:

A. *Die Informationen bezüglich der ersten bekannten Generation stammen im wesentlichen aus den Kirchenbüchern der Kirchengemeinde Victorbur (erschienen am 3. Dezember 2005).*

B. *Nach derzeitigem Erkenntnisstand sind unsere direkten Vorfahren seit Ende des 16. Jahrhunderts bis etwa 1780 in der Kirchengemeinde Victorbur ansässig. Ein Familienzweig (Clas Lübberts und seine Nachkommen) bleibt auf dem angestammten Familiensitz. Dieser, aus unserer Sicht als „Nebenlinie" zu betrachtende Familienzweig, ist in Anhang 3 auf Seite 126 dargestellt.*

Nachkommen weiterer Familienzweige, die aus unserer Sicht ebenfalls Nebenlinien darstellen, leben in großer Anzahl heute noch im Bereich der alten Kirchspiele Victorbur, Engerhafe und Marienhafe, also quasi *in Sichtweite* des Kirchturms von Victorbur.

EXKURS: KURZE GESCHICHTE DES ORTES VICTORBUR

Da nach dem jetzigen Stand der Nachforschungen feststeht, dass unsere Vorfahren mindestens seit dem Ende des 16. Jahrhunderts bis etwa 1780, also etwa 180 Jahre in der Kirchengemeinde Victorbur gelebt haben, ist es durchaus angebracht, die Geschichte des Ortes Victorbur zum besseren Verständnis der damaligen Lebensumstände kurz zu skizzieren. Als Quelle dient mir dazu im wesentlichen das Buch von Pastor Jürgen Hoogstraat aus dem Jahre 2000 mit dem Titel *Geschehen zu Victorbur*, eine Jubiläumsschrift zur 750-Jahr-Feier der St.Victor Kirche.

Als Beginn der Victorburer Orts- und Kirchengeschichte wird dort das Jahr 1250, das Jahr des Baubeginns der heutigen St.Victor Kirche, genannt. Es ist allerdings bekannt, dass Victorbur eigentlich wesentlich älter ist und dass der heutige Kichenbau ein oder gar zwei Holzbauten als Vorgänger hat.

Zum Kirchspiel Victorbur gehören von Anfang an die etwa gleichgroßen Orte Theene und Uthwerdum. Später kommt auch die kleine Ortschaft Ekels hinzu. Besiedelt wird der Geestrand, an dem auch Victorbur, Theene und Uthwerdum liegen, von den angrenzenden Marschgebieten aus. Die Bewohner der fruchtbaren aber in alter Zeit ungeschützten Marschgebiete, nutzen die höher liegenden Geeständer als Rückzugs-Siedlungsgebiet bei bzw. nach Überschwemmungen des Marschlandes. Deiche zum Schutz des fruchtbaren Marschlandes an den ostfriesischen Küsten gibt es erst etwa ab dem Jahr 1000. Diese werden jedoch bis in die Neuzeit hinein immer wieder von verheerenden Sturmfluten überspült oder zerstört. Für Victorbur und damit auch für unsere Vorfahren ist die Weihnachtsflut von 1717 von besonderer Bedeutung.

Bereits seit Einzug des Christentums im 8. Jahrhunderts ist Ostfrieslands Kirchlandschaft geteilt. Der östliche Teil wird vom Bistum Bremen und der westliche Teil vom Bistum Münster aus kirchlich *regiert*. Die weltliche Macht liegt in Ostfriesland bis in das 14. Jahrhundert in sehr unterschiedlichen Händen. Demokratische Strukturen wechseln mit Fremdbeherrschung und der zeitweiligen weltlichen Machtausübung durch die Bischöfe, was einer zeitweiligen Vereinigung der weltlichen und kirchlichen Macht gleichkommt.

Im 14. Jahrhundert setzt sich das Häuptlingswesen durch, es kommt zu erbitterten Machtkämpfen, die permanent Anlass zu kriegerischen Auseinandersetzungen geben. Zu den bedeutenden Häuptlingen Ostfrieslands gehören seinerzeit die tom Brook, die zeitweise ihre Herrschaft über ihr angestammtes Herrschaftsgebiet, das Brookmerland zu dem auch Victorbur gehört, hinaus ausbauen können. Sie verlieren ihre Macht 1427 in Folge der Niederlage in der Schlacht *auf den Wilden Äckern* bei Marienhafe. Erst Graf Edzard Cirksena (Regierungszeit 1491 bis 1528) gelingt es, zu Beginn des 16. Jahrhunderts so etwas wie ein einiges Ostfriesland zu schaffen.

Seit den 20er Jahren des 16. Jahrhunderts sickern in Ostfriesland die von Martin Luther initiierten reformatorischen Theorien ein. Von Westen her wird Ostfriesland stark von den niederländischen calvinistischen Reformisten beeinflusst. Noch heute ist der westliche Teil Ostfrieslands überwiegend reformiert und östliche weitgehend lutherisch geprägt. Victorbur liegt an der Grenze dieser Bewegungen, entscheidet sich aber für die lutherische Variante der Reformation. Wichtigstes Verdienst der Reformation ist die Entwicklung des Schulwesens in Ostfriesland. Ansätze eines

Schulwesens sind bereits in vielen Dörfern vorhanden. Der Unterricht liegt dabei meist in den Händen der örtlichen Pastoren. Für Victorbur beginnt die Reihe der bekannten Lehrernamen 1582 mit Johannes Oldevelt, gebürtig aus Melle. Dieser versieht den Schuldienst in Victorbur 61 (!) Jahre lang bis 1643. Sofern unser Urvater Ippe Lübben (geboren um 1595) überhaupt eine Schule besucht haben sollte, ist Johannes Oldevelt also sein Lehrer gewesen.

Verordnungen der Landesherren werden in der Zeit des Wechsels vom 16. zum 17. Jahrhundert ebenso von der Kanzel verlesen, wie kirchliche Angelegenheiten. Jürgen Hoogstraat schreibt:

> *„Die St.-Victor-Kirche war auch im Reformationsjahrhundert nicht nur geistliches, sondern auch weltliches Zentrum des Kirchspiels Victorbur. Ähnlich wie in vergleichbaren Dörfern des Brookmerlandes und des Auricherlandes bestimmte die Gruppe der „Interessenten“ (vorher auch mit den alten Begriffen als „Hilgemann“ oder „Kirchgeschworener“ oder im Brookmerland auch später noch als „Kedde“ bezeichnet) die Geschicke des Dorfes und in der Gestaltung des alltäglichen Lebens hatte sich durch den Wechsel der Obrigkeit kaum etwas geändert. […] Örtliche Rechtsgewohnheiten wurden, auf Drängen der Landesherrschaft, erst ab dem Zeitraum um 1600 schriftlich niedergelegt. […]*
> *An der Struktur der Gemeinde hatte sich zu Beginn des 17. Jahrhunderts von der Gründung der Ansiedlung an selbst nach vier Jahrhunderten wenig verändert. Während Theene neben der Landwirtschaft im Laufe der Zeit immer mehr zum handwerklichen Zentrum der Kirchengemeinde wurde, so war es in Uthwerdum hauptsächlich die Mühle, die das Geschehen im Dorf bestimmte. Die Verkehrsverbindungen in dieser Zeit waren derart miserabel, dass immer wieder Beschwerden von Theener Bauern zu hören waren, dass ihr Korn nur per Schiff nach Uthwerdum transportiert werden könne. Victorbur selbst bestand nur aus wenigen Höfen, zu denen sich einige Handwerker- und Arbeiterhäuschen gesellten. Auffällig ist die Zahl der Leineweber, die sich mit Feldarbeit und Leinenweberei wirtschaftlich über Wasser zu halten versuchten.“*
>
> (Jürgen Hoogstraat: *Geschehen zu Victorbur. Eine ostfriesische Kirchengeschichte 2000*)

Der Dreißigjährige Krieg (1618 bis 1648) geht auch an der Gemeinde Victorbur nicht spurlos vorüber. In Theene befindet sich ein Quartier der mansfeldischen Soldaten, unter denen die ganze Umgebung schwer zu leiden hat. In Engerhafe fliehen die Pastoren, und das Eigentum der Kirche wird von den Mansfeldern gestohlen. In Victorbur beschädigten sie den Westturm der Kirche schwer. Der Zug der Mansfelder durch Ostfriesland bleibt noch mehrere Generationen in bitterster Erinnerung. Für Victorbur und das Südbrookmerland wird 1623 als das schlimmste Kriegsjahr bezeichnet.

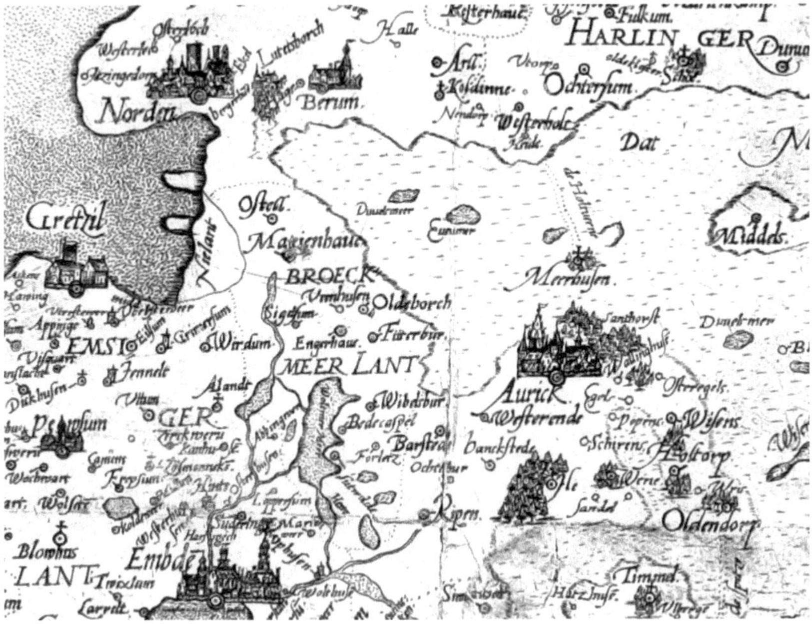

LUBBEN_IPPE_0201K11776_KARTE_VICTORBUR_FAB01

Detail aus: Oostfrieslandt. Kupferstich von David Fabricius. Amsterdam 1592. Victorbur in der Schreibweise *Fitterbur* in der Bildmitte im *Broeckmeerlant*.

1666 fallen große Teile der Bevölkerung Ostfrieslands einer Pestepidemie zum Opfer. Auch die Einwohner Victorburs werden hiervon nicht verschont. Die wirtschaftliche Not, in der sich die Bevölkerung Ostfrieslands seit dem Dreißigjährigen Krieg ohnehin befindet wird durch diese Epidemie noch verschlimmert. Die wenigen wohlhabenden Bauern sind kaum noch in der Lage, die Ernährung der übrigen Einwohner des Landes sicherzustellen. Die von den Kirchen verwalteten und aus Spenden gespeisten Armenkassen sind oft bereits mit der Linderung der schlimmsten Notfälle völlig überfordert. Weitere Naturkatastrophen verschlimmern die

Situation. 1715 erreicht eine verheerende Viehseuche Ostfriesland, der bereits im darauf folgenden Jahr eine „*Amel-Plage*" folgt. Der Amel – eine Insektenlarve (Tipula-Larve) frisst die Graswurzeln der Weiden und Wiesen und nimmt den Rindern und Schafen so die Futtergrundlage. Dazu kommt im gleichen Sommer noch eine unvorstellbare Mäuseplage. Die Weihnachtsflut von 1717 steigert das Leid der ostfriesischen Bevölkerung ins Unermessliche. Riesige Landflächen werden überflutet und ganze Dörfer mit allem was darin lebt vernichtet.

> *„Schwere Sturmfluten in rascher Folge zerstörten wertvolles Acker- und Weideland. Zahllose Familien kamen ums Leben und der Tierbestand in der ostfriesischen Landwirtschaft wurde stark dezimiert. In der Gemeinde Victorbur war in erster Linie die Victorburer Marsch von den Sturmfluten betroffen. Die dort wohnenden Gemeindemitglieder kamen fast ausnahmslos infolge der Weihnachtsflut 1717 ums Leben. Noch im Februar 1718 wurden Flutopfer beerdigt. Nach der Überlieferung hat das Wasser zeitweise bis zur Victorburer Kirche gestanden und den Rest des alten, im Dreißigjährigen Krieg zerstörten Westturms zum Einsturz gebracht. Auf den großen Höfen der Victorburer Marsch war noch bis 1719 keinerlei Landwirtschaft möglich."*
>
> (Jürgen Hoogstraat: *Geschehen zu Victorbur. Eine ostfriesische Kirchengeschichte. 2000*)

Die Weihnachtsflut von 1717 tötet in Ostfriesland 10828 Menschen, fast 8000 Pferde, über 37000 Stück Hornvieh, etwa 31000 Schafe und 8500 Schweine. 4915 Häuser werden weggespült und 3775 stark beschädigt.

Zum Leid der Bevölkerung in Folge der Naturkatastrophen gesellt sich eine andere Entwicklung, die große Unruhe auch in das südliche Brookmerland bringt. Am Fürstenhof in Aurich hat sich (wohl auch auf Grund der Finanznot nach den verheerenden Sturmfluten) absolutistisches Gedankengut breit gemacht. Der Fürst versucht sein kleines ostfriesisches Fürstentum völlig ohne Einflussnahme der Bevölkerung zu regieren. In der freiheitsliebenden ostfriesischen Bevölkerung regt sich heftiger Widerstand, der 1727/1728 in einen *kleinen ostfriesischen Bürgerkrieg* mündet. In Victorbur ist der Bauer Reemt Addicks Wortführer der Gegner fürstlicher Bestrebungen. Unter den Renitenten und Rebellen der Emder Rebellion von 1726 und 1727 sind unter anderem auch unsere Vorfahren LÜBBERT HAYEN und DIRCK HAYEN (unter der Ortsbezeichnung „*In der Theene*") aufgeführt. Reemt Addicks büßt seinen Widerstand mit einer Gefängnisstrafe.

Mit dem Tod des letzten männlichen Erben des Fürstenhauses der Cirksena fällt Ostfriesland 1744 an das Königreich Preußen. Die seit Jahrhunderten selbständigen Ostfriesen sind nun über Nacht Untertanen des preußischen Königs geworden. Preußische Innen- und Außenpolitik beginnt schon bald das Leben in Ostfriesland zu beeinflussen. Trotz der Randlage Ostfrieslands und seiner relativ großen Entfernung vom preußischen Stammland wird das kleine Fürstentum in die Auseinandersetzungen Preußens mit anderen europäischen Staaten hineingezogen. Im Siebenjährigen Krieg (1756-1763) streifen umherziehende französische Truppen 1758 auch den Bereich der Gemeinde Victorbur.

Auch der Anlass für folgende radikale Veränderungen in der Situation der Gemeinde wird von der Politik vorgegeben. Mit dem 1765 erlassenen Urbarmachungsedikt des preußischen Königs Friedrichs des Großen erschließt die preußische Krone die großen ostfriesischen Moorgebiete und gibt die von den am Moorrand lebenden Geestbauern im *„Upstreekrecht"* genutzten Flächen zur Besiedelung frei. Die Upstreekberechtigten verlieren ihr Anrecht auf Land und Torfgewinnung und neue Siedler drängen auf das zur Besiedelung freigegebene Land. So entstehen in der Nähe Victorburs rasch völlig neue Ortschafen, zu denen u.a. Moordorf, Münkeboe, Moorhusen und Rechtsupweg gehören. Die Besiedelung der Moorgebiete ist nicht etwa unmittelbar mit einem wirtschaftlichen Aufschwung verbunden, vielmehr leben die ersten Moorsiedler, zu denen neben den Söhnen der eingesessenen Geestbauern auch viele entlassene Soldaten Friedrichs des Großen zählen, in den ersten Jahren in bitterster Not, und davon werden auch die benachbarten Geestdörfer erheblich beeinflusst. Die Mittel der Armenkassen reichen bei weitem nicht aus, um die Not der in großen Scharen ankommenden Neusiedler auch nur ansatzweise zu lindern. Die Folge sind naturgemäß soziale Spannungen und Konflikte, die noch jahrzehntelang das Zusammenleben der alten Geest- und Moorranddörfer mit den neuen Moorsiedlungen beeinflussen.

Unser Urahn der 7. Generation, LÜBBERT HAYEN, verlässt Victorbur im Jahre 1780 oder 1781 und zieht vorübergehend in die Nachbargemeinde Upende. Er kann, aus Gründen die an anderer Stelle erläutert sind, den Hof, den sein Vater offensichtlich bewirtschaftet, der diesem allerdings nur zu ideellen Hälfte gehört, nicht übernehmen. Er muss sich also wohl beizeiten nach einer anderen Erwerbsquelle umsehen, die er zeitweilig in der Nachbargemeinde Upende und später in Uthwerdum findet. Sein Vater

HAYE DIRCKS LÜBBERTS, der nach dem Buch *Geschehen zu Victorbur* zu den führenden Köpfen der *„Interessenten"* in Victorbur gehört, stirbt 1792 im Alter von 61 Jahren in Victorbur. Damit ist die *Episode Victorbur* als Wohnort der männlichen Linie unserer Vorfahren nach einem Zeitraum von mindestens 180 Jahren beendet. Ich beende darum die Skizzierung der Geschichte der Gemeinde Victorbur an dieser Stelle.

Die Hofstelle in Victorbur geht zunächst auf Clas Lübberts, Bruder des vorgenannten Haye Lübberts, und später auf seine Nachkommen über. Näheres hierzu nachstehend im Abschnitt zu Haye Dircks Lübberts, Generation VIII auf Seite 39.

IPPE LÜBBEN (~1595)

GENERATION XII

Die erste und älteste auf unsere Familie bezogene Eintragung in den Kirchenbüchern der Gemeinde Victorbur (Taufregister seit 1620) datiert vom 12. Juni 1623. An diesem Tag lässt IPPE LÜBBEN (OSB 3587) in der Kirche von Victorbur seinen Sohn Berendt taufen. Weitere Angaben enthält diese Eintragung im Taufregister nicht. In den Folgejahren lässt Ippe Lübben vier weitere Kinder taufen, so dass sich hinsichtlich seiner Nachkommen insgesamt folgendes Bild ergibt:

TAUFE	NAME	PATEN
12 JUN 1623	BERENDT	keine Angaben
01 FEB 1629	DIRCK	keine Angaben
11 DEZ 1631	NOHMEN (Tochter)	Johann Karstens (OSB 3320), Hausfrawe Rensche (seine Ehefrau), sowie Grete Hukellmans
14 SEP 1634	FENNE (Tochter)	Henrich Berendes (OSB 372), Meiste Töniessen (OSB 5295 ?), Lücke Stenlage
21 OKT 1638	DIRCK	Johan Stenlage, Grete Brewen, Swanke Gerdes

Von diesen Personenangaben lässt sich folgendes ableiten: IPPE LÜBBEN ist mit hoher Wahrscheinlichkeit ältester Urvater der Lübbers-Familie über den in alten Schriften etwas dokumentiert ist. Diese Erkenntnis stützt sich auf die Daten seiner Nachkommen. Wie die weiteren, nachstehend dokumentierten Erkenntnisse zeigen, basiert der spätere konstante Familienname Lübbers allerdings *nicht* auf dem Familienamen Lübben.

Über die Ehefrau von Ippe Lübben ist bei den Taufdaten seiner Kinder nichts festgehalten. Frauen waren zu Beginn des 17. Jahrhunderts wohl nicht so wichtig. Mütter wurden im Taufregister jedenfalls erst ab 1709, also etwa einhundert Jahre später, erwähnt bzw. registriert. Möglicherweise war die Ehefrau von Ippe Lübben die Schwester von

A: Henrich Berendes (OSB 372), Taufpate der Tochter Fenne, geb. am 14. September 1634 und B: Tonies Berendes (OSB 373)

Begründung: Der oben aufgeführte erste Sohn von Ippe Lübben wird auf den Namen Berendt getauft. Dies kann bedeuten, dass dessen Großvater väterlicherseits oder mütterlicherseits den Vornamen Berend o.ä. getragen hat. Ist diese Vermutung richtig, so könnte dieser Großvater der im OSB unter der Nr. 5583 verzeichnete Berent Wevers gewesen sein, über den ist aber, außer der Taufeintragung seines Sohnes Tonies im OSB nichts weiter erwähnt. Diese Thesen werden von weiteren Eintragungen im OSB wie folgt gestützt:

A: Als Taufpatin wird neben Henrich Berendes auch eine Frau Namens Meiste Töniesen aufgeführt.

B: Unter der Nr. 5295 wird im OSB eine Person namens Berendt Tönies aufgeführt. Also auch hier die Verbindung zum Namen Berend(t).

Auf Grund der dürftigen Angaben im Taufregister ist es bis zum Beginn des 18. Jahrhunderts, wie vorstehende Erläuterungen zeigen, stets interessant, auch einen Blick auf die Namen der Taufpaten zu werfen, die im Taufregister häufiger zu finden sind als irgendwelche Angaben über die Kindesmutter.

Nach den Geburtsdaten seiner Kinder dürfte IPPE LÜBBEN etwa zwischen 1590 und 1600 geboren sein. In diversen Erhebungen, die im OSB von Victorbur aufgezeichnet sind, findet man folgende Eintragungen, die eine Verbindung zum Vater von Ippe Lübben denkbar erscheinen lassen.

A 1598: Beestbeschreibung (Viehregister) des Amtes Aurich vom 21. Dezember 1598 (OSB Seite 27f): unter *Theiner* (Theene) *Warfstedt*: Lubbe Lubbens, 2 Kühe, 2 Kälber.

B 1615: Register der Schatzung des hundertsten Pfennigs des Amts Aurich von 1615 (OSB Seite 30f): unter *Vitterburer Werfffßleute*: Lubbe Dirx, mit den Zahlen 1 unter der Rubrik *F* (wahrscheinlich Flindrich) und 5 unter *sch* (wahrscheinlich Schaf – als Währungseinheit).
C 1615: Weiterhin wird hier ein Eppe Lubbens unter *Werff Stetten* Theene aufgeführt, der jedoch offensichtlich keine Steuern bezahlt hat, die Rubrik hinter seinem Namen enthält keine Angaben.

Unter den hier genannten Personen könnte sich theoretisch der Vater von Ippe Lübben oder ein anderer Verwandter finden, weil nach den damaligen Namensregeln sein Vater mit einiger Wahrscheinlichkeit den Vornamen Lübbe (oder eben Lubbe) getragen hat. Falls dies zuträfe, hätte man hier eine weitere Generation unserer Urväter gefunden. Allerdings zeigt dieses „*könnte und hätte*", dass diese Theorie für eine halbwegs gesicherte Erkenntnis *nicht* ausreicht.

Auf die Existenz von IPPE LÜBBEN weisen folgende Eintragungen in verschiedenen administrativen Registern (OSB ab Seite 35) hin:
A: 1627 wird ein Ippe Luppens unter der Ortsangabe *Tehen* ohne irgendwelche Wertangaben in einem sogenannten *Renteiregister* aufgeführt.
B: 1632 wird ein Ippe Lübbes unter Victorbur mit dem Wert 1 unter der Rubrik *R* (wohl Reichstaler) aufgeführt und im gleichen Jahr, ebenfalls unter *Vitterbuer* in einem weiteren Schatzungsregister ein Ippe Luppen mit den Werten *Gl* 1 (Gulden) und *Sch* 5 (Schaf).
C: 1634 wird Ippe Lubben im Hauptschatzungsregister unter *Vittorbuer* mit dem Wert 1 *orthgen* (kleine Münzeinheit) aufgeführt.
D: 1657 ist Ippe Lübben im Torfregister der Südbrookmer Vogtei mit dem nicht weiter definierten Wert 1 aufgeführt.
E: 1660 wird ein Ippe Lütten (tatsächlich Lütten und nicht Lübben oder Lubben) im Personalschatzungsregister für das Brookmerland unter *Fitterbaur-Westertheen/Warff Stette* mit den Werten 2 *Fl* (Flindrich) und 2 *W* (Witten) aufgeführt.
F: 1663 wird dieser Ippe Lütten im Personalschatzungsregister unter *Fitterbaur Westertheen/Werfsleute* mit dem Wert 1 *Sch* (Schaf) aufgeführt.
G: 1664 wird ein Ippe Lubben im Kapital- und Feuerstättenregister unter *Fitterbaur Wester Theen/Warfsleute* mit dem Wert 6 *Sch* (Schaf) aufgeführt.

Unterstellt man, dass es sich bei den vorstehend aufgeführten Personen stets um Ippe Lübben handelt, dessen Namen man lediglich entsprechend der damaligen Gewohnheit, es mit der kontinuierlich gleichen Schreibweise von Namen nicht allzu genau zu nehmen, unterschiedlich geschrieben hat, lassen sich daraus folgende Erkenntnisse ableiten: IPPE LÜBBEN hat im Jahre 1664 noch gelebt. Sollte er, wie bereits angenommen, etwa um das Jahr 1600 geboren sein, hätte er für die damalige Zeit mit deutlich über 60 Jahren ein recht stolzes Alter erreicht. Er wird regelmäßig unter den Warfsleuten in der Ortschaft Victorbur aufgeführt. Bei den in den diversen Registern aufgeführten Werten handelt es sich offensichtlich um kleine Beträge von geringem Wert, was auf eher bescheidene Vermögensverhältnisse hindeutet.

Seine Kinder werden in den Registern nirgends erwähnt. Bei Töchtern ist das in der damaligen *Männerwelt* auch nicht zu erwarten. Es unterstützt jedoch die These, dass sein 1629 geborener Sohn Dirck vor 1638 verstorben ist – dieser wäre 1664 (Datum des letzten der oben aufgeführten Register) bereits 35 alt gewesen und wäre, hätte er noch gelebt, in den Registern ggf. mit einem eigenen Hausstand aufgeführt worden.

Der 1638 letztgeborene Sohn DIRCK IPPEN war 1664 26 Jahre alt und hatte bereits zwei Kinder. Offensichtlich reichte dessen Vermögenssituation nicht aus, um in einem der genannten Register erfasst zu werden. Möglicherweise zählte er auch einfach zum Haushalt seines Vaters Ippe Lübben. Zwischen den Jahren 1664 und 1719 ist in dem OSB kein weiteres Register aufgeführt.

Eigentlich hätte der erste Sohn von Ippe Lübben nach den damaligen Namensgebungs-Gewohnheiten mit Vornamen Lübbe heißen müssen. *(Vielleicht gab es auch ein Kind namens* LÜBBE IPPEN, *welches vor dem Beginn der Taufeintragungen im Dezember 1620 geboren ist?)* Das Taufregister der Kirchengemeinde Victorbur schweigt sich allerdings darüber aus. Ein Lübbe Ippen ist auch später nirgends verzeichnet. So bleibt die Frage offen, ob es eine Person mit diesem Namen überhaupt gegeben hat, oder ob Ippe Lübben seinen Erstgeborenen aus heute nicht mehr bekannten Gründen Berendt genannt hat.

Nach den vorstehenden Daten scheint sicher, dass der im Jahre 1629 geborene Sohn Dirck vor dem Jahr 1638 stirbt. Dies lässt sich aus der Tatsache herleiten, dass 1638 ein weiterer Sohn geboren wird, der ebenfalls auf den Namen Dirck getauft wird. Es ist seinerzeit durchaus üblich, Neugeborenen den Namen der zum Zeitpunkt ihrer Geburt bereits gestorbenen Geschwister zu geben. Dafür gibt es auch in der Historie unserer Familie mehrere Beispiele. Über Ippe Lübbens Kinder Berendt, Nohmen und

Fenne wurden bisher in den Kirchenbüchern keine weiteren Aufzeichnungen gefunden. Über ihr weiteres Leben oder deren Nachkommen ist deshalb nichts bekannt.

IPPE LÜBBEN wird 1637 als Taufpate für den Sohn von Jacob Karstens, Karsten genannt. Die anderen Taufpaten sind Talke Johans und Swanke Gerdes. Weitere Aufzeichnungen über ihn finden sich im Taufregister nicht. Sein Todesdatum ist aus den bereits genannten Gründen ebenfalls unbekannt.

Im Taufregister ist mehrfach eine Frau mit dem Namen Anne Ippens als Taufpatin aufgeführt (1635, 1636, 1641, 1642, und 1644). Wäre dies die Ehefrau von Ippe Lübben, so müsste sie eigentlich Anne Lübben geheißen haben. Aber vielleicht tritt hier wieder einmal eine besondere ostfriesische Gewohnheit zutage? Anne Ippens wird mehrfach als Taufpatin bei den Familien Karstens, Gerdes und Jacobs aufgeführt. Dies deutet auf verwandtschaftliche Beziehungen zu diesen Familien hin.

DIRCK IPPEN (1638)

GENERATION XI

Der 1638 geborene DIRCK IPPEN (OSB 2644), Sohn von Ippe Lübben, ist nach den gewonnenen Erkenntnissen Familien-Urvater der 11. Generation unserer Familie. *(Anmerkung: Dirck wird im Taufregister in den Jahren 1657 bis 1673 Dyrk geschrieben.)* Dirck Ippen hat nach dem Taufregister folgende drei Kinder taufen lassen:

TAUFE	NAME	PATEN
14 FEB 1659	GERDT	Johan Lüken, Asse Jacobs, Wydie Etten
22 JAN 1662	HILLKE	Hindrich Berenß (OSB 398), Asse Jacobs, Geßke Gerdes
04 JAN 1665	HAYE	Rolff Edzards, Geßke Gerdes, Jilke Jacubs

Auch hier haben wir die gleiche Situation wie beim Vater von Dirck Ippen: Der im Taufregister verzeichnete Erstgeborene wird erneut nicht nach seinem Vater Ippe Dircks, sondern Gerdt Dircks genannt. Über den Erstgeborenen GERDT DIRCKS enthält das Taufregister noch eine weitere Aufzeichnung (OSB 989), nämlich die Taufe seiner Tochter (von deren Vornamen ist nur der Anfangsbuchstabe J verzeichnet) am 17. Januar 1686. Dann verliert sich auch die Spur von Gerdt Dircks, ebenso wie die seiner Schwester Hillke Dircks. Ein Heiratsregister wird in der Kirchengemeinde Victorbur erst ab 1694 und ein Sterberegister erst ab 1693 geführt.

Bei dem am 04. Januar 1665 geborenen Haye Dyrcks handelt es sich um unseren Urvater der zehnten Generation.

HAYE DIRCKS (1665–1714)

GENERATION X

HAYE DIRCKS (OSB 997 / * 04 JAN 1665 † 02 FEB 1714)

Vorab: Leider konnte noch nicht mit absoluter Sicherheit bewiesen werden, dass es sich bei der Taufeintragung des Sohnes Haye von Dyrk Ippen (OSB 2644) um den nachstehenden Haye Dircks handelt. Diese Verbindung wird im OSB nicht hergestellt bzw. ist von dessen Verfasser nicht erkannt worden. Dennoch gibt es deutliche Hinweise, die dafür sprechen, dass es sich bei den eben behandelten Ippe Lübben und Dirck Ippen tatsächlich um Großvater und Vater von Haye Dircks handelt. Diese Verbindung wird in der weiteren Darstellung der Familiengeschichte als gesichert unterstellt.

Haye Dircks dagegen ist ganz eindeutig auf Grund der lückenlosen Stammbaumverzweigung zu den Nachkommen als Urahn der männlichen Linie der Lübbers-Familie anzusehen.

HAYE DIRCKS ist am 4. Januar 1665 in Victorbur geboren (OSB 2644). Er dürfte auf der elterlichen Warfstelle in Victorbur aufgewachsen sein. Hierbei wird unterstellt, dass sein Vater Dirck Ippen als jüngster Sohn die

Warfstelle des Großvaters Ippe Lübben übernommen bzw. geerbt hat. Haye Dircks wiederum war jüngster Sohn von Dirck Ippen, so dass auch hier angenommen werden kann, dass er den elterlichen Grundbesitz geerbt hat, zumal sich die Spur seines älteren Bruders Gerdt im OSB verliert. Seine Heirat und die Geburt seines Erstgeborenen sind in den Victorburer Kirchenbüchern nicht aufgeführt. Ebenso sind Geburt oder Taufe seiner Ehefrau DEWER LÜBBERTS in den Büchern der Kirchengemeinde Victorbur nicht zu finden. Hierfür gibt es folgende mögliche Erklärungen:
A: Entweder sind diese Daten aufgrund der Lücken in den Kirchbüchern (s. OSB Seite 11f) der Kirche Victorbur verloren gegangen, oder
B: Ehefrau Dewer stammt aus einem anderen Kirchspiel. Nachforschungen in den Büchern der Nachbarkirchen hierzu sind bisher ohne Erfolg geblieben.

HAYE DIRCKS dürfte nach den damaligen Gepflogenheiten etwa zwischen 1690 und 1695 geheiratet haben. (Ein Heiratsregister gab es in Victorbur aber erst ab 1693). Sein erster Sohn Dirck ist, wie später noch dargestellt wird, *vor 1700* geboren, er ist aber im Taufregister nicht aufgeführt. Für die Zeit von 1686 bis 1691 fehlen Eintragungen im Taufregister völlig.

Exkurs: Das Studium des Taufregisters der Kirchgemeinde Victorbur zeigt, dass die Schreibweise von Namen bei kirchlichen Eintragungen seinerzeit offensichtlich im Wesentlichen von den Gewohnheiten der Pastoren abhing. So wird zum Beispiel der Name Dirck oder Dircks ursprünglich auch Dirx und von 1657 bis 1673 Dyrk bzw. Dyrks geschrieben. Bei der Schreibweise anderer Namen zeigt sich ähnliches. Auch einige Ortsnamen sind in den Kirchenbüchern immer wieder unterschiedlich geschrieben worden.

Es folgt eine Liste der Pastoren der Kirchengemeinde Victorbur in der Zeit von 1600 bis 1776, das entspricht der Zeitspanne, in der unsere Vorfahren in der Gemeinde gelebt haben.

ca. 1600–1609	Pastor Hermann Conradi
1611–1620	Pastor Henrich Juchter
1620–1649	Pastor Edzard Oldevelt *(Sohn des früheren Lehrers Johannes Oldevelt, Die Aufzeichnung von Taufdaten beginnt also 1620 mit dem Amtsantritt von Pastor Oldevelt.)*
1649–1653	Pastor Johann Brawe
1653–1677	Pastor Reinerus Didrici
1677–1682	Pastor Johann Hermann Dringenberg
1682–1686	Pastor Gerhard Glandorf

1686–1709	Pastor Johann Schomerus sen.
1709–1717	Pastor Johann Gerhard Wolcken
1717–1743	Pastor Conrad Anton Thaden
1743–1754	Pastor Johann Schomerus jr. *(Enkel von Johann Schomerus sen.)*
1754–1756	*vakanz*
1756–1776	Henricus Wolcken

Weitere detaillierte Aufzeichnungen zu den Pastoren finden sich im OSB auf den Seiten 35f.

An dieser Stelle sollen noch die Vermerke im OSB erwähnt werden, die auf die Unvollständigkeit der Kirchenbuch-Aufzeichnungen hinweisen. Im 17. und 18. Jahrhundert werden, z.B. bei Vakanzen und Vertretungen teilweise überhaupt keine Aufzeichnungen gemacht. Es werden Seiten aus dem Kirchenbuch entfernt oder Seiten sind durch Schmutz oder Nässe inzwischen unleserlich geworden. In den so entstandenen Lücken dürfte auch die ein oder andere Information über die Lübbers-Familie versunken sein. *Exkurs Ende.*

Wie bereits erwähnt, fehlen Aufzeichnungen über Geburt oder Taufe des erstgeborenen Sohnes Dirck Hayen. Erst bei der Eintragung des Todes seiner Ehefrau Etje Otten am 16. September 1727 ergibt sich, dass dieser *vor 1700* geboren ist und dass seine Eltern Haye Dircks und Dewer Lübberts waren.

Die Namensgebung der beiden Söhne Dirck Hayen und Lübbert Hayen ist nach den damaligen Gewohnheiten logisch: Der erste Sohn bekommt als Familiennamen den Vornamen seines Vaters und wird demgemäß Dirck Hayen genannt und der zweite Sohn wird nach dem Vater der Mutter benannt, der vermutlich den Vornamen Lübbert trug. Die intensive Suche nach der Herkunft von Dewer Lübberts hat bisher zu keinem Ergebnis geführt. Lübbert Hayen ist nach den gewonnen Erkenntnissen unser Urvater der 9. Generation. Sein Vorname, der höchstwahrscheinlich dem Vornamen seines Großvaters mütterlicherseits entspricht, wird später zum festen Familiennamen unserer Familie. Unser Name stammt also mit großer Wahrscheinlichkeit, wie hier dargestellt wird, aus der väterlichen Linie von Dewer Lübberts.

Haye und Dewer Dirks haben zwei Kinder:

DIRCK HAYEN	* VOR 1700	† 14 JAN 1729
LÜBBERT DIRCKS HAYEN	* 15 MAR 1704	† 02 JUL 1753

Haye Dircks wird am 2. Februar 1714 in Victorbur beerdigt. Er stirbt somit im Alter von 49 Jahren. Seine Ehefrau Dewer hat ihn um 16 Jahre überlebt. Sie stirbt am 03. März 1730 in Victorbur. Nach den Geburtsdaten ihrer Kinder und dem Alter ihres Ehemannes kann angenommen werden, dass sie ebenfalls etwa um 1670-1675 geboren ist und demgemäß bei ihrem Ableben vermutlich etwa 60 Jahre alt war.

Zum Leben der Eheleute Haye und Dewer Dircks ergeben sich, wegen fehlender Quellen und Erkenntnisse, einige bisher noch unbeantwortete Fragen:

A: In der bereits erwähnten *Kopfschatzung von 1719* wird Dewer Lübberts (ihr Ehemann war bereits fünf Jahre vorher gestorben) als *„Dewer Lubbers und 3 Kinder"* aufgeführt. Weitere Angaben enthält diese Quelle leider nicht. Wer war im Jahre 1719 das dritte Kind von Dewer Lübberts? Entsprechende Eintragungen bei den Taufen wurden bisher nicht gefunden. Ihr Sohn Haye war im Jahre 1719 vermutlich etwa Anfang 20, unverheiratet und lebte offensichtlich noch bei seiner Mutter, denn er wird in dem Buch nirgends mit einem eigenen Haushalt aufgeführt.

B: Warum findet sich der Vorname Dewer weder bei ihren Enkeltöchtern noch sonst in der Familie irgendwo wieder? In Ostfriesland wurde seinerzeit sehr viel Wert darauf gelegt, dass *„kein Vorname in der Familie verloren ging"*. Warum wurde bei der Namensgebung der Enkel- oder Urenkeltöchter (eigene Töchter hatten die beiden nicht) diese Tradition nicht berücksichtigt?

Die Berufsbezeichnung von HAYE DIRCKS wird anlässlich der zweiten Heirat seines ältesten Sohnes (im Jahre 1731) als *„gewesener Warfsmann in Victorbur"* angegeben. Hierdurch ist belegt, dass offensichtlich ein kleiner landwirtschaftlicher Besitz (ein kleines Wohnhaus mit etwas Land) vorhanden gewesen ist. Bestätigt wird die *Warff-Stelle* auch, wie an anderer Stelle erwähnt, in der Kopfschatzung von 1719.

Nach den vorliegenden Erkenntnissen ist der älteste Sohn DIRCK HAYEN im Jahre 1729, bereits ein Jahr vor seiner Mutter gestorben. Der zweite Sohn LÜBBERT DIRCKS HAYEN hat wohl die elterliche Warfstelle übernommen und sich später zum Hausmann hochgearbeitet. Dewer Lübberts wird bis zu ihrem Ableben im Jahre 1730 auf dieser Warf- bzw. Hofstelle gelebt haben.

LÜBBERT DIRCKS HAYEN (1704–1753)

GENERATION IX

Urvater der neunten Generation für unsere Familie ist Lübbert Dircks Hayen (OSB 2177), der jüngere Sohn von Haye Dirks und Dewer Lübberts. Sein älterer Bruder ist DIRCK HAYEN (* vor 1700, † 14 JAN 1729). Für ihn findet sich im Kirchenbuch von Victorbur kein Taufeintrag. Ein Heiratseintrag für Dirck Hayen findet sich im OSB von Victorbur unter Nr. 2166 mit dem Datum vom 09. Juli 1720. Erst bei der Eintragung des Todes seiner Ehefrau Etje geb. Otten im Jahre 1727 ist dokumentiert, dass Dirck Hayen der Sohn von Haye Dirks und Dewer Lübberts ist, und dass er bereits *vor 1700* geboren ist.

Etje Otten ist identisch mit Ette Otten, über die in den Kirchbüchern von Victorbur (OSB 6) sinngemäß folgendes verzeichnet ist:

ETJE OTTEN: Kirchliche Trauung am 20. Februar 1718, Ehemann Alle Abben, ehelicher Sohn von weiland Abbe Waltjen in Victorbur und Ette Otten, eheliche Tochter von weiland Otte Harmens aus Tergaste. Alle Abben wird getauft am 08. Mai 1693 in Victorbur (Paten: Past. Schomerus, Dirk Jelten, Dewer Siemens). Alle Abben wird bestattet am 27. März 1719 in Victorbur, Sohn von Abbo Waltyes, Erbeingesessen in Victorbur, und Haucke Allen.

Ette Otten taucht im Taufregister unter dem Datum vom 17. Mai 1717 neben Jan Heren und ihrem späteren Ehemann Alle Abben als Taufpatin von Hans Behrens, Sohn von Jan Behrens und Gretje Harmens auf. Ihr Vater Otte Harmens wohnt in bzw. stammt aus Tergast und ist zum Zeitpunkt ihrer Eheschließung mit Alle Abben bereits verstorben. Alle Abben verstirbt bereits ein Jahr nach der Hochzeit mit Ette Otten. *(Anmerkung: Theodor Voß merkt an, dass vor 1740 Vorehen nicht in das Kirchenburch eingetragen wurden.)*

Ein Jahr und vier Monate nach dem Tod ihres ersten Ehemannes heiratet Etje Otten am 09. Juli 1720 DIRCK HAYEN, der zur Zeit der Hochzeit etwa 25 – 30 Jahre alt gewesen sein müsste. Offensichtlich hat die Zeugung des Nachwuchses bereits in der Hochzeitsnacht funktioniert.

Aus dieser Ehe gehen drei Kinder hervor:

HAYE DIRCKS	* 17 APR 1721 † 12 SEP 1730
SARCKE DIRCKS	* 16 JAN 1724 ∞ 21 JUN 1743 mit Bonne Ennen, Victorbur
TATJE DIRCKS	* 24 JAN 1726 ∞ 30 AUG 1743 mit Hinrich Harms, Victorbur † 19 JAN 1795

Im OSB von Victorbur (auf Seite 65) wird Dirck Hayen ebenso wie sein seinerzeit erst 13-jähriger Bruder Lübbert unter den *„Renitenten und offenbaren Rebellen der Emder Rebellion“* aufgeführt (s. auch Ortsgeschichte Victorburs).

Ehefrau Etje stirbt am 16. September 1727. Ihr Geburtsdatum ist im OSB nirgends vermerkt. Sie hinterlässt drei kleine Kinder. Ihr ältester Sohn Haye war bei ihrem Tod erst sechs Jahre und die jüngste Tochter Tatje etwa eineinhalb Jahre alt.

Dirck Hayen heiratet am 19. November 1728, also nur 14 Monate nach dem Tod seiner ersten Frau, in zweiter Ehe Rixte Harms in Victorbur. Diese Ehe bleibt offenbar kinderlos. Dirck Hayen stirbt am 14. Januar 1729, also nur drei Monate nach seiner zweiten Heirat, im Alter von etwa 30 Jahren. Die überlebende Ehefrau Rixte heiratet im Mai 1730 in Victorbur Wilm Lubben (OSB 3603) und gebiert diesem in den Jahren 1731 und 1738 zwei Kinder.

Haye Dircks, das erste Kind und Stammhalter von Dirck Hayen und Etje Otten stirbt bereits 1730 im Alter von etwas mehr als neun Jahren. Die beiden Töchter Sara und Tatje heiraten in Victorbur Bonne Ennen bzw. Hinrich Harmens und haben ihrerseits vier bzw. acht leibliche Kinder. Weil die Linie von Dirck Hayen für unsere Familie eine weibliche Nebenlinie darstellt, wird deren Geschichte im Rahmen dieser Chronik in Anhang 1 auf Seite 122 dargestellt.

LÜBBERT DIRCKS HAYEN (1704-1753 / OSB 2177) ist der zweite Sohn von Haye Dircks und Dewer Lübberts. Er ist also der Urvater der neunten Generation für unsere Familie. Er wird am 15. März 1704 in Victorbur getauft. Taufpaten sind: Mons. Schomerus (Pastor), Ubbo Gerdes, Gesche Heren und Helyet Zippen.

Lübbert Hayen wird auf der elterlichen Hofstelle aufgewachsen sein und dort auch als Jugendlicher gearbeitet haben. Als sein Vater 1714 stirbt, ist er 10 Jahre alt und als sein Bruder und seine Mutter 1729 bzw. 1730 ebenfalls sterben, ist er mit 26 Jahren allein für den elterlichen Hof verantwortlich. Er heiratet im jugendlichen Alter von 22 Jahren, am 04. Juni 1726 in Victorbur die erst 19jährige Antcke Ennen, gebürtig aus Theene. Antcke Ennen wird am 23. Januar 1707 in Victorbur getauft. Ihre Taufpaten sind Haucke Allen und Hische Hindrichs.

Die Eltern von Antcke Ennen sind:

A: Vater: Enno Hindrichs (Geburtsdatum unbekannt), *Haußmann in Victorbur.* Er stirbt am 16. Oktober 1737 in Victorbur.

B: Mutter: Marje Dircks, getauft am 03. Januar 1678 in Victorbur und gestorben am 07. Mai 1748 im Alter von 71 Jahren.

Enno Hindrichs und Marje Dircks heiraten am 30. Juni 1702 in Victorbur. Sie haben neben ihrer oben genannten Tochter Antcke fünf weitere Kinder. Diese Kinder, ihre Ehegatten und alle weiteren Daten sind im Anhang 2 auf Seite 125 zu dieser Chronik aufgeführt. Dort finden sich auch einige Beispiele für die seinerzeit recht komplizierten Verwandschaftsverhältnisse innerhalb einer Familie.

Lübbert Dircks Hayen und Antcke Ennen haben zwei Kinder:

DIRCK JELTEN	~ 29 DEZ 1726	† 14 APR 1730
SAARCKE	~ 13 FEB 1730	† 17 FEB 1730

Die Taufpaten von Dirck Jelten Hayen sind: Dirck Jelten, Hinrich Ennen und Etje Otten. Die Taufpaten von Saarcke sind: Trintke Ocken und Beecke Ringelmans. Beide Kinder aus dieser Ehe sterben, wie aus der Tabelle ersichtlich, bereits im frühen Kindesalter.

Mutter Antcke Hayen stirbt am 10. März 1730, also etwa einen Monat nach der Geburt ihrer Tochter Saarcke, vermutlich an den Folgen der Geburt, im Alter von nur 23 Jahren. Sie wird in Victorbur beerdigt. Nur einen Monat später stirbt auch der dann dreijährige Sohn Dirck Jelten.

Wie bereits unter den Aufzeichnungen über seinen Bruder Dirck Hayen erwähnt, wird Lübbert Dircks Hayen im OSB von Victorbur neben seinem Bruder Dirck 1726/1727 unter den *„Renitenten und offenbaren Rebellen der Emder Rebellion“* aufgeführt. Dies ist deshalb verwunderlich, weil Lübbert (geboren 1714) zu diesem Zeitpunkt erst etwa 13 Jahre alt ist.

LÜBBERT DIRCKS HAYEN heiratet nach dem frühen Tod seiner ersten Ehefrau Antcke bereits am 17. November 1731 in Victorbur seine zweite Ehefrau Jitze Claßen aus Arrel (dem heutigen Arle). Vater der Braut ist Clas Lubbers, gewesener Warfsmann in Arrel. *(Anmerkung: Hier taucht also aus der Linie der Braut bzw. der Ehefrau zum zweiten Mal der Name Lübbers auf. Im*

Buch zur Kopfschatzung 1729 wird unter Arreler Rott folgendes aufgeführt: „[...] Eine kleine Warfstätte. Eigner Claeß Lübben, bey ihm wohnen Taglöhner Arien Janßen und deßen Frau.“)

JITZE CLASSEN (OSB 2177) ist um 1688 geboren und ist somit bei ihrer (möglicherweise zweiten?) Heirat mit Lübbert Dircks Hayen im Jahre 1731 bereits etwa 43 Jahre alt und damit 16 Jahre älter als ihr Ehemann. Das OSB von Arle schweigt sich allerdings über Itze Classen aus. Verlässliche Spuren über Verwandte in Arle oder über eine mögliche Vorehe etc. fehlen bisher ebenfalls.

Die Kinder: Der gemeinsame Sohn HAYE DIRCKS LÜBBERTS wird bereits vorehelich am 06. Juli 1731, also etwa vier Monate vor der Eheschließung geboren. Lübbert Dircks Hayen hat sich also nach dem Tod seiner ersten Ehefrau mit der Zeugung eines weiteren Kindes nur etwa ein halbes Jahr Zeit gelassen. Die Taufpaten von Haye sind Clas Ocken, Trintje Ocken und Tätje Stevens.

Knapp zwei Jahre später wird Lübbert Dircks Hayen und Jitze Classen ein zweiter Sohn geboren: CLAS LÜBBERTS. Er wird am 09. März 1733, dem Tag seiner Geburt in Victorbur getauft. Seine Taufpaten sind: Hinrich Ennen, Wydje Harms und Hilcke Jansen.

Lübbert Dircks Hayen stirbt am 02. Juli 1753 im Alter von knapp 49 Jahren in Victorbur. Sein Beruf wird mit *kleiner Haußmann in Victorbur* angegeben. Lübbert ist einziger überlebender Sohn von Haye Dircks und hat somit offensichtlich die kleine ländliche Warfstelle seines Vaters übernommen. Das er später als *„kleiner Haußmann“* bezeichnet wird, deutet darauf hin, dass es ihm oder seinem Vater, oder beiden zusammen gelungen ist, die ehemalige kleine Warfstelle zu einer Hausstelle, in Richtung einer Vollerwerbsstelle zu vergrößern. Diesen Hof hat er, vermutlich im Wege einer testamentarischen Verfügung, an seine beiden Söhne Haye Dircks Lübberts und Clas Lübberts weitervererbt.

HAYE DIRCKS LÜBBERTS (1731–1792)

GENERATION VIII

HAYE DIRCKS LÜBBERTS (OSB 3615) wird am 17. Juni 1731, wie bereits im vorherigen Anschnitt beschrieben, in Victorbur geboren. Seine Eltern Lübbert Hayen und Jitze Classen heiraten erst vier Monate nach seiner Geburt.

Im Alter von 25 Jahren heiratet Haye Dircks Lübberts am 26. Februar 1757 in Victorbur ANNA MARGARETHA GERRIETS, Sie ist die Tochter des Leinenwebers Gerrit Caspers aus Bangstede. Sie ist bei der Heirat *„30 bis 35 Jahre"* alt und ist demnach zwischen 1727 und 1732 geboren (so steht es tatsächlich im Kirchenbuch verzeichnet!)

Über eine Person GERJET CASPERS ist im Familienbuch der Kirchengemeinde Bangstede lediglich folgendes verzeichnet:

NR. 344: Caspers, Gerjet ∞ Gerderut
Hanns Friedrich * 06 MAI 1733 in Bg.

Hanns Friedrich könnte der Bruder von Anna Margaretha sein. Demnach hat die Familie Caspers möglicherweise nur vorübergehend in Bangstede gelebt. Dass bei der Heirat von Anna Margaretha ihr Alter nicht genau feststeht, wirft weitere Fragen auf. Weshalb ist sie nicht in der Lage, ihr Geburtsdatum bzw. ihr Alter anzugeben?

Unter dem Familiennamen Caspers sind im Register der Kirchengemeinde Victorbur unter *Trauungen* noch folgende Personen aufgeführt:

05 OKT 1721 Trincke Caspers
23 FEB 1766 Johan Caspers
21 JUN 1766 Gretje Caspers
29 JAN 1768 Gretje Caspers
22 JAN 1791 Adelheid Margarete Caspers
20 APR 1801 Gretje Caspers

Sterbedaten im Register der Kirchengemeinde:

25 DEZ 1745 Wilcke Caspers
13 FEB 1785 Behrend Caspers (84. J.)
29 SEP 1796 Jan Caspers (55 J.)
03 FEB 1797 Gretje Caspers (53 J.)

Vorstehende Eintragungen zeigen, dass es in Victorbur eine ganze Reihe von Caspers-Personen gegeben hat. Die Zuordnung der o.a. Namen wäre ggf. erst nach weiteren Nachforschungen möglich.

HAYE DIRCKS LÜBBERTS und ANNA MARGARETHA GERRIETS haben drei Kinder, über die im Kirchenbuch von Victorbur folgendes aufgezeichnet ist:

LÜBBERT HAYEN (OSB 2178) Geboren am 12 NOV 1757, getauft am 19 NOV 1757 in Victorbur. Taufpaten: Hinrich Ennen, Claes Lübbers, Gretje Caspers, Sarcke Dirks. *Anmerkung zu den Taufpaten: Hinrich Ennen dürfte der Bruder der Großmutter Antcke, Claes Lübbers der Bruder des Vaters, Gretje Caspers die Mutter oder die Schwester der Mutter und Sarcke Dircks die Schwägerin der Mutter gewesen sein.* Gestorben am 04 JUL 1791, also am Alter von nur 34 Jahren, an einer „*auszehrenden Krankheit*".

GERRIT HAYEN Geboren am 04 APR 1761 in Victorbur, getauft am 07 APR 1761 in Victorbur Taufpaten: Pastor H. Wolcken, Tatje Dircks und Ecke Frerichs. Gestorben am 15 JUL 1772 in Victorbur. „*Haye Lübbers Sohn, 11 J., an einem Schlage von einem Pferde vor dem Kopf, bestattet am 21.7.1772 in Victorbur, Mutter: Anna Margaretha Gerrits.*"

DIRCK HAYEN Geboren und getauft am 01 FEB 1766 in Victorbur, Taufpaten: Jantjen Hinrichs und Ette Bonnen. Gestorben am 01 FEB 1766 (also noch am Tag der Geburt) in Victorbur. Zitat: „*Eodem dato ist Haye Lübbers sein Söhnlein Dirck mit seiner Mutter begraben, welches gleich nach der Taufe gestorben, bestattet am 7.2.1766 in Victorbur.*"

Einzig überlebendes Kind von Haye und Margaretha Lübberts ist also ihr ältester Sohn Lübbert Hayen.

Margaretha Lübberts stirbt somit am 01. Februar 1766 im Kindbett. Aufgezeichnet ist hierzu im Kirchenbuch folgende Bemerkung: „*Den Tag nach der Niederkunft gestorben u.d. 12. Ejsd. begraben. Medicamenta sind bey der Verstorbenen nicht gebrauchet worden.*" Haye Dircks Lübberts ist beim Tod seiner Ehefrau erst 35 Jahre alt. Über eine erneute Heirat finden sich bis dato keine Eintragungen. Möglich wäre jedoch, dass er in einer anderen Kirchgemeinde geheiratet hat. Allerdings ist auch über weitere Kinder nichts bekannt.

Bei der Heirat seines Sohnes Lübbert Hayen im Jahre 1780 *(Eintrag im Familienbuch der Kirchengemeinde Engerhafe Randnummer 1485, Seite 236)* wird der Wohnort von Haye Dircks Lübberts mit West-Victorbur angegeben. Haye Dircks Lübberts wird in den OSB Victorbur und Engerhafe als *Hausmann in Victorbur* bezeichnet.

Im Buch *Geschehen zu Victorbur* von Pastor Jürgen Hoogstraat ist auf der Seite 55 über die sechziger Jahre des 18. Jahrhunderts folgendes zu lesen:

> *„Ähnlich wie in anderen Dörfern des Brokmerlandes und des Auricherlandes bestimmte die Gruppe der „Interessenten" die Geschicke des Dorfes [...]. Bestimmende Persönlichkeiten unter den Interessenten waren in dieser Zeit Berend Rickleffs, Berend Coors, Peter Hanssen, Heye Lübbers, Thade Hayen, Dettmer Fulfs, Claes Peters, Jan Behrends, Hinrich Harmens, Diecke Jacobs, Harm Haren und Engelbert Waltjes."*

Dieses Zitat zeigt, dass Haye Lübberts bereits in seinen 30er Lebensjahren zu den Meinungsbildnern in Victorbur gehört. Es bleibt aber zum Leben und Wirken von Haye Dircks Lübberts noch einiges im Unklaren, wenn man sich die folgenden Ereignisse ansieht: Haye Lübberts lebt und arbeitet offenbar auf dem Hof seines Vaters, den er mit dessen Tod im Jahre 1753 zusammen mit seinem Bruder Clas erbt. Er heiratet 1757. Im gleichen Jahr wird sein Sohn Lübbert geboren, in den Jahren 1761 und 1766 seine Söhne Gerriet und Dirk, die beide im Kindesalter sterben. Seine Frau stirbt 1766 im Kindbett.

Sein Bruder Clas lebt vermutlich, wenn überhaupt, nur bis 1761 auf dem Hof, dann heiratet er die Witwe eines offensichtlich gut situierten Hofbesitzers, Bäckers und Gastwirts, und verfügt so über eine eigene gesicherte Existenz. Er übt selbst die Berufe des Landwirts und Gastwirts aus, und ist in Victorbur z.B. als Armenvorsteher offensichtlich ein angesehener Mann. Clas Bruder Haye hat also vermutlich den Hof zusammen mit seiner Familie bewirtschaftet. Im Januar 1780 verkauft er seinen hälftigen Anteil an dem Hof an seinen Bruder Clas und erlöst dafür 2700 Gulden. Offensichtlich für die damalige Zeit eine ansehnliche Summe. Im gleichen Jahr stirbt zunächst seine altersschwache Mutter, dann heiratet sein 23-jähriger Sohn Lübbert und verlässt das Elternhaus in Richtung Upende.

Was ist seinerzeit geschehen? Hat er sich mit seinem Sohn zerstritten? Er ist 49 Jahre alt und bleibt nun ganz allein in dem Haus zurück, seine Frau ist zu diesem Zeitpunkt schon 14 Jahre tot, und er hat offensichtlich nicht wieder geheiratet. Warum verkauft er seinen Anteil an dem Hof, der stets seine Existenzgrundlage gewesen ist an seinen Bruder, der gar nicht auf dem Hof lebt, und nicht an seinen 23jährigen Sohn, der bis dato vermutlich auf dem Hof lebt und arbeitet? Was geschieht mit dem Verkaufserlös aus der Hofhälfte? Hat sein Sohn Lübbert von ihm nach dem Verkauf Geld bekommen?

Sohn Lübbert Hayen stirbt 1791, elf Jahre nach dem Verkauf der Hofhälfte, bereits ein Jahr vor seinem Vater an einer *auszehrenden Krankheit.* HAYE DIRCKS LÜBBERTS jedenfalls bleibt auf dem Hof und stirbt am 15. August 1792, zwölf Jahre nach diesen Ereignissen, im Alter von 60 Jahren an einem Unfall. Zitat im OSB: *„60 J, wurde von seinem Pferd geschlagen und starb an den Folgen dieses Schlages.“*

Mit dem Tod von Haye Dircks Lübberts endet die Ära der Familie Lübbers in Victorbur, soweit dies unsere Vorfahren der direkten Linie angeht. Der Hof der Lübbers-Familie geht auf Hayes Bruder Clas und später auf dessen Nachkommen über. Deshalb soll hier, nach einem kurzen Abschnitt über den Bruder Clas Lübberts eine Abhandlung über die Geschichte des Lübbers-Hofes in Victorbur folgen, die die wirtschaftlichen und sozialen Verhältnisse der Familie im 17. und 18. Jahrhundert etwas beleuchtet.

CLAS LÜBBERTS (1733–1808 / OSB 3614) ist als Übernehmer und Weitervererber des Lübbers Hofes im Sinne dieser Chronik von besonderer Bedeutung. Deshalb wird hier und in dem nachstehend erwähnten Anhang 3 auf ihn und seine Familie noch näher eingegangen.

Als zweiter Sohn von Lübbert Dircks Hayen und Jitze Classen wird Clas Lübberts *(im Kirchenregister auch als Claes oder Claas geschrieben)* am 09. März 1733 in Victorbur geboren und am gleichen Tag getauft. Seine Taufpaten sind: Hinrich Ennen, Wydje Harms und Hilcke Jansen.

Clas Lübberts heiratet, im Alter von 28 Jahren, am 11. September 1761 in Victorbur AAGTE REINERS, Tochter von Reiner Janssen, Warfsmann in Victorbur und dessen Ehefrau Hilke Jansen. Aagde (Agatha) wird am 30. Januar 1723 getauft (Taufpaten Dewer Alberts, Aagde Jansen und Friedrich Henning) und ist demgemäß bei ihrer Heirat bereits 38 Jahre alt. Sie ist in erster Ehe seit 1742 mit dem Warfsmann, Heuermann, Bäcker und Gastwirt in Victorbur (!) Idelt Tjards Lübben (OSB 3586) verheiratet gewesen und hat mit diesem fünf Kinder. Ihr erster Ehemann stirbt 1760.

Näheres zu Clas Lübberts, seiner Familie und zu seinen Lebensumständen ist im Anhang 3 auf Seite 126 aufgezeichnet.

EXKURS: DER HOF DER FAMILIE LÜBBERS IN VICTORBUR

An dieser Stelle nun, wie eben angekündigt, ein Exkurs zur Entwicklung des Lübbers-Hofes in Victorbur im 17. und 18. Jahrhundert, verbunden mit den wirtschaftlichen und sozialen Hintergründen der Geschichte der Familie Lübbers in dieser Zeit. Wie die bisherigen Aufzeichnungen zeigen, ist aus dem 17. Jahrhundert über unsere Vorfahren nur wenig bekannt. Die Eintragungen in den Kirchenbüchern beschränken sich auf ein im Jahre 1620 begonnenes Taufregister. Die Lübbers-Männer werden in den spärlichen Dokumentationen stets als Warfsleute bezeichnet. Dies deutet darauf hin, dass Sie wohl in sehr einfachen Verhältnissen leben und in der örtlichen Landwirtschaft arbeiten. Immerhin verfügen Sie offensichtlich über einen bescheidenen Grundbesitz, müssen sich als Warfsleute aber wohl auf den umliegenden großen Höfen oder anderweitig im Tageslohn etwas dazuverdienen.

Der 30-jährige Krieg (1618 bis 1648) bringt Leid, Tod und große Not für die ländliche Bevölkerung Ostfrieslands. Auch unsere Vorfahren werden davon nicht verschont geblieben sein. Dokumentiert ist, dass die Mansfelder Söldnerscharen auch in Victorbur und in der direkten Umgebung ihr Unwesen trieben. Gemäß dem auf Seite 35 im OSB wiedergegebenen Protokoll werden im Kirchspiel Victorbur in den Jahren 1622 bis 1628 13 *Herdstellen*, also Bauernhöfe, von den Kriegshorden komplett zerstört. In manchen Dörfern, in denen die Söldner besonders brutal hausen, kommen bis zu drei Viertel der Einwohner um. Bei den ländlichen Wohn- und Wirtschaftsgebäuden handelt es sich im 17. Jahrhundert wohl noch überwiegend um strohgedeckte Holz- oder Lehmhütten. Auch das 18. Jahrhundert beginnt mit mehreren wirtschaftlichen Katastrophen. 1715 und 1716 bringen zuerst eine Rinderseuche, dann eine schlimme Amel- und Mäuseplage der Landbevölkerung Not durch schwere Missernten. 1717 reißt die so genannte *Weihnachtsflut* riesige Wunden in das Land am Meer, tötet

Mensch und Vieh und stürzt Ostfriesland noch tiefer in große wirtschaftliche Probleme. Viele Höfe in der Victorburer Marsch fallen den Fluten zum Opfer und können danach über viele Jahre nicht mehr bewirtschaftet werden.

Unsere Vorfahren leben im 17. und 18. Jahrhundert wohl in einem Familienverband in einem gemeinsamen Heim. Dieses entwickelt sich im Laufe der Jahre von einer Warfstelle zu einer Hausstelle, also zu einem landwirtschaftlichen Vollerwerbsbetrieb. Wenn man die Lebensdaten der Familienmitglieder im Verlauf des 18. Jahrhunderts miteinander verbindet, ergibt sich, dass zwischen 1700 und 1800 jeweils zwischen drei bis neun Personen unter einem Dach gelebt haben. Wenn die höhere Zahl erreicht wird, gehören dieser meist drei unterschiedlichen Generationen an. Das ist seinerzeit und noch bis weit in das 20. Jahrhundert hinein, ein funktionierendes geschlossenes Sozialsystem, inklusive familiärem Kindergarten, Arbeitsplatz und Altersheim. Besonders erwähnenswert sind hier die Jahre 1729 und 1730. In diesen beiden Jahren sterben fünf von den neun Personen des damaligen Dreigenerationen-Haushaltes der Lübbers-Familie und zwar ohne dass äußere Einflüsse, wie z.B. eine Epidemie o.ä. erkennbar wären.

LUBBERTS_CLAS_K622_HAUS_VICTORBUR01

Die Hofstelle der Lübbers-Familie in Victorbur in ihrem heutigen Zustand.

Am Ende des 18. Jahrhunderts verliert Victorbur, wie in den vorherigen Abschnitten erläutert, seine Bedeutung für diese Familienchronik. Dennoch soll hier dokumentiert werden, was aus dem Familienbesitz in Victorbur geworden ist.

Haye Dircks Lübberts Sohn, LÜBBERT HAYEN (GENERATION VII), verlässt Victorbur und damit wohl auch den Hof des Vaters, auf den er keinen erblichen Anspruch hat, weil der seinem Onkel Clas zusteht. Bereits kurz nach seiner Heirat im Jahre 1780 zieht er nach Upende, um dort zu arbeiten und zu wohnen.

Nach aktuellem Erkenntnisstand kann davon ausgegangen werden, dass der Wohnplatz der Lübbers-Familie bereits seit den Zeiten des Urahns Lübbert Dircks Hayen (GENERATION IX 1704-1751) dem Platz entspricht auf dem noch heute ein Bauernhaus mit Nebengebäuden am Hohe Warft Nr. 1 in Victorbur steht. Das jetzige Gebäude ist vermutlich im Jahre 1895 erbaut worden, wobei der Nachbar Haren erklärt, dass seinerzeit der Giebel des Vorgängergebäudes stehen geblieben sei, so dass dieser noch einen Rest des vermutlich bereits im 18. Jahrhunderts errichteten Gebäudes darstellt.

Ippe Lübben, Dirck Ippen und Haye Dircks (GENERATIONEN X BIS XII) werden jeweils als *Warfsleute* bezeichnet. Das deutet darauf hin, dass diese bereits über einen bescheidenen Landbesitz und einen eigenen Wohnplatz verfügen. Ippe Lübben wird im OSB an diversen Stellen in Then (Theene) bzw. in Vitterbour/Westerthen (Victorbur/Westertheene) lokalisiert. Bei seinen Nachkommen Sohn Dirck Ippen und Enkel Haye Dirks sind keine Wohnorte dokumentiert. Lübbert Dircks Hayen (GENERATION IX 1704-1751) wird als *kleiner Hausmann* in Victorbur bezeichnet. Dies deutet darauf hin, dass er in Victorbur über einen Landbesitz verfügt, der bereits einem landwirtschaftlichen Vollerwerbsbetrieb entspricht. Haye Lübbers (GENERATION VIII 1731–1792) wird dann als *Hausmann* (also Vollerwerbslandwirt) bezeichnet.

Gemäß Hypothekenbuch des Staatsarchivs in Aurich (Immobilie Nr. 16) wird der Landbesitz von Lübbert Dircks Hayen (GENERATION IX) der bereits 1753 im Alter von 49 Jahren verstirbt, im Jahre 1773 auf dessen Söhne Haye Dircks Lübberts (GENERATION VIII) und Clas Lübberts (1733–1808) übertragen. **HAYE DIRCKS LÜBBERTS** verkauft seinem Bruder Clas seinen Miteigentums-Anteil an dem Hof (Heerd) bereits im Jahre 1780 für 2700 Gulden, obwohl er offensichtlich bis zu seinem Tod im Jahre 1792 noch dort lebt. Clas Lübberts hat aber offensichtlich selbst nicht auf dem Hof gelebt. 1766 und 1767 wird er im Kirchen- bzw. Brandkassenregister (OSB) als wohnhaft unter *Ost-Victorbur* und unter OSB 3614 auch als *Gastwirt in Ost-Victorbur* aufgeführt. Details hierzu unter den Aufzeichnungen zur Person und zur Familie von Clas Lübberts in Anhang 3 auf Seite 126.

Erwiesen scheint so, dass sich im Wesentlichen der ältere Bruder Haye Lübberts um das landwirtschaftliche Anwesen kümmert, und dort auch mit seiner Familie lebt. Warum er seinem Bruder Clas seinen Miteigentums-Anteil verkauft, anstatt diesen an seinen einzigen überlebenden Sohn weiterzugeben, bleibt ungeklärt.

Als die Mitglieder der Kirchengemeinde 1766 aufgerufen sind für 254 Gulden Schulden der Kirche aufzukommen (OSB Seite 72) gehören Clas Lübberts, wohnhaft in Ost Victorbur und Haye Lübberts, wohnhaft in West

Victorbur mit einem Beitrag von jeweils 2 Gulden, 8 Schaf und 15 Witten zu den höchsten Einzahlern. Dies lässt ebenso auf einen gewissen Wohlstand schließen, wie im darauf folgenden Jahr die Angaben zu den Feuerversicherungswerten der Gebäude in Victorbur (OSB Seiten 75/76). Hier wird Haye Lübberts in der West-Keddschaft mit einem Wert von 300 Reichsthalern und Clas Lübberts in der Ost-Keddschaft mit 400 Reichsthalern aufgeführt. Auch diese Werte gehörten in der Gemeinde zu den höchsten. Diese Angaben bestätigen, dass die beiden Brüder in getrennten Häusern leben und es zu einem gewissen Wohlstand gebracht haben.

CLAS LÜBBERTS, seit 1780 alleiniger Eigentümer des elterlichen Hofes, vererbt den Grundbesitz an seinen 1768 geborenen Sohn Dirck Classen. Dies geschieht, laut Eintragung im Hypothekenbuch, auf Grund eines am 10. Juni 1806 von Clas Lübberts errichteten Testaments, nachdem dieser im Jahre 1808 verstirbt. Die weitere Eigentümerfolge ist aus den Eintragungen des alten Grundbuches bis jetzt wie folgt abzuleiten:

DIRK CLASSEN vererbt den Besitz seinerseits zunächst an seine Kinder Claas, Aagde, Rimt, Willm, Lübbert und Hilke Dircks. 1836 wird Willm Dircks alleiniger Eigentümer. Seine Geschwister werden offenbar abgefunden. Willm hat insgesamt neun Kinder, davon fünf Söhne (OSB 1021): Almt (* 1836): Verbleib unbekannt, Dirk (* 1840): verzogen nach Dykhausen, Ippe (* 1842): Verbleib unbekannt, Schwittert (* 1846): Verbleib unbekannt und Jan-Rimt (* 1851): Verbleib ebenfalls unbekannt. Eigenartigerweise schweigt sich das OSB Victorbur über den Verbleib der Kinder aus. Dokumentiert ist, dass Willm Dircks und seine Ehefrau Haucke Janssen geb. Evers 1868 bzw. 1870, beide in Moordorf gestorben sind. Seinerzeit spricht eine Adresse in Moordorf nicht unbedingt für sehr komfortable Lebensumstände.

WILLM DIRCKS verkauft den von seinem Vater übernommenen Hof im Dezember 1858 an Jan Lübben Eckhoff. Das Hypothekenbuch enthält zu diesem Verkaufsvorgang folgende Eintragung:

„Jan Lübben Eckhoff hat die sub. 1, 2 und 3 in rubro (?) als Hauptcorpus constituierte Immobilien Besitzung mit den hier noch nicht beigeschriebnen 2 Kirchensitzen auf dem Orgelboden in der Bank Nr. 3 und 3 Grabstellen südseits der Kirche in der 3. Reihe vom neuen Kirchhof her von dem Vorbesetzer Willm Dirks zu Victorbur zufolge notariellen Kaufcontracts vom 23. Februar 1857 für bezahlte 480 Gulden und unter sonstigen Bedingungen gekauft und in Eigentum übertragen erhalten und ist der Besitztitel für denselben ex decr. v. 22. Dezember 1858“

Möglicherweise sind wirtschaftliche Schwierigkeiten der Grund für diesen Verkauf. In den Jahren nach 1796 werden wiederholt Hypotheken in das Grundbuch eingetragen, die ihrerseits möglicherweise mit den wiederholten Abfindungen an weichende Erben im Zusammenhang stehen. Denkbar ist auch, dass der Grund für den Verkauf der schlechte Gesundheitszustand von Willm Dircks gewesen ist. Er stirbt am 2. Oktober 1868 in Victorbur an Schwindsucht.

JAN LÜBBEN ECKHOFF († 1877 / OSB VICTORBUR 1152) gibt den Besitz im Jahre 1876 auf Grund eines Testamentes an seinen Bruder Tjade Lübben Eckhoff (* 1831) weiter. Offenbar bleibt Jan Lübben Eckhoff unverheiratet und kinderlos.

Die nachstehenden Erkenntnisse über das weitere Schicksal des ehemaligen Lübbers-Hofes in Victorbur ergeben sich zunächst aus Eintragungen im Brandkassenregister bei der Ostfriesischen Brandkasse in Aurich wie folgt:

1882 erhöht sich der Brandkassenwert von 1500 auf 2940 Mark

1889 wird der Hof auf Franz Frerichs Harms (OSB 2071, * 1826 in Wall, † 1903 in Victorbur) übertragen.

1895 wird der Brandkassenwert von 2940 auf 5000 Mark erhöht. Seinerzeit wurde das Gebäude neu errichtet und steht heute in Bezug auf seinen seinerzeitigen baulichen Zustand unter Denkmalschutz.

1897 wird der Hof an Frerich Franzen Harms (OSB 2044, * 1858 in Ost-Victorbur) übertragen.

Zu weiteren Eigentumsübertragungen sind keine exakten Daten bekannt. Bekannt ist allerdings, dass folgende Personen im Zeitverlauf ab Mitte des 18. Jahrhunderts Eigentum an dem Hof erlangen:

Rendine Harms, verheiratete Enninga.

Ehemann Enninga überlebt seine Frau Rendine geb. Harms. Er lebt nach ihrem Tod mit einer Frau Fisser zusammen, die den Hof dann nach seinem Tod erbt. Diese wiederum vererbt den Hof in ihrer Verwandtschaft weiter. Aktueller Eigentümer ist die Familie Ditzfeld, die in Südvictorbur ein Friseurgeschäft betreibt.

Die Hofgebäude: Wohn- und Wirtschaftsgebäude, Nebenscheune und Kochhaus sind heute noch vorhanden. Das Hauptgebäude steht unter Denkmalschutz. Es wurde vor ca. zehn Jahren äußerlich renoviert, ist aber seit langem nicht mehr bewohnt. Die Hauptländereien des früheren Lübbers-Hofes liegen überwiegend nördlich von den Hofgebäuden.

LÜBBERT HAYEN II (1757–1791)

GENERATION VII

LÜBBERT HAYEN (OSB VICTORBUR 2178, OSB ENGERHAFE 1485) wird am 12. November 1757 als Sohn von Haye Dircks Lübberts in Victorbur geboren. Er heiratet am 29. April 1780, also im Alter von knapp 23 Jahren, in Victorbur die am 23. August 1758 ebenfalls in Victorbur geborene FOOLKE EHMEN.

Die Eltern von Foolcke Ehmen: Vater Haye Ehmen, Warfsmann in Uthwerdum, später Wiegboldsbur. Dieser heiratet am 14. März 1756 in Bedekaspel Antje Peters. Foolcke Ehmen hat mehrere Geschwister. Familie Ehmen lebt nach dem Wegzug aus Uthwerdum in der Kirchgemeinde Wiegboldsbur. Weitere Daten der Familie Ehmen sind in Anhang 5 auf Seite 129 aufgeführt.

Nach den Angaben in den OSB Victorbur und Engerhafe, die teilweise etwas verwirrend sind, haben Lübbert und Foolcke Hayen gemeinsam vier Kinder:

HEYE DIRCKS LÜBBERTS	* 8 JAN 1781	in Engerhafe (OSB VIC 3616, ENG 1485 und 2292)
GERJET LÜBBERTS	* 25 OKT 1782	in Victorbur
PETER LÜBBERTS	* 27 JUL 1785	in Upende (OSB VIC 3611, ENG 1485)
ANTJE LÜBBERTS	* 6 NOV 1788	in Victorbur. † 6 NOV 1885

Der dritte Sohn Peter Lübberts stellt im Sinne dieser Chronik den Urvater der 6. Generation dar. Sein Vorname stammt offensichtlich vom Familiennamen seiner Großmutter Antje Peters. Die weiteren Eintragungen zur Familie seines älteren Bruders Heye Lübberts sind deshalb als Nebenlinie in Anhang 6 auf Seite 131 zusammengefasst.

Über den Verbleib des Sohnes Gerjet Lübberts wurden bisher keine Informationen gefunden. Hilda Bruns stellt dazu folgende Vermutung an: *„Gerjet dürfte identisch sein mit Gerjet Lübberts Uphoff, der in Siegelsum lebte. Dessen Eltern werden dort in dessen Sterbeeintrag (Datum?) mit N. Uphoff und N. Ennen angegeben. Gerjet Uphoff war mit Gretje Hinrichs verheiratet, seine Kinder heißen Voolke und Lübbert. Das Kirchenbuch von Siegelsum ist 1826/27 verbrannt (ergo: weitere Nachforschungen relativ aussichtslos).“* Wie ein möglicher Namenswechsel auf *Uphoff* zu erklären ist, ist z.Z. noch unklar.

Tochter Antje heiratet 1747 (OSB 310), bereits 59-jährig, in dessen zweiter Ehe Behrend Bohlkes in Engerhafe. Sie stirbt 1885 an ihrem Geburtstag, im seinerzeit ungewöhnlich hohen Alter von 97 Jahren. Über eine vorhergehende Ehe ist bei ihr nichts bekannt.

Nun zu den Lebensumständen des Vaters der vier Kinder: Lübbert Hayen. Zum Zeitpunkt seiner Geburt im Jahre 1757, ist sein Vater Haye Lübberts 26 Jahre alt und als Hausmann in Victorbur ansässig. Vier Jahre später wird Lübberts jüngerer Bruder Gerrit geboren. In Lübberts neuntem Lebensjahr (1766) stirbt seine Mutter im Kindbett. Der Neugeborene Dirk stirbt am Tage seiner Geburt.

Vater Haye ist nun mit 35 Jahren Witwer und es findet sich kein Hinweis, dass er wieder geheiratet hat. Lübberts jüngerer Bruder Gerrit stirbt im Jahre 1772 im Alter von 11 Jahren *"[…] an einem Schlage von einem Pferde vor den Kopf."* Lübbert ist zu diesem Zeitpunkt 15 Jahre alt und nunmehr der einzige überlebende Sohn seines Vaters.

Knapp acht Jahre später, im April 1780, also im für die damalige Zeit relativ jungen Alter von nur 23 Jahren heiratet er die 22jährige Foolcke Ehmen in seinem Heimatdorf Victorbur.

Lübbert Hayen werden in den Ortssippenbüchern von Victorbur und Engerhafe verschiedene Berufsbezeichnungen zugeordnet: *Hausmann in Victorbur, Arbeiter, Hausmann in Westvictorbur, Hausmann in Upende, Arbeiter in Uthwerdum.* Hieraus lässt sich, in Verbindung mit den weiteren Lebensdaten, etwa folgender Lebensweg ableiten:

Bis zu seiner Heirat im Jahre 1780 dürfte er auf dem Hof seines Vaters gelebt und gearbeitet haben. Sein Vater ist zu diesem Zeitpunkt 49 Jahre alt und Witwer. Am 20. Januar 1780 überträgt sein Vater Haye Lübberts seinen Anteil am *Heerd* an seinen Bruder Clas, der damit Alleineigentümer wird. Vater Haye Lübberts erhält für seinen Anteil eine Zahlung in Höhe von 2700 Gulden. Auch wenn der Wert wegen fehlender Parameter vorerst schwierig zu beurteilen ist, kann dennoch unterstellt werden, dass es sich hier um eine ansehnliche Summe gehandelt hat. Was mit diesem Geld geschehen ist, und inwieweit sein Sohn Lübbert Hayen davon profitiert hat, bleibt unklar. Haye Lübberts jedenfalls hat nach dieser Übertragung noch 12 Jahre gelebt († 15 AUG 1792).

Lübbert ist, möglicherweise im Zusammenhang mit der im vorigen Absatz geschilderten Veräußerung, vor der Geburt seines ersten Sohnes Heye Lübberts im Jahre 1781 nach Upende gezogen. Sein 1782 geborener zweiter Sohn Gerjet wird dagegen wieder in Victorbur getauft. War dies durch die Nähe zu seinem Heimatort und seiner Familie begründet, oder hat Lübbert mit seiner Familie vorübergehend wieder im Kirchspiel Victorbur gelebt? Sein 1785 geborener Sohn Peter wird nämlich wieder in Engerhafe getauft. Unpassend erscheint mir hier die im OSB verwendete Berufsbezeichnung *Hausmann in Upende*. Wenn Hausmann Vollerwerbslandwirt bedeutet, kann dies wohl kaum zutreffen. Lübbert verließ den Hof seines Vaters, weil dieser seinen Anteil an seinen Bruder Clas übertragen hatte. Es ist deshalb kaum anzunehmen, dass Lübbert die materiellen Möglichkeiten hatte, sich in Upende eine Vollerwerbsstelle zu kaufen, auch wenn sein Vater ihm einen Teil des Verkaufserlöses aus dem Jahre 1780 zugewendet haben sollte. Auch die Tatsache, dass er an anderen Stellen in den OSB als Arbeiter in Victorbur bzw. Arbeiter in Uthwerdum bezeichnet wird, stützt die Vermutung, dass er nach seinem Fortgang vom Hof des Vaters in bescheidenen Verhältnissen als Arbeiter gelebt hat. Dabei hat er offensichtlich mehrfach seinen Arbeitsplatz gewechselt. Die verschiedenen Tauforte seiner Kinder und die Tatsache, dass er als Arbeiter in Uthwerdum gestorben ist, stützen diese Vermutung. Seine Ehefrau Foolke, die ihren Ehemann um 18 Jahre überlebt stirbt am 05. Juni 1809 im Alter von 51 Jahren als *„[…] Witwe in Uthwerdum an einem Schlage.“* Möglicherweise haben Lübbert und seine Frau Foolke zuletzt auf der Warfsstelle des Schwiegervaters und Vaters Haye Ehmen gelebt, der nach Wiegboldsbur verzogen war?

Im letzten Abschnitt seines kurzen Lebens arbeitet Lübbert Hayen wieder im Ortsteil Uthwerdum des Kirchspiels Victorbur. Er stirbt 1791, ein Jahr vor seinem Vater, mit 34 Jahren an *„[…] Auszehrung“*, und wird in seinem Geburtsort Victorbur beerdigt. Seine Ehefrau Foolke bleibt mit vier unmündigen Kindern (10, 9, 6 und 3 Jahre alt) zurück und muss sich fortan allein durchs Leben schlagen. Eine Wiederheirat ist nicht dokumentiert. Sie stirbt 1809 im Alter von 51 Jahren. Sie lebt zuletzt in Uthwerdum und wird deshalb in Victorbur beerdigt. Drei ihrer Kinder bleiben im Bereich der Kirchgemeinde Engerhafe und erzeugen eine reiche Nachkommenschar. Sohn Peter, unser Vorfahr der sechsten Generation zieht nach Loquard, um dort eine eigene Existenz und Familie zu gründen.

PETER LÜBBERS (1785—1844)

GENERATION VI

Peter Lübber(t)s (* 27 JUL 1785 / OSB VICTORBUR 3611 / OSB ENGERHAFE 1485) unterschreibt seine Heiratsurkunde am 24.05.1812 im Zivilregister der Gemeinde Loquard mit den Nachnamen Lübbers. *Anmerkung: Er lässt hier erstmals offiziell das T im Nachnamen fehlen.*

Die Eintragung erfolgt in dem sogenannten Zivilregister, welches die herrschenden Franzosen, ab 1806 indirekt über die Holländer und von 1810 bis 1813 unmittelbar den örtlichen Verwaltungen auferlegt hatten.

PETER LÜBBERS ist in der Reihe unserer Vorfahren der Erste, der seinen Kindern statt seines Vornamens den eigenen Familiennamen weitergibt. Dies hängt damit zusammen, dass just im Jahr 1812 die Vorschrift der französischen Besatzungsmacht wirksam wird, wonach alle Ostfriesen sich einen *konstanten* Familiennamen zuzulegen haben. Peter Lübbers hat sich also im Zuge dieser Vorschriften endgültig für den Namen *Lübbers* entschieden. *(Siehe dazu die Anmerkungen zur Entstehung und Verbreitung des Familiennamen Lübbers auf Seite 12.)*

Peter Lübbers ist in der Reihe unserer Vorfahren auch derjenige, der erstmalig seine Heiratsurkunde eigenhändig unterschreibt. Vorher machten das ausschließlich die Pastoren, mit den mehrfach angesprochenen Folgen für die jeweiligen Schreibweisen der Namen.

PETER LÜBBERS wird, wie bereits im vorherigen Abschnitt zur Generation VII aufgezeichnet, am 19. Juli 1785 als zweiter Sohn des Arbeiters/-Hausmanns Lübbert Hayen und dessen Ehefrau Foolcke geb. Ehmen in Engerhafe/Upende geboren. Sein ältester Bruder Heye Dirks Lübberts wird, ebenso wie seine jüngere Schwester Antje, später in Upende/Engerhafe sesshaft. Über den Verbleib seines zweitältesten Bruders Gerjet liegen keine abschließenden Erkenntnisse vor. Die Lebensumstände in Peters Jugend sind bereits im vorherigen Abschnitt erläutert worden. Er wird im OSB als Arbeiter in Upende bezeichnet. Zu einem unbekannten späteren Zeitpunkt zieht er nach Loquard. Vermutlich weil er dort Arbeit findet. Es darf vermutet werden, dass Peter nach seiner Schulentlassung (etwa 1798 oder 1799) eine Tätigkeit als *Dienstknecht* bei einem Bauern aufnimmt. Er wird auch bei seiner Heirat 1812 noch als Dienstknecht bezeichnet. Die Eintragung im OSB der Kirchengemeinde Victorbur bezeichnet ihn dann allerdings als Fuhrmann zu Schott. *(Dies könnte nach Meinung von Hilda Bruns eine Fehleintragung sein, weil Wohnort und Beruf sich ggf. auf die Situation seines Sohnes beziehen.)* Bei der Geburt seines Sohnes Hinrich im Jahre 1818 wird er noch einmal als *Arbeiter* bezeichnet. Bei der Geburt seiner weiteren Kinder dann aber wieder als *Fuhrmann*. Hier zeigt sich der deutliche Hinweis, dass Peter Lübbers seine Tätigkeit offenbar mehrfach ändert. Er arbeitet zumindest für eine gewisse Zeit als Fuhrmann und hält sich offenbar zumindest zeitweise in Schott auf, wo auch sein Sohn Lübbert Lübbers später sesshaft wird.

(Zwischenbemerkung: Ein Dienstknecht ist zu jener Zeit jemand, der bei einem Bauern lebt und arbeitet. Heiratet er und gründet dann einen eigenen Haushalt, so wird er seinerzeit als Arbeiter bezeichnet.)

Peters Vater stirbt bereits 1791 im Alter von 34 Jahren als Arbeiter in Uthwerdum. Peter ist zu diesem Zeitpunkt gerade einmal fünf Jahre alt. Seine Mutter Foolcke lebt bis zu ihrem Tod im Jahre 1809 möglicherweise bei Verwandten in Uthwerdum.

Peter Lübbers heiratet am 24. Mai 1812 in Loquard HEIKE HINRICHS ISEBRAND, geboren am 02. März 1792. Sie ist die Tochter des Schustermeisters (1812 wird er auch als *Feldschütze* bezeichnet) Hinrich Isebrands und seiner Ehefrau Mettje Eilers. Heike Isebrands ist zum Zeitpunkt ihrer Heirat also 20 Jahre alt.

Die Eltern der Braut haben im Juni 1791 in Loquard geheiratet. Hinrich Isebrands ist im Februar 1768 in Loquard geboren. Seine Eltern sind Isebrand Behrends (Reiners) und dessen Ehefrau Haike Hinrichs. Hier wird die *Quelle* des Vornamens Hinrich in unserer Familie deutlich. Dieser stammt aus der Familie von Haike Hinrichs, deren Vater höchstwahrscheinlich Hinrich hieß. *(Hierzu noch der Hinweis, dass die Schreibweise des Namens Isebrand in den Eintragungen der Loquarder Pastoren ständig wechselt:*

Isebrand, Ihsebrand, Yzebrand usw. und auch mit oder ohne s am Ende.) Weitere Details zu den Eltern, Großeltern und Kindern von Hinrich Isebrands sind gesondert in Anhang 7 auf Seite 134 aufgeführt.

Peter und Heike Lübbers haben sechs Kinder:

LÜBBERT HEYEN	* 05 MAR 1813	† 27 JUL 1888 in Rechtsupweg
METTJE	* 30 DEZ 1815	∞ 06 APR 1850, Wwr. Harm Caspar Bensing in Rysum, nennt sich später Meta Lübberts (Bensing)
HINRICH	* 03 OKT 1818	keine Spur im KB Loquard über seinen Verbleib. Suche im KB Marienhafe bisher erfolglos.
HEYE PETERS	* 19 DEZ 1821	† 12 MAI 1847 Todesursache nicht vermerkt.
FOELKE	* 04 FEB 1825	∞ 09 NOV 1851 mit Ubbe Ehmen, Pewsum,(OFB Pewsum 1356) s. unten
GEERTJE	* ? FEB 1828	∞ 30 JUN 1851 Gerke Albers Bürmann, Colonist in Moordorf, Moordorf. s. OSB Victorbur 625 (s. Anmerkung unten)

Peter Lübbers stirbt am 18. November 1844 in Loquard. Zitat aus der Eintragung im Register des Kirchenbuchs der KG Loquard: *„Am 18. November 1844 starb der hiesige Arbeiter* (hier also wieder Arbeiter) *Peter Lübberts an Entkräftung im 59. Lebensjahr und wurde am 22. beerdigt."*

Seine Ehefrau Heike Hinrichs Isebrands (Lübbers) stirbt am 02. April 1855, also im Alter von 62 Jahren, in Pewsum (OFB Pewsum 1356). Offensichtlich lebt sie nach der Heirat ihrer Tochter Foelke im Jahre 1851 die letzte Zeit ihres Lebens bei ihrer Tochter und deren Ehemann Ubbe Ehmen Reemtsma, Dienstknecht in Pewsum (* 24 JAN 1824).

PETER LÜBBERS verlegt seinen Wohnsitz wohl nicht endgültig nach Schott, obwohl der Pastor von Engerhafe das (vermutl. fälschlicherweise) so vermerkt hat. Die Bezeichnung *Arbeiter* in seinem Sterbeeintrag zeigt, dass er als Fuhrmann nicht selbstständig tätig gewesen ist. Er bleibt allerdings der einzige Stammvater, der längere Zeit in Loquard lebt. Seinen Sohn Lübbert zieht es, wie der nächste Abschnitt zeigt, bereits in jungen Jahren in die Gegend von Marienhafe.

Unbekannt ist weiterhin folgendes: Wo bleibt Sohn Hinrich Lübbers (* 1818)? Nach Hilda Bruns ist darüber im Kirchenbuch Loquard nichts vermerkt. *(Anmerkung: Hinrich Lübbers ist damit in unserer Familie der erste, der diesen Namen trägt.)*

LÜBBERT HEYEN LÜBBERS (1813–1888)

GENERATION V

Lübbert Heyen Lübbers (OSB VICTORBUR 3610), der älteste Sohn von Peter Lübbers, wird am 03. März 1813 in Loquard geboren. Sein Name konnte nicht Lübbert Heyen lauten, da den Ostfriesen seit 1812 vorgeschrieben wurde, konstante Familiennamen anzunehmen. Im Familienbuch der Kirchengemeinde Engerhafe (Randnummer 2294, Seite 332) wird er als Lübbert Heien Lübberts aufgeführt, ebenso im OSB Victorbur unter Nr. 3610.

Die folgenden Erkenntnisse zu seiner Person stützen sich vorerst auf Nachforschungen des inzwischen verstorbenen Jann Mennenga aus Leezdorf, der folgendes berichtet: *„Lübbert Heyen Lübbers war als Fuhrmann oder Schiffer tätig, oder hat sogar beide Berufe ausgeübt. Sein Beruf hat ihn irgendwann in die Ortschaft Schott gebracht."*

Als Hintergrund zum Berufsstand des Schiffers zitiere ich hier einige Auszüge aus Publikationen die sich mit den Verkehrsverhältnissen in Ostfriesland in der Zeit nach 1820 befassen.

> *„Die Erschließung Ostfrieslands durch den Bau befestigter, zu jeder Jahreszeit befahrbarer Straßen, begann erst Mitte des 19. Jahrhunderts. Zuvor gab es nur einige befestigte Sandwege. Es herrschten heute nicht mehr vorstellbare Verkehrsverhältnisse. Bei Regenwetter und im Winter waren viele Wege unpassierbar."* (Hinrich Rudolfsen und Wolf-Jobst Siedler: Die Kleinbahn Leer–Aurich–Wittmund)

> *„ [...] und geht ferner über Riepe, von wo an der Boden so niedrig wird, daß er mehrenteils im Winter unter Wasser steht, daher man sonst im Winter bloß zu Schritte nach Emden kommen konnte. [...] durch diese Beschreibung wird verständlich, daß die Bewohner Ostfrieslands meist auf Wasserwege angewiesen waren, um Personen, Post und Güter zu transportieren."*
> (Beschreibung der Verhältnisse um 1824 über den Weg von Aurich nach Emden aus: Marion Wietelmann: 100 Jahre Ems–Jade Kanal 1888–1988)

„Die erste gepflasterte Straße des Ortes Upgant-Schott war die von Norden nach Georgsheil verlaufende Chaussee – die heutige Bundesstraße. Sie wurde in der Zeit von 1843 bis 1848 gebaut. Die Pflasterung der Straße nach Wirdum wurde 1873 fertig gestellt. Erst 1891 erfolgte die Pflasterung der Straße nach Rechtsupweg. [...] In den früheren Jahrhunderten gehörten die Kanäle zu den wichtigsten Verkehrsverbindungen im westlichen Ostfriesland. Von der „Schottjer Piepe“ aus konnten die alten Dorfschiffer der Gemeinde Upgant-Schott die Stadt Emden und fast jeden Ort in der Krummhörn erreichen. Schon zu Beginn des 17. Jahrhunderts existierten planmäßige Verbindungen von Upgant-Schott nach Emden. Der Lastverkehr wurde in erster Linie mit den Tjalks, Snicken oder Mutten, wie man die Dorfschiffe nannte, durchgeführt. Die Dorfschiffer beförderten landwirtschaftliche Produkte, Sand, Mist usw. nach Emden und zu anderen Zielorten. Auf der Rückfahrt transportierten sie Baumaterialien, Textilien, Tee, Papier, Tinte und fast alle Dinge des täglichen Lebens, die in den Heimatorten nicht produziert wurden. Bis in die 30er Jahre des 20. Jahrhunderts waren die Schiffe mit Segeln ausgestattet. Doch wenn der Wind aus einer ungünstigen Richtung wehte, oder Windstille herrschte, mussten de Schiffe von Menschen oder von Pferden gezogen werden. Im Jahr 1873 gab es in Upgant-Schott noch fünf Dorfschiffer. Südlich des alten Verlaufs der Dorfstraße befand sich entlang des Abelitzkanals (an der Schottjer Piepe) ein Lagerplatz, der von einem eigens von der Gemeinde dazu beauftragten Platzmeister beaufsichtigt wurde. Erst im Jahre 1934 verkaufte der letzte Dorfschiffer sein Schiff.“

(Geralt Freese: 1050 Jahre Upgant-Schott, Festschrift zu den Jubiläumsveranstaltungen vom 1. bis 3. September 1995)

LÜBBERT HEYEN LÜBBERS tritt also beruflich wohl zunächst in die Fußstapfen seines Vaters Peter, indem er als Fuhrmann tätig wird. Er scheint später seine Transporttätigkeit auf das Wasser der schmalen Flussläufe in der Krummhörn zu verlegen und wird Schiffer. Auch seinen Wohnortwechsel nach Schott scheint sein Vater Peter noch beeinflusst zu haben, weil auch er im OSB Victorbur als *Fuhrmann zu Schott* bezeichnet wird.

Lübbert Heyen Lübbers heiratet am 03. März 1840 (in erster von drei Ehen) BARBER FOLKERTS JANSSEN (* 10 DEZ 1813), Tochter des Schustermeisters Folkert Göken Janssen und dessen Ehefrau Trientje Jelschen (* 1781) in Osterupgant. Er wohnt zu dieser Zeit im sogenannten *Grodenhaus* in Schott, ganz in der Nähe des kleinen Binnenhafens an der Schottjer Piepe.

Lübbert und Barber Lübbers haben drei gemeinsame Kinder:

FOLKERT GÖKEN	* 05 AUG 1840	Verbleib s. Anhang 10, Seite 137
TRIENTJE JELSCHEN	* 03 MAR 1843	∞ mit Mimke Focken Mennen Heien Mennenga † 01 JAN 1919
PETER	* 09 DEZ 1844	† 1871, s. Anhang 12, Seite 138

Barber Lübbers stirbt am 06. Januar 1845, also kaum fünf Jahre nach ihrer Heirat, im Alter von nur 32 Jahren im Wochenbett, kurz nach der Geburt ihres Sohnes Peter.

Bereits ein Jahr später, am 28. Februar 1846, heiratet Lübbert Heyen Lübbers die um zehn Jahre jüngere Schwester seiner ersten Frau, AMKE FOLKERTS JANSSEN (* 26 DEZ 1823). Die Daten zur Familie der beiden ersten Ehefrauen von Lübbert Heyen Lübbers und deren Vorfahren sind in Anhang 8 auf Seite 136 aufgeführt.

Mit seiner zweiten Ehefrau Amke hat Lübbert Lübbers vier lebende Kinder. Die Geburt eines fünften Kindes, welches keinen Namen erhält, führt zum Tod der Mutter.

HEIKO	* 25 APR 1847	Verbleib s. Anhang 13 Seite 139
HINRICH	* 24 NOV 1849	† 14 MAI 1918
BARBALINA	* 17 SEP 1851	Verbleib s. Anhang 14 Seite 139
AHLTJEN	* 24 FEB 1854	Verbleib s. Anhang 15 Seite 140
[unbenannt]	* 19 DEZ 1856	† 19 DEZ 1856

Amke Lübbers geb. Janssen stirbt am 19. Dezember 1856 in Schott bei der Entbindung ihres fünften, vermutlich tot geborenen Kindes. Mutter und Kind werden in einem Grab beigesetzt.

Lübbert Heyen Lübbers heiratet ein drittes Mal und zwar im Mai 1859 die geschiedene *Arbeiterin aus Ost-Victorbur* HILLKE JACOBS REDENUIS, (* 11 OKT 1824) in Victorbur (OSB VICTORBUR 3610, 4493 UND 5770). Eltern der Braut sind Jacob Lammers Redenius (* 09 FEB 1798 / OSB VICTORBUR 3610), Colonist in Ostvictorbur, dessen Vater wiederum ist Lammert Janssen, Colonist in Münkeboe. Die Mutter ist Depke Hinrichs Wissels (* 07 FEB 1796), Tochter des Warfsmanns Hinrich Hinrichs in Victorbur. Der Vater stirbt am 12. April 1872 an Altersschwäche und die Mutter sieben Tage später als „*[...] Witwe in einem Armenhause.*"

Der erste Ehemann (∞ 1853) von Hillke Jacobs Redenius ist der Dienstknecht Klaus Wichers Wilts aus Westerhusen, der bei ihrer zweiten Heirat mit Lübbert Lübbers im Jahre 1859 als *verschollen* angegeben wird. *Verschollen* kann zu dieser Zeit sehr wohl eine heimliche Flucht nach Amerika bedeuten. Mit Klaus W. Wilts hat Hillke Redenius ein gemeinsames Kind (Heere Klaassen, * 1853) welches 1856, im Alter von drei Jahren an Masern stirbt.

Mit seiner dritten Ehefrau hat Lübbert Lübbers fünf weitere Kinder:

JACOB	* 27 MAR 1860	Verbleib s. Anhang 16 Seite 140
AMKE	* 12 APR 1862	† 1864, also im Alter von etwa 2 Jahren.
LAMMERT HEYEN	* 01 MAR 1864	† 1867, *„[…] in der Nähe des Hauses in einen Brunnen gefallen."*
AMKE	* 16 FEB 1866	Verbleib s. Anhang 17 Seite 141
DEEPKE	* 26 AUG 1868	† 14 APR 1872, also im Alter von 4 Jahren.

Lübbert Lübbers hat also mit drei Ehefrauen insgesamt 13 Kinder, von denen eines bei der Geburt und drei jeweils im Alter von 2 bis 4 Jahren versterben.

Im Hinblick auf die Gründung des Hofes in Rechtsupweg zeigt sich an Hand der im Staatsarchiv Aurich archivierten Grundbücher folgendes: *(Vorweg: Die hier zitierten Grundbücher sind noch nicht im Detail übersetzt, deshalb hier zunächst allgemeine Schlussfolgerungen und teilweise noch unvollständige Angaben):*

Lübbert Heyen Lübbers kauft 1869 ein im Grundbuch von Upgant (später Rechtsupweg) im Band 31 Blatt 137 verzeichnetes Grundstück zur Größe von 3,9642 Hektar.

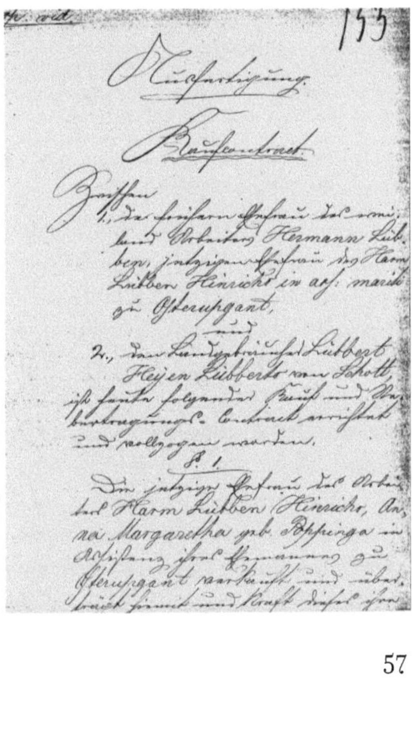

LUBBERS_LUBBERT_HEYEN_681K92_URK_1869KAUFVERTRAG

Die erste Seite des Kaufvertrags zum Grundstück an der Junkerstraße in Rechtsupweg von 1869 zwischen dem Käufer Lübbert Heyen Lübbers und den Verkäuferinnen Lübben und Hinrichs.

Im Grundbucheintrag wird er als Landwirt und Fuhrmann zu Schott bezeichnet. Als Verkäufer des Grundstücks werden im Kaufvertrag die frühere Ehefrau des weilanden (verstorbenen) Arbeiters Hermann Lübben und die Ehefrau des Harm Lübben Hinrichs zu Osterupgant, Anna Margaretha geb. Poppinga genannt.

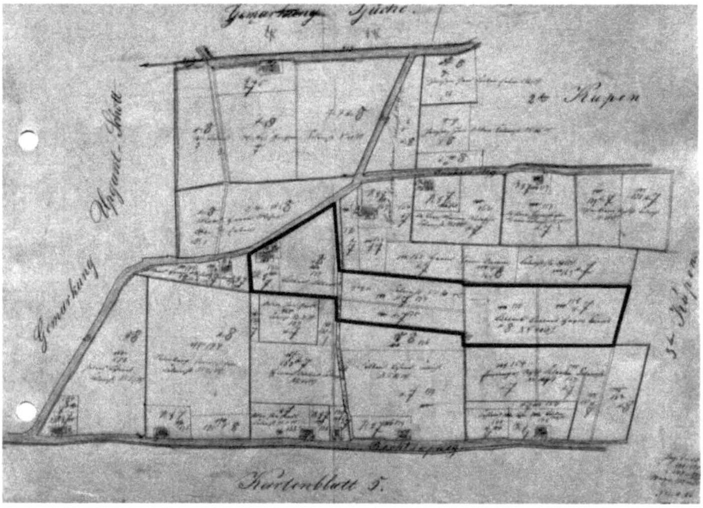

LUBBERS_LUBBERT_HEYEN_G81K92_URK_PLANRECHTSUPWEG_001

Lageplan des von Lübbert Heyen Lübbers 1869 gekauften Hofgrundstücks. Das Original findet sich unter der Bezeichnung REP 237 Nr. 284 in einem Flurkartenbuch aus dem Jahre 1873 im Staatsarchiv in Aurich. Die hier schwarz umrandeten Grundstücke haben nach dem zugehörigen Steuererhebungsbuch eine Gesamtfläche von 3,9642 Hektar.

Auf dem Grundstück steht offensichtlich bereits ein Haus, welches bei Anlegung des Grundbuches im Jahre 1786 bereits vorhanden war. 1869 ist dieses Haus bereits fast 80 Jahre alt und es ist vorstellbar, dass es beim Kauf durch Lübbert Lübbers nicht mehr bewohnbar ist. Dies lässt sich aus der Tatsache schließen, dass der Wohnort von Lübbert beim Tod seiner Tochter Amke II (1872) noch mit Schottjer Grode angegeben wird.

In Bezug auf das bereits im Jahr 1786 bei der Anlegung des Grundbuches erwähnte Haus darf weiterhin angenommen werden, dass es sich ursprünglich um ein Torfsoden- oder Lehmhaus gehandelt hat, so wie dies in den Anfangsjahren der Moorkolonien üblich war. Ob dies Haus beim Kauf durch Lübbert Lübbers noch vorhanden ist, oder ob zu diesem Zeitpunkt bereits ein Nachfolgebau auf dem Grundstück steht, ist ungewiss.

Das Grundstück wird ursprünglich vom preußischen Staat erworben. Es hat nach dem Ersterwerber Heere Alrichs noch zahlreiche weitere Besitzer und wird teilweise durch Vererbung, mehrmals aber auch durch Verkauf weitergegeben.

EXKURS: ENTWICKLUNG DER MOORKOLONIEN IN OSTFRIESLAND

Mit dem Kauf eines für die damaligen Verhältnisse ansehnlichen landwirtschaftlichen Grundstückes wird Lübbert Lübbers zum Kolonisten in der seinerzeit exakt 100 Jahre alten Moorkolonie Rechtsupweg.

Weil er und sein Sohn Hinrich II, ebenso wie später sein Enkel Hinrich III und sein Urenkel Hans Moorkolonisten waren, liegt es nahe, an dieser Stelle einen Exkurs zum Thema *Geschichte und Entwicklung der Moorkolonien in Ostfriesland* einzufügen:

Ostfriesland besteht im 18. Jahrhundert zu etwa einem Drittel aus Mooren. Lange Zeit waren diese Moore größtenteils unbegehbar und lebensfeindlich, erst mit zunehmender Siedlungsdichte nähern sich die Ostfriesen dem unheimlichen Moor, zuerst wohl um den Torf als Brennstoff zu gewinnen. Dabei erfolgt der Torfabbau zunächst völlig ungeordnet, mal hier, mal da, je nach Lage der Moorflächen und deren Begehbarkeit und nach Bedarf der in der Nachbarschaft wohnenden Menschen. Später beginnt man auch, die trockenen Moorränder sporadisch zu beweiden. Rechtlich ist das Moor *herrenlos*. Es gehört niemandem und niemand erhebt auf dieses *wertlose Land* einen Eigentumsanspruch. Dies ändert sich im Laufe der Zeit, als die zunehmende Bevölkerung Ostfrieslands mehr und mehr auf den Torf als Brennstoff angewiesen ist. Es entsteht ein ungeschriebenes Gewohnheitsrecht: das *Upstreekrecht*. Hiernach hat jedermann dessen Landbesitz an ein Moor grenzt, das Recht, das Moor in der gesamte Breite seiner Landfläche nach Gutdünken zu nutzen und zwar soweit, bis er auf ein natürliches Hindernis (z.B. an einen Wasserlauf oder einen Weg) oder auf einen anderen *Upstreekberechtigten* stößt. Der steigende Brennstoffbedarf, insbesondere in den ostfriesischen Städten, hat bereits im 17. Jahrhundert zur Gründung mehrerer Fehnkolonien in Ostfriesland geführt. So wird, als erstes Fehn nach holländischem Muster, bereits im Jahre 1633 das Großefehn von Emder Bürgern gegründet.

Mit dem Tod des letzten männlichen Abkömmlings des Hauses Cirksena, Fürst Carl Edzard, fällt die Grafschaft Ostfriesland 1744 vertraglich an das Land Preußen. Starkes Bevölkerungswachstum, welches im Agrarland Ostfriesland zu Landknappheit und damit zu wachsender Not führt, veranlasst die neue Herrschaft alsbald zum handeln. Mit dem Urbarmachungsedikt von 1765 erklärt der preußische König Friedrich der Große die ostfriesischen Moore zum Staatseigentum. Diese Maßnahme soll dem Ziel dienen, mittels dieser Moorflächen möglichst vielen Menschen eine neue Existenz zu bieten. Und so weist man jedem, der bereit ist im noch unkultivierten, nassen Moor seinen Erwerb zu suchen, ein bescheidenes Stück Moor in der Größe von etwa einem Hektar zu. Die Neusiedler werden bis zu 15 Jahre von Abgaben und Steuern befreit.

Leider entwickelt man darüber hinaus zunächst kaum konkrete Vorstellungen, wie eine solche Besiedelung zu bewerkstelligen sei. Durch diese planlose Vergabe entstehen so bald ungeordnete Streusiedlungen in denen weder die Wegeverhältnisse, noch die im Moor lebenswichtige Entwässerung geregelt sind. Darüber hinaus sind die vergebenen Flächen meist viel zu klein, so dass eine Kolonistenfamilie darauf kaum überleben kann. Nicht nur dass die Ostfriesen sich ihres angestammten Upstreekrechtes beraubt sehen, sondern auch die wilde Besiedelung der Moore, die die Neuansiedler oft rasch in eine Verelendung stürzt, führt bald zu harscher Kritik an den Maßnahmen der preußischen Herrschaft.

Die 1767 gegründete Moorkolonie Moordorf gilt bis heute als Synonym für die schwierigen Anfänge der Moorkolonien in Ostfriesland. Im Laufe eines Jahrhunderts entstehen in Ostfriesland 82 Dörfer als Moorkolonien. Aus dieser Zeit stammt auch das auf die Moorkolonisation gemünzte Zitat: *„Dem Ersten der Tod, dem Zweiten die Not und erst dem Dritten das Brot.“*

In den Anfangszeiten der Moorbesiedlung basiert die Bewirtschaftung im Wesentlichen auf der *Moorbrandkultur*. Bei dieser Bodennutzung wird das Moor oberflächlich entwässert, und im Frühjahr gehackt, damit die oberste Schicht trocknen kann. Dann wird es angezündet und brennt danach tage- manchmal sogar wochenlang. In der zurückbleibenden Asche sind die mageren Nährstoffe des Moorbodens dann soweit konzentriert, dass darin der anspruchslose Buchweizen gedeiht. Durch diese auf Raubbau an den im Moor ohnehin nur in geringem Umfang vorhandenen Nährstoffe ausgelegte Kultur, ist der Boden schon nach wenigen Jahren so weit ausgelaugt, dass darauf keinerlei Nutzpflanzen mehr gedeihen. Etwa zwanzig Jahre muss der Boden nun ruhen, bevor er erneut für den Buchweizenanbau genutzt werden kann. Diese Brandkultur gibt es in den ostfriesischen Mooren teilweise noch bis zum Beginn des 20. Jahrhunderts.

Die Wohnverhältnisse der Moorkolonisten sind in den Anfangsjahren äußerst primitiv. Anfangs müssen oft Notbehausungen aus Torfsoden als Unterkunft reichen. Später werden solche Hütten mit Holzbalken verstärkt, und sowohl innen wie außen mit Lehm verputzt. Bei ausreichenden Lehmvorkommen in erreichbarer Nachbarschaft werden oft auch die gesamten Wände aus mit Stroh vermischtem Lehm hergestellt. Als Bedachung dient dabei entweder langes getrocknetes Gras oder Stroh. Erst ab Mitte des 19. Jahrhunderts entstehen in den Moorsiedlungen massive Gebäude aus Holz und gebrannten Ziegeln.

Die Moorkolonie Rechtsupweg entsteht im Jahre 1769, zwei Jahre später als Moordorf und nur vier Jahre nach dem Edikt Friedrichs des Großen. 1810 schreibt der erste in Rechtsupweg angestellte Lehrer Enno Reeshemius dazu folgendes:

„1769 erwarb Theie Poppen hinter den Ost-Upganter Äckern ein kleines Kolonat. Er, sowie sechs weitere Siedler die ihm im nächsten Jahr folgten, können als Gründer von Rechtsupweg gelten. Nach 1770 setzte die Besiedelung der unwirtlichen Wildnis „rechts vom Marienhafer Moorweg" (rechts up weg) stärker ein. Hart war der Kampf der ersten Siedler um eine Zuwegung zu ihren verstreut liegenden Kolonaten. Härter noch war der Kampf mit dem Wasser, welches die mageren Äcker zu überschwemmen drohte. Der Hauptweg von Marienhafe ins Hochmoor war ein Interessentenweg, der von den Bauern aus Marienhafe, Tjüche und Osterupgant nur im Spätsommer, zur Zeit des Torffahrens, benutzt wurde. In regenreichen Zeiten war der Weg so schlecht, dass die Kolonisten weder ihre Kinder zur Schule bringen noch ihre Leichen zum Friedhof fahren konnten. […] Bis in die Zeit um 1850 dauerte der Kampf um die Abwässerung der Ländereien im Gebiet der Kolonie Rechtsupweg."

Eine Schule gibt es in Rechtsupweg erst seit etwa 1805 als Nebenschule von Marienhafe. Dem examinierten Schulmeister haben die Kolonisten für jedes Kind ein Schulgeld zu zahlen und außerdem muss vom Herbst bis ins Frühjahr Torf für die Ofenheizung der Schule gestellt werden. Zuerst besteht die Schule aus einer einfachen Lehmhütte, die erst 1844 durch ein massives Schulgebäude ersetzt werden kann.

Unsere Vorfahren treten, wie bereits dargestellt, erst im Jahre 1869, also genau 100 Jahre nach Gründung der Moorkolonie auf den Plan. In dieser Zeit herrscht in Rechtsupweg zwar noch kein Reichtum, aber immerhin ist aus der anfangs bettelarmen Moorkolonie bereits ein geordnetes Dorf mit Schule und Krämerladen entstanden.

Wie die folgenden Aufzeichnungen zeigen, kauft Lübbert Lübbers zunächst allein, später zusammen mit seinem Sohn Hinrich II soviel Land zusammen, bis daraus mit knapp 10 Hektar Nutzfläche ein ansehnlicher Bauernhof entsteht, der eine große Familie zu ernähren in der Lage ist, und im weiteren Lauf der Jahre auch einen gewissen Wohlstand für die Familie Lübbers ermöglicht.

Lübberts Enkel Hinrich Lübbers III verschlägt es in den 20er Jahren des 20. Jahrhunderts, ebenso wie seine Schwester Elsche, in die wesentlich jüngere Moorkolonie Marcardsmoor.
Exkurs Ende.

Bei den von Lübbert Lübbers im Jahre 1869 gekauften Flächen handelt es sich um die an der Junkerstraße gelegene Fläche, auf der wie bereits erwähnt, ursprünglich ein Haus und später auch die massiven Hofgebäude stehen. Dieser Grundbesitz wird ursprünglich im Grundbuch von Rechtsupweg Band 31 Vol. 2 NR. 137 eingetragen. Später erfolgt eine Übertragung auf das Grundbuch Band 31 Vol. 12 Nr. 6/51 und dann in den 1900ern auf Band 39 Blatt 337. Das Grundstück ist, ausweislich des in Kopie vorliegenden Kaufvertrages vom 17. April 1870, zum Zeitpunkt des Vertragsabschlusses, seit 1867 an den Arbeiter Harm O. Harms zu Rechtsupweg verpachtet. Die Pacht endet am *Martini* 1872. Noch im Jahre 1870 kauft Lübbert Lübbers ein weiteres Grundstück zur Größe von 2,4579 Hektar in der benachbarten Gemarkung Upgant.

An dieser Stelle stellt sich die Frage, woher Lübbert die für den Kauf der Grundstücke erforderlichen Mittel hat. Immerhin handelt es sich nunmehr um Flächen von insgesamt 6,5 Hektar nebst einem Hofgebäude. Eine staatliche Förderung dürfte ausgeschlossen werden, da die Ländereien zum Zeitpunkt des Kaufes bereits seit fast 100 Jahren landwirtschaftlich bewirtschaftet werden. Irgendwelche Hypotheken sind im Zusammenhang mit den Käufen nicht eingetragen worden, so dass unterstellt werden muss, dass Lübbert selbst über genügend Kapital für die Anschaffung verfügt hat. Er hat also in seinem Beruf als Fuhrmann oder Schiffer über längere Zeit gut verdient. Sein Vater ist Arbeiter, später Fuhrmann und sein Schwiegervater, Vater der ersten und der zweiten Ehefrau, Schustermeister. Der Vater seiner dritten Ehefrau lebt ebenfalls in extrem bescheidenen Verhältnissen, so dass ausgeschlossen scheint, dass Lübbert nennenswertes Kapital aus einer Mitgift oder Erbschaft erworben haben könnte.

Es ist zu vermuten, dass sich insbesondere sein Sohn Hinrich (* 1849), nachdem das erworbene Land 1872 aus der Verpachtung frei wurde, in den ersten Jahren um die Arbeit auf dem werdenden Hof kümmert. Möglicherweise lebt dieser bereits auf dem Hof, während sein Vater noch von Schottjer Grode aus seinem Beruf als Fuhrmann nachging? Hinrich heiratet 1875.

1877 kaufen Vater und Sohn Hinrich gemeinsam ein weiteres, etwa 1,4 Hektar großes Grundstück in Rechtsupweg (Grundbuch von Rechtsupweg Band 31 BLATT 142). Das Grundbuch zu diesem Grundstück wird 1791 angelegt, es gibt beim Kauf 1877 bereits sechs Vorbesitzer, zuletzt Schmiedemeister Jan Folkerts Schmidt aus Marienhafe. Vater Lübbert ist 1877 bereits 64 Jahre alt und sein Sohn Hinrich, der 1875 geheiratet hat, 28 Jahre alt. Möglicherweise hat Lübbert sein aktives Berufsleben als Fuhrmann 1877 bereits aufgegeben und bewirtschaftet das gekaufte Land als *Altenteiler* zusammen mit seinem Sohn Hinrich, der in den 1870er und 1880er Jahren, anlässlich der Geburt seiner Kinder, als Landgebräucher und als Arbeiter und Landgebräucher bezeichnet wird. Er gilt also als Kleinbauer bzw. früher auch Warfsmann. Das Gleiche gilt seinerzeit wohl auch für seinen Vater Lübbert Lübbers. Hinrich ist also möglicherweise noch im Nebenerwerb tätig gewesen.

1881 wird das erstgekaufte Grundstück zu Gunsten des Zimmermeisters H.W. Dieken zu Marienhafe mit 1200 Mark belastet. Möglicherweise wird diese Hypothek im Zusammenhang mit der Finanzierung von Baumaßnahmen am Gebäude aufgenommen. Vielleicht zieht Vater Lübbert erst zu diesem Zeitpunkt, nachdem Platz für zwei Familien geschaffen worden ist, von Schottjer Grode nach Rechtsupweg um?

Sieben Jahre später, am 27. Juli 1888, stirbt Lübbert Lübbers im Alter von etwa 75 Jahren in Rechtsupweg. Seine dritte Ehefrau Hilke geb. Redenius stirbt bereits am 27. März des Vorjahres 1887.

Am 16. November 1888 verfasst der Königlich Preußische Notar Folkmar Francius in Norden eine Urkunde zwecks Regelung der Erbschaft nach weiland Eheleute Lübbert Lübbers und Ehefrau Hilke Jacobs geb. Redenius. Offensichtlich haben die Genannten kein Testament entrichtet, so dass die Erbschaft nach den damals geltenden rechtlichen Bedingungen *(die mir im Detail nicht bekannt sind)* in der genannten Urkunde geregelt wird. Alle Erbberechtigten, mit Ausnahme von Jacob Lübbers, der sich per Vollmacht vertreten lässt, sind zu der Verhandlung vor dem Notar persönlich wie folgt *(wörtlich aus der Urkunde zitiert)* erschienen:

1. Für Folkert Göken Lübbers in Hamburg der Maler Herbert S. Müller zu Mühlenloog
2. Trientje Lübbers, verehelichte Mimke Mennenga mit ihrem Ehemann von Schottjer Dreesche
3. Heike Müller von Groß-Midlum *[Anmerkung: die Schreibweise Heik**e** ist falsch, es handelt sich um Heik**o**]*
4. Barberlina Lübbers, verehelichte Harm Ihnen von Osterupgant mit ihrem Ehemann
5. Aaltje Lübbers, verehelichte Göke Meints zu Osteel mit ihrem Ehemann
6. Jacob Lübbers von Osterupgant
7. Amke Lübbers von Aurich
8. Hinrich Lübbers von Rechtsupweg

Damit sind alle lebenden Erbberechtigten anwesend.

Die Anwesenden ersuchen den Notar um *notarielle Aufnahme* des nachfolgenden zwischen ihnen geschlossenen Erbteilungsvertrages: (wörtliche Zitate aus dem Vertrag):

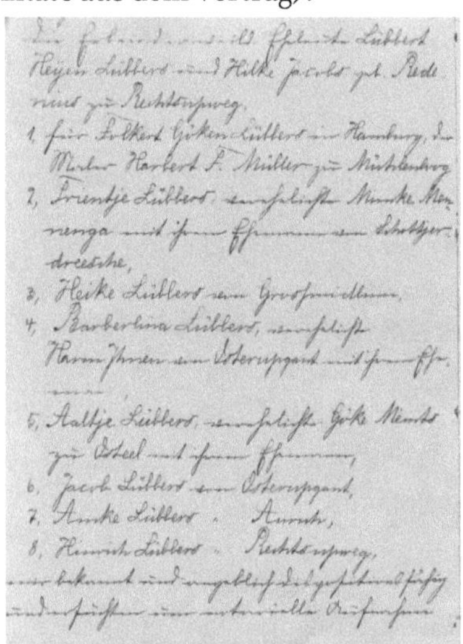

LUBBERS_LUBBERT_HEYEN_681K92_URK_1888ERBVERTRAG

Auszug aus dem Erbvertrag von 1888. Hier die Liste der Namen der Erbberechtigten.

„Die Komzeranten übertragen im Wege der Erbteilung

1. *An den Komzeranten (?) Jacob Lübbers die südliche Hälfte des Moorrastes in Rechtsupweg nebst Untergrund für 674 Mark und 9 Tagwerk Torf für 24 Mark.*

2. *An den Komzeranten Hinrich Lübbers den ganzen übrigen beweglichen und unbeweglichen Nachlass der Eltern ohne eine Ausnahme, die im Grundbuch verzeichneten und nicht verzeichneten. Die Übertragung erfolgt in Bausch und Bogen, mit allen Rechten und Gerechtigkeiten, aber auch mit allen Lasten,*

Abgaben und Beschwerungen. Die Übergabe an den Erwerber erfolgt sofort mit Lust und Last. Als Übertragungspreis ist vereinbart die Summe von 3.837 Mark.
Die obigen Übertragungspreise werden am 1. Mai nächsten Jahres bezahlt und fallen in die gemeinschaftliche Erbmasse.
Außerdem hat Hinrich Lübbers noch 559 Mark nebst 4% Zinsen seit dem 1. Mai dieses Jahres in die Erbmasse einzuzahlen. Gegen Einzahlung dieser Summe erfolgt die Auflassung an die Erwerber, welches dann ein schuldenfreies Grundbuchblatt nachgewiesen wird. Soweit die Grundstücke nicht im Grundbuch stehen muss der Erwerber Hinrich Lübbers sich die Eintragung selber verschaffen.

Die Erwerber akzeptieren ihre gegenseitigen Erklärungen, die Ehemänner genehmigen die Erklärungen ihrer Ehefrauen. Es ist darauf das Protokoll den Komzenraten in Gegenwart der Zeugen vom Notar vorgelesen, alseits genehmigt und unterschrieben.
H. Müller, Trientje Mennenga, Mimke Mennenga, H. Lübbers (Heike), B. Ihnen (Barberlina), Harm Ihnen, Meints (Aaltje), Göke Meints, J. Lübbers (Jacob), Amke Lübbers, Hinrich Lübbers, B.J. Müller (Zeuge), B. von Zwolle (Zeuge), Folkmar Francius (Notar)
Norden, den 16. November 1888.“

Die dem vorstehenden Vertrag entsprechenden Grundbucheintragungen erfolgen am 13. Juni 1889. *Anmerkung:* In Ostfriesland herrscht nach der französischen Besatzungszeit, die 1813 endet, bis 1945 hinsichtlich der Hofnachfolge das Jüngstenrecht. Sohn Hinrich (* 1849) war nach aktuellem Stand der Erkenntnisse nicht der jüngste Sohn. Dies war der 1860 geborene Sohn Jacob aus dritter Ehe. Offensichtlich war eine vertragliche Regelung, die das Jüngstenrecht umging, seinerzeit möglich. Möglicherweise ist dies aber auch dadurch begründet, dass Jacob Lübbers überhaupt nicht Landwirt ist – oder schon vorher in eine Hofbesitzerfamilie eingeheiratet hat? Er wohnt jedenfalls zum Zeitpunkt des Erbvertragsabschlusses bereits in Osterupgant und nicht mehr auf dem elterlichen Hof. Weitere Nachforschungen mögen hierzu noch Klarheit bringen.

HINRICH LÜBBERS II (1849—1918)

GENERATION IV

HINRICH LÜBBERS II heiratet in erster Ehe am 03. Mai 1875 LOTJE ROLFS SCHWITTERS, geboren am 06. April 1843 in Rechtsupweg. Eltern der Braut sind der Colonist und Krämer Rolf Wibben Schwitters aus Rechtsupweg, (1805—1887) und dessen Ehefrau Elsche Meints Uphoff, (1807—1886). Mehr zu deren Eltern und Vorfahren im Anhang 18 Seite 142.

Aus der Ehe Lübbers/Schwitters gehen folgende drei Kinder hervor:

HINRICH III	* 10 APR 1876 Rg.Nr. 21/76	† 10 JUN 1961	gestorben in Marcardsmoor
ELSCHE	* 27 OKT 1877 Rg.Nr. 37/77	† 1938	Heirat am 04 JAN 1908 mit Hayo Heyen Fleßner, gestorben in Marcardsmoor.
AMKE	* 30 DEZ 1879	† 12 JAN 1950	Unverheiratet. Uneheliche Kinder: Heinrich und Adi. gestorben in Rechtsupweg.

LUBBERS_HINRICH_E43A_045

LUBBERS_ELSCHE_E43C_020

LUBBERS_AMKE_E43E_020

Drei Geschwister. Die Kinder aus der Ehe von Hinrich Lübbers II und Lotje Rolfs Schwitters.
Links: Hinrich Lübbers III, aufgenommen ca. 1922 in Marcardsmoor, im Alter von etwa 45 Jahren.
Mitte: Elsche Lübbers (spätere Fleßner), aufgenommen ca. 1900 im Atelier Helios in Emden. Sie wird auf dem Bild etwa 25 Jahre alt sein. Rechts: Amke Lübbers (ein Ausschnitt aus derselben Aufnahme aus Emden), sie ist hier etwa 22 Jahre alt.

Hinrichs Ehefrau Lottje stirbt, am 05. Mai 1880, also etwa vier Monate nach der Geburt ihrer Tochter Amke. Über die Todesursache ist bis dato nichts bekannt.

Am 12. Februar 1882, knapp zwei Jahre später, heiratet Hinrich Lübbers II in Engerhafe seine zweite Ehefrau Gesche (Geeske) Janssen geborene Brungers, verwitwete Dieken.

GESCHE BRUNGERS ist am 07. Mai 1853 in Moorhusen geboren. Sie ist in erster Ehe mit dem Landwirt Jan Heien Dieken (OSB ENGERHAFE 605) aus Osteel (Ovelgönne) verheiratet gewesen. Dieser ist bei der Hochzeit 1874 in Osteel schon verwitwet und hat seinerzeit bereits zwei Söhne im Jünglingsalter. Er dürfte bei seiner zweiten Heirat also schon etwa 50 Jahre alt gewesen sein. Gesche ist vor der Heirat bei Witwer Jan Heien Dieken als Haushälterin tätig gewesen.

BRUNGERS_GESCHE_F76K47_050

Gesche Lübbers geb. Brungers (vorn links) mit ihren Geschwistern Ahlke, Bonne und Gretje. Aufgenommen ca. 1900.

Zitat Frieda Behrends: *„Das war bei den Brungers so üblich – die schickten ihre Mädchen [als Arbeitskraft] immer dorthin, wo ein allein stehender Landwirt durch Heirat ein lohnendes Vermögen versprach.“* Die bereits halbwegs erwachsenen Söhne von Jan Dieken sollen, weil sie selbst wohl ein Auge auf Gesche geworfen hatten, aus Verärgerung über die Heirat des Vaters nach Amerika ausgewandert sein. Diese Verärgerung könnte auch durch die Gefahr entstanden sein, bei einer erneuten Heirat des Vaters nach dem Jüngstenrecht den Anspruch auf das Hoferbe durch weitere männliche Nachkommen des Vaters zu verlieren.

Aus der Ehe von Jan Heien Dieken mit Gesche Brungers geht eine Tochter mit dem Namen Aagde (* 08 APR 1875) hervor. Jan Heien Dieken stirbt bereits im Jahre 1880. Diese Jahreszahl ist *(mit Fragezeichen)* im Ortssippenbuch von Engerhafe verzeichnet. Die nun verwitwete Gesche Dieken geb. Brungers kehrt wohl auf den elterlichen Hof zurück und *„musste auf dem Weg ins Dorf öfter an dem Hof des im gleichen Jahr verwitweten Hinrich Lübbers II vorbei.“* Bei dieser Gelegenheit muss es dann irgendwann *gefunkt* haben. Oder war auch hier wieder die bereits erwähnte *Brungers-Strategie* ausschlaggebend?

Aus Sicht des Witwers Hinrich Lübbers II ist das baldige Eingehen einer neuen Ehe verständlich. Beim frühen Tod seiner ersten Frau im Mai 1880 bleibt er mit drei kleinen Kindern (4 Jahre, 3 Jahre und 4 Monate alt) auf dem Hof zurück. Allerdings leben zu diesem Zeitpunkt auch noch seine Eltern auf dem Hof. Am 12. Februar 1882 heiraten Hinrich Lübbers II und Gesche Janssen geb. Brungers, verw. Dieken in Engerhafe, beide zum jeweils zweiten Mal. Bei der Heirat ist Hinrich II 33, und seine Frau Gesche 29 Jahre alt. Wie bereits erwähnt war der Hof ein Jahr zuvor renoviert bzw. um- oder ausgebaut worden.

Ihre Tochter Aagde aus erster Ehe lässt Gesche bei ihren Eltern auf deren Hof in Moorhusen zurück, wo diese auch aufwächst. Aagde heiratet später Bonne Wicherts (* 23 JUL 1865 UTHWERDUM / OSB VICTORBUR 5596) aus Georgsheil. Die Ortschaft Moorhusen gehört bis 1896 zum Kirchspiel Engerhafe. Der Stammbaum der Familie Brungers ist deshalb im Ortssippenbuch von Engerhafe lückenlos bis 1707 und eine weibliche Linie bis 1682 nachzuvollziehen, vgl. hierzu auch Anhang 19 Seite 143.

Aus der Ehe von Hinrich Lübbers II und Gesche Brungers gehen folgende fünf Kinder hervor:

LÜBBERT II JANSSEN	* 10 NOV 1883 Rg.Nr. 40/83	† 17 SEP 1914	gefallen im 1. Weltkrieg bei Brymont/Frankreich. verheiratet mit Mettje geb. Stürenburg. Kinder: Gesine * 06 MAR 1914. Menna * 05 MAR 1915.
ANTJE HILKE	* 04 MAR 1886 Rg.Nr. 9/86	† 04 MAR 1970	später verheiratet mit Tebbe Barkhoff. gestorben in Marcardsmoor.
JANNA ALINE	* 19 OKT 1888 Rg.Nr. 40/88	† 03 JAN 1968 Rg.Nr. 18/68	später verheiratet mit Karl Giliard. gestorben in Hamburg-Bergedorf.
ALKE	* 24 MAI 1891 Rg.Nr. 26/91	† 25 MAI 1982	später verheiratete Becker. gestorben in Werdum.
LINA	* 10 FEB 1894 Rg.Nr. 10/94	† 23 MAR 1986	später verheiratet mit Focke Dettmers (* 20 MAI 1898 † 08 OKT 1982) Heiratsdatum: 21 JAN 1922. gestorben in Upgant-Schott.

LUBBERS_LUBBERT_E42A_030

LUBBERS_JANNA_E42C_040

LUBBERS_ALKE_E42D_040

Vier der fünf Geschwister aus der Ehe von Hinrich Lübbers II und Gesche Brungers: Obere Reihe links: Lübbert Lübbers, aufgenommen 1914 vom Fotografen A. Funke, Osnabrück und Bramsche. Mitte: Janna Lübbers spätere Giliard, aufgenommen von Otto Jordan, Hamburg Uhlenhorst. Rechts: Alke Lübbers, spätere Becker, aufgenommen von P. Paulsen, Norden. Rechts unten: Lina Lübbers, spätere Dettmers, aufgenommen von Heinrich Meents, Wilhelmshaven.

LUBBERS_LINA_E41K23_030

Noch 1888, im Todesjahr seines Vaters, wird Hinrich II gemäß Erbteilungsvertrag vom 16. November 1888 alleiniger Eigentümer des zu diesem Zeitpunkt knapp acht Hektar großen Hofes. Lediglich eine kleine Fläche abgetorftes Moorland geht an seinen jüngeren Bruder Jacob.

Am 10. Juni 1889 wird in den Grundbüchern Band 31 Vol 3 Nr. 142, Band 31 Vol 12 Nr. 6 und Band 31 Vol 13 Nr. 22 zu Gunsten der Geschwister Willm und Etta Zeeden aus Marienhafe (die bis 1865 Miteigentümer des 1870 von Lübbert Lübbers gekauften Teil-Grundstückes gewesen waren) eine Hypothek in Höhe von 1.800 Mark eingetragen. Die Geschwister Zeeden sind ausweislich der Löschungsbewilligung vom 05. Februar 1917 die Stiefkinder des Gläubigers Harm W. Dieken für den bereits früher eine Hypothek in Höhe von 1200 Mark eingetragen worden war. Der Sohn von Willm Zeeden hat in Marienhafe eine Holzhandlung.

Kurz zum Geldwesen bis zum Ende des 19. Jahrhunderts: Hier zeigt sich, dass noch in der 2. Hälfte des 19. Jahrhunderts vermögende Privatpersonen oder Geschäftsleute als Geldverleiher auftraten. Banken gibt es auf dem Lande bis zu Beginn des 20. Jahrhunderts kaum. Die Gründungswelle örtlicher Genossenschaftsbanken, die die Aufgabe des Finanzierers dann übernehmen, beginnt erst nach der Jahrhundertwende und endet in den 30er Jahren des 20. Jahrhunderts. Auffällig ist, dass die bei den Hypotheken eingetragenen Zinssätze (4%) recht moderat waren. Man kann davon ableiten, dass hypothekarisch abgesicherte Schulden nicht mit überhöhten Zinsen belegt waren. Überliefert ist, dass insbesondere geschäftstüchtige Viehhändler die seinerzeit als Geldgeber fungierten, oft Wucherzinsen nahmen und damit die Notlagen verschuldeter Personen ausnutzten.

Offensichtlich hat Hinrich Lübbers II sich von den Geschwistern Zeeden das Geld besorgt um hiermit einen Teil der am 1. Mai 1889 fälligen Abfindung an seine Geschwister zu bezahlen. Insgesamt scheint der Hof wirtschaftlich nicht schlecht gelaufen zu sein, denn bereits ein Jahr später kauft Hinrich ein weiteres Stück Land, das den Hof um weitere 1,3 Hektar vergrößert.

Wie sich aus den Gerichtsakten zum Hofnachfolgestreit der Jahre 1934 bis 1937 ergibt, hat Ehefrau Gesche Lübbers geb. Brungers, aus den von ihrem verstorbenen ersten Ehemann geerbten Mitteln, sowohl einen Teil der Schulden bei den Geschwistern Zeeden als auch den letztgenannten Landzukauf bezahlt. Insgesamt hat der Hof zu diesem Zeitpunkt eine Größe von knapp 9,5 Hektar. Dies stellt seinerzeit eine ansehnliche Größe dar, die es erlaubt davon eine Familie zu ernähren. Später werden hier noch weitere kleinere Grundstücke zu- und abgeschrieben.

Im Jahr 1906 wird, wohl ebenfalls mit Hilfe der Mittel von Ehefrau Gesche, der Wohnteil des Lübbers-Hofes neu gebaut.

Sohn Hinrich III hat den Hof seines Vaters bereits zwischen 1890 und 1892 verlassen und ist anderweitig berufstätig geworden. Er pachtet 1906 einen Hof in Oberneuland bei Bremen, den er bis zu seiner Einberufung zum Militärdienst mit seiner Familie bewirtschaftet. Die Hypothek zu Gunsten der Geschwister Zeeden wird im Jahre 1912 im Grundbuch gelöscht.

Am 27. April 1913 heiratet Sohn LÜBBERT LÜBBERS II Mettje geborene Stürenburg, (* 20 NOV 1891). Ihre Eltern sind der aus Hilgenriedersiel stammende Landwirt Poppe Stürenburg und dessen Ehefrau Mentje geborene de Vries. Am 21. April 1913, also sechs Tage vor der Hochzeit ihres Sohnes Lübbert, errichten Hinrich und Gesche Lübbers vor dem Notar Franzius in Norden ein gemeinschaftliches Testament, in welchem sie sich gegenseitig zu Erben ihres gesamten Vermögens, also auch des im Eigentum von Ehemann Hinrich stehenden Hofes, erklären. Weiter wird bestimmt, dass der jeweils Letztversterbende das Vermögen an seine *leiblichen* Kinder weitervererbt. Für den Fall, dass Ehefrau Gesche ihren Ehemann überlebt, ist damit auch klar, dass die Kinder aus Hinrich Lübbers erster Ehe (Hinrich, Elsche und Amke) von dieser Erbschaft ausgeschlossen sein werden. Klar ist damit auch (und so ist es wohl auch geplant), dass der einzige leibliche Sohn von Gesche, Lübbert, Hoferbe werden wird.

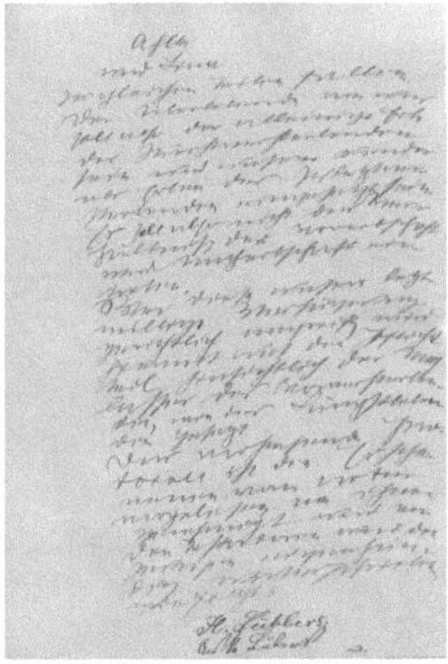

LUBBERS_HINRICH_F71K46_URK_TESTAMENT

Das Testament von Hinrich Lübbers II und Ehefrau Gesche Lübbers von 1913.

Lübbert II fällt am 17. September 1914, nur etwa einen Monat nach Beginn des 1. Weltkrieges beim Angriff auf Frankreich nahe der französischen Stadt Brymont. Zum Zeitpunkt des Todes von Lübbert ist seine Frau Mettje zum zweiten Mal schwanger. Ihre Tochter Menna wird fast 6 Monate nach seinem Tod, am 05. März 1915 geboren. Die erstgeborene Tochter Gesine, später verheiratete Runne, ist zum Zeitpunkt des Todes ihres Vaters erst ein halbes Jahr alt.

Lübbert ist, als seinerzeit jüngster Sohn und einziger leiblicher Sohn von Ehefrau Gesche, als Hofnachfolger vorgesehen. Als Lübbert im September 1914 im 1. Weltkrieg fällt, wird seine Ehefrau Mettje hinsichtlich ihres rein ideellen, auf Erwartungen begründeten Anspruchs auf das Hoferbe, finanziell abgefunden, so dass sie sich, wohl unter Verwendung dieser Abfindung, ein Haus in der Nachbarschaft der Gaststätte Nordstern in Upgant kaufen konnte. Sie hat nicht wieder geheiratet und ist in ihrem Haus in Upgant alt geworden. Sie stirbt am 04. August 1967 im Alter von fast 76 Jahren, und ist auf dem Friedhof von Marienhafe im Familiengrab ihrer Eltern beerdigt.

Nach dem frühen Tod des Hoferben Lübbert II ist hinsichtlich der weiteren Zukunft der Landstelle eine neue Situation entstanden, die später zu erheblichen Schwierigkeiten und familiären Zerwürfnissen geführt hat. Seitdem die Akten über den Rechtsstreit hinsichtlich des Erbes beim Amtsgericht Norden im März 2007 aufgefunden und ausgewertet wurden, ergibt sich hinsichtlich der weiteren Ereignisse das nachstehend skizzierte

Bild. Dabei muss erwähnt werden, dass nicht alle Fakten einwandfrei belegt sind. Einige Fakten werden von den streitenden Parteien auch unterschiedlich dargestellt und interpretiert. Demgemäß basieren die nachstehenden Darstellungen teilweise auf Annahmen, die sich auf die feststehenden Erkenntnisse stützen.

LUBBERS_HINRICH_F71K46_URK_TESTAMENT

Der Lübbers Hof in Rechtsupweg. Aufgenommen wahrscheinlich in den 1960er Jahren.

A. **LÜBBERT LÜBBERS II** ist, auch in Ansehung des von seinen Eltern im Jahre 1913 errichteten Testamentes, als Hofnachfolger vorgesehen. Sein Erbanspruch wird jedoch in dem Testament nicht konkret betitelt, sondern entspricht im wesentlichen dem seinerzeitigen Willen seiner Eltern und wird faktisch auch dadurch realisiert, dass Lübbert mit seiner Familie auf dem Hof lebt und arbeitet. Er fällt jedoch bereits 1914, gleich zu Beginn des 1. Weltkrieges.

B. Seine Ehefrau Mettje wird daraufhin, bezüglich ihres nur ideellen Anspruches auf das Hoferbe ihres Ehemannes von ihren Schwiegereltern finanziell abgefunden und verlässt den Hof mit ihren Kindern.

C. Der älteste Sohn von Hinrich Lübbers II, **HINRICH LÜBBERS III** lebt seit 1906 vermutlich bis zur ersten Hälfte des Jahres 1918 mit seiner Familie als Hofpächter in Oberneuland/Rockwinkel bei Bremen. Er ist ebenfalls Soldat. Zitat aus einem Schriftsatz vom 16. März 1935 des Rechtsanwaltes Walter Poppinga, Norden, der Hinrich Lübbers III im Rechtsstreit um die Hofnachfolge vertreten hat:

> *„Der im Jahre 1876 geborene Antragsgegner [Hinrich Lübbers III] ist bis zu seinem 16. Lebensjahr [das wäre 1892 gewesen] zu Hause gewesen. Er ist dann Bauernknecht geworden, hat später aktiv gedient und ist dann, nachdem er*

kurze Zeit (?) Hausdiener in einem Hotel in Münster gewesen war, Pächter eines Platzes geworden in Oberneuland. Diesen hat er 12 Jahre lang bewirtschaftet bis zum Beginn des Krieges. Nachdem er 4 Jahre lang Soldat gewesen war, hat die Antragstellerin [Gesche Lübbers] durch eine Reklamation erreicht, dass er entlassen wurde, sie sich selbst nicht mehr helfen konnte. Der Antragsteller ist dann etwa 3 Jahre auf der elterlichen Stelle gewesen und hat diese bewirtschaftet. Als der Antragsteller dann einige Zeit bei seiner schwer erkrankten Schwester, einer Ehefrau Fleßner, in Marcardsmoor weilte, wurde ihm von der Antragstellerin mitgeteilt, er brauche nicht wieder zu kommen. Die Gründe sind dem Antragsteller niemals klar geworden, da Differenzen nicht bestanden hatten. Die Verhältnisse im Hause hatten sich lediglich insofern geändert, als die Ehefrau Dettmers geheiratet hatte. Antragsgegner nimmt an, dass dies der Grund gewesen ist, dass man ihn auf der Stelle nicht länger gebrauchen konnte."

Hinrich Lübbers III ist bei Kriegsbeginn bereits 38 Jahre alt. Nach dem vorstehenden Zitat ist er vier Jahre Soldat gewesen, hat also bis auf einen geringen Rest die gesamte Kriegszeit als Soldat gedient. Es ist allerdings überliefert, dass er wohl lediglich als Musiker (Tambourmajor) gedient hat und möglicherweise zu keiner Zeit in Kampfhandlungen involviert gewesen ist.

Seine Stiefmutter hat ihn also erfolgreich *reklamiert*, d.h. sie beantragt ihren Stiefsohn vom Militärdienst zu befreien, damit er den elterlichen Hof bewirtschaften und damit am Leben erhalten kann. Hieraus wird deutlich, dass dies entweder erst nach dem Tode ihres Ehemannes Hinrich Lübbers II geschah, oder kurz vor dessen Ableben im Mai 1918. Hinrich III ist bei Kriegsende bereits 42 Jahre alt und sein Vater Hinrich II bei seinem Tod am 14. Mai 1918 65 Jahre alt.

Wenn nach dem oben angeführten Zitat unterstellt werden kann, dass Hinrich III seit 1914 beim Militär gewesen ist, so stellt sich die Frage, was während der Kriegszeit mit dem Hof in Oberneuland geschehen ist. Wer hat diesen Hof während der Abwesenheit von Hinrich III bearbeitet? Oder war der Hof so klein, dass er von seiner Ehefrau allein bewirtschaftet werden konnte?

Nach dem 1913 verfassten Testament seiner Eltern hätte Hinrich III nur dann Hoferbe werden können, wenn sein Vater seine Stiefmutter überlebt, *oder* wenn beide Elternteile sich zu Lebzeiten darauf geeinigt hätten, dass Hinrich III einmal den Hof erben soll. Möglicherweise ist ihm dies in Aussicht gestellt worden. Warum sonst hätte er den Pachthof in Oberneuland verlassen und nach Rechtsupweg zurückkehren sollen?

D. Hinrich Lübbers II stirbt am 14. Mai 1918, also bereits kurze Zeit nachdem Hinrich III auf Wunsch seiner Eltern mit seinen Kindern auf den elterlichen Hof zurückgekehrt ist. Laut Testament wird seine Stiefmutter alleinige Hofeigentümerin. Auf eine entsprechende Änderung des Grundbuches wird seinerzeit verzichtet. Solchen *Papierkram* hielt man seinerzeit wohl nicht für so wichtig.

E. Vermutlich hat Gesche Lübbers ihrem Stiefsohn nach dem Tod ihres Ehemannes Hinrich II alsbald Andeutungen gemacht, dass sie nicht bereit sei, ihn als Hofnachfolger zu akzeptieren. Ein Rechtsstreit über diese Frage wird allerdings erst in den Jahren 1934 bis 1937 geführt. Die Gerichtsakten hierzu liegen mir seit März 2007 vor.

F. Im Jahre 1921 verkaufen Gesche und ihr Schwager Jacob Lübbers in einer gemeinsamen Urkunde zwei etwa gleich große, nebeneinander liegende, wohl weiter vom Hof entfernte Landstücke *(Morast!)* für insgesamt 3000 Mark an den Arbeiter Johann Kruse (Band 39 Blatt 337 von Rechtsupweg). In dem am 14. Februar 1921 geschlossenen Kaufvertrag erscheint folgender Satz: *„Ich, die Witwe Hinrich Lübbers bin Alleinerbin meines Ehemannes. Mein Ehemann ist eingetragener Eigentümer des Grundstücks […].“*

Das Teilgrundstück wird im Grundbuch umgeschrieben, obwohl Gesche als Erbin zu keiner Zeit als Eigentümerin im Grundbuch eingetragen war und obwohl das 1913 errichtete Testament 1921 noch nicht eröffnet war. Rechtlich sind diese Tatsachen offensichtlich unerheblich gewesen!? Die Testamentseröffnung erfolgt in Anwesenheit der Alleinerbin erst am 07. Januar 1924.

G. Hinrich Lübbers III verlässt den elterlichen Hof 1921, nachdem ihm seine Stiefmutter brieflich mitteilt, er brauche nach seiner Aushilfstätigkeit auf dem Hof seiner Schwester Elsche Fleßner in Marcardsmoor nicht wiederkommen. Er bleibt in Marcardsmoor und erwirbt dort eine Kolonatsstelle, die er eigenhändig kultiviert und später zur wirtschaftlichen Blüte führt. Dass er dem Wunsch seiner Stiefmutter folgte, nicht auf den Hof zurückzukehren, lässt darauf schließen, dass er sich der Rechtslage auf Grund des elterlichen Testamentes sehr wohl im Klaren gewesen sein muss. Er hatte gegen den Willen seiner Stiefmutter keine Chance. Das hat in der Überlieferung zunächst anders geklungen! Der Hof in Rechtsupweg wird fortan von den Eheleuten Lina und Focke Dettmers geführt, die im Januar 1922 heiraten.

H. Gesche Lübbers geb. Brungers überträgt den Hof mit einer Urkunde vom 22. März 1935 des Rechtsanwaltes Dr. Wilhelm Schapp an ihre jüngste Tochter **LINA DETTMERS** geb. Lübbers. Sie selbst erhält ein Altenteilsrecht. **FOCKE DETTMERS**, Ehemann von Lina Lübbers, der auch über eigenes Land verfügt, übernimmt zu irgendeinem Zeitpunkt, spätestens mit der Heirat 1922 die Bewirtschaftung des Hofes. Seine Ehefrau überträgt ihm später das Miteigentum auf dem Hof.

BRUNGERS_GESCHE_F76K47_076

Familie Dettmers ca. 1928 vor dem Haus an der Junkerstraße in Rechtsupweg. Focke und Lina Dettmers mit den Kindern Frieda (li.) und Henriette, sowie Oma Gesche Lübbers (ganz li.)

Im Hofübergabevertrag werden die *weichenden* Erben, so wie bereits im Testament von 1913 bestimmt, wie folgt mit je 550 RM abgefunden:

1. Kaufmann und Müller Hinrich Lübbers in Marcardsmoor
2. Witwe Elsche Fleßner geb. Lübbers in Marcardsmoor
3. Schwester Amke Lübbers in Bremen
4. Ehefrau Antje Barkhoff geb. Lübbers in Marcardsmoor
5. Ehefrau Janna Giliard geb. Lübbers in Delmenhorst
6. Ehefrau Ahlke Becker geb. Lübbers in Werdum
7. Ehefrau Aagde Wiechers geb. Dieken in Oldenburg (leibliche Tochter aus erster Ehe von Gesche Lübbers geb. Brungers)

Ferner erhalten die Kinder des 1914 gefallenen Lübbert Lübbers, Gesine und Menna Lübbers, eine Abfindung in Höhe von je 225 RM.

Der Einheitswert des Hofes wird mit 9000 RM angegeben. An anderer Stelle bezeichnet Gesche Lübbers den Hof mit einer Größe von 10 Hektar und einem Wert von 10000 Mark. Am gleichen Tage, also ebenfalls am 22. März 1935, errichtet Gesche Lübbers neben dem Hofübergabevertrag, ihr persönliches Testament, in dem sie noch einmal ausdrücklich bestimmt, dass ihre Tochter Lina *„[...] Erbin und Anerbin meines in Rechtsupweg und Upgant-Schott gelegenen Erbhofes ist."*

J. Vorweg ist unter dem Naziregime 1934 eine wichtige gesetzliche Änderung in Kraft getreten, das Reichserbhofgesetz. Es bestimmt sinngemäß, dass Bauernhöfe dann behördlich (Anerbengericht) zu einem Erbhof erklärt werden, wenn diese eine Vollerwerbsstelle darstellen, die einer Bauernfamilie eine *Ackernahrung*, d.h. eine gesicherte Existenz, gewährleisten. Weiter bestimmt dies Gesetz, dass die so gebildeten Erbhöfe nur noch an *einen* Erben vererbt werden können. Dieser *eine* Erbe soll möglichst ein direkter *männlicher* Abkömmling des Erblassers sein.

K. Für Gesche Lübbers stellt das Inkrafttreten des Reichserbhofgesetzes und die 1934 von Amts wegen vorgenommene Erklärung ihres Hofes zum Erbhof, eine grundlegende Einschränkung ihrer Verfügungsgewalt über die Weitergabe ihres Besitzes an ihre Nachkommen dar. Das 1913 gemeinsam mit ihrem Ehemann Hinrich Lübbers II errichtete Testament hatte bestimmt, dass der Hof nach dem Ableben des Längstlebenden zu gleichen Teilen an dessen leibliche Nachkommen fallen solle. Nach dem Kriegstod ihres leiblichen Sohnes Lübbert hätten das ihre Töchter Antje, Janna, Ahlke und Lina (möglicherweise auch noch ihre Tochter Aagde aus erster Ehe) sein müssen.

Nun aber muss sich Gesche Lübbers für *eines* ihrer leiblichen Kinder als Hofnachfolger entscheiden. Dies dürfte ihr nicht schwer gefallen sein, hat doch ihre jüngste Tochter Lina den Hof bereits seit etwa 1921 zusammen mit ihrem Ehemann Focke Dettmers bewirtschaftet und ihre Mutter bei zunehmender Gebrechlichkeit (sie war 1934 bereits 81 Jahre alt) auf dem Hof gepflegt. Im Schriftsatz des Rechtsanwaltes Schapp vom 23. März 1935 wird behauptet: *„Das Inventar auf der Stelle gehört dem Schwiegersohn Dettmers, welcher die Stelle schon vor der Verheiratung mit seiner Frau Lina von Gesche Lübbers gepachtet hatte, etwa im Januar 1922 [...]."* Weiter wird hier angeführt, dass Focke Dettmers über eigenes Land zur Größe von etwa 4-5 Hektar verfügt, die mit 5000 Mark belastet seien. Wohl aufgeschreckt durch die neue Gesetzeslage bereitet Gesche Ende 1934 die Hofübergabe an ihre jüngste Tochter vor. In einem Schreiben vom 13. Dezember 1934 beantragt sie beim Anerbengericht Norden die Genehmigung zur Übertragung auf ihre jüngste Tochter Lina Dettmers.

Am 19. Januar 1935 wird die Angelegenheit erstmals vom Gericht beraten und beschlossen, den Bauern Hinrich Lübbers in Marcardsmoor in der Angelegenheit zu hören. Vermutlich ist man bei der Prüfung der Sachlage darauf gekommen, dass Hinrich Lübbers als einziger männlicher Nachkomme von Hinrich Lübbers II, nach der nun geltenden Gesetzeslage möglicherweise als Erbe in Betracht kommen würde. Mit Schriftsatz vom 11. Februar 1935 widerspricht Hinrich Lübbers folgerichtig der Übertragung des Hofes an seine Halbschwester Lina Dettmers und beantragt, ihn selbst als Hofnachfolger zu bestimmen. Es folgen weitere Schriftsätze der beiden Anwälte Poppinga, Norden (für Hinrich Lübbers) und Schapp, Aurich (für Gesche Lübbers). Hier wird, wie es überliefert war, tatsächlich die Bauernfähigkeit Hinrich Lübbers von seiner Stiefmutter vehement bestritten. Als Argument dient hierbei wiederholt die Unterstellung, dass Hinrich Lübbers bereits in seiner Jugendzeit zeitweilig anderen Tätigkeiten als der eines Landwirtes nachgegangen sei und sich auch in der jüngeren Vergangenheit in Marcardsmoor immer mehr zu einem Gewerbetreibenden entwickelt habe. Er sei mehr Kaufmann, Bäcker, Müller und landwirtschaftlicher Lohnunternehmer als Landwirt oder Bauer. Außerdem könne Hinrich Lübbers nicht für die Hofübernahme in Frage kommen, weil er sich bereits vor 14 Jahren vom Hof entfernt habe und dieser seither von der Familie seiner Halbschwester Lina bewirtschaftet worden sei. Schließlich verfüge er, Hinrich Lübbers, in Marcardsmoor inzwischen über einen eigenen Hof, der flächenmäßig größer sei als der seines Vaters und der eindeutig den Charakter eines Erbhofes habe, obgleich dieser noch nicht als solcher eingetragen sein. Weiter führt Gesche Lübbers an, in den Hof ihres verstorbenen Ehemannes Hinrich II selbst erhebliche Mittel aus eigenen Erbschaften investiert zu haben. Von der vorhanden Wirtschaftsfläche zur Größe von etwa 9½ Hektar habe Sie etwa die Hälfte durch Ablösung von Schulden und durch direkten Zukauf der letzten 1½ Hektar in den 90er Jahren, selbst bezahlt.

Mitten in diesem laufenden Verfahren schließt Gesche Lübbers am 22. März 1935 den Übertragungsvertrag für den Hof zu Gunsten ihrer jüngsten Tochter Lina. Am gleichen Tag errichtet sie ihr eigenes notarielles Testament, welches dem Inhalt des Übertragungsvertrages entspricht.

Am 5. April 1935 wird die Angelegenheit, nachdem zuvor weitere Schriftsätze der Anwälte eingegangen waren, vor dem Anerbengericht in Norden verhandelt. Das Gericht versagt in seinem Urteil die Genehmigung zur Übertragung des Hofes an Lina Dettmers geb. Lübbers und führt dazu folgende Begründung an:

„Das gemeinschaftliche Testament der Eheleute Hinrich Lübbers und Gesche Lübbers ist unbedenklich dahingehend auszulegen, dass der Überlebende von ihnen Alleinerbe des zuerst versterbenden sein soll. Die Witwe Lübbers ist daher mit dem Tode des Ehemannes alleinige und freie Erbin desselben geworden. Mit der einzigen Beschränkung, dass eine Weitervererbung des bei ihrem Ableben noch vorhandenen Nachlasses nach dem Inhalt gemeinschaftlichen Testament zu erfolgen hatte. Von diesem freien Verfügungsrecht hat die Witwe Lübbers bis zum Inkrafttreten des Reichserbhofgesetzes keinen Gebrauch gemacht. Der von ihrem Ehemann herstammende Grundbesitz ist Erbhof geworden. Infolge dessen ist die Witwe in ihrem aus dem gemeinschaftlichen Testament herrührenden Rechten insoweit beschränkt, als sie mit den Bestimmungen des Reichserbhofgesetzes nicht im Einklang steht. Durch Anwendung der Bestimmungen des §68 der I. Durchführungsverordnung zum Reichserbhofgesetz fällt der Erbhof beim Ableben der Witwe Gesche Lübbers dem Hinrich Lübbers, Marcardsmoor, als Anerbe zu, da dieser von den eingesetzten Erben des väterlichen Nachlasses als einziger Sohn nach dem Gesetz als Anerbe des verstorbenen Vaters berufen wäre. Eine Übertragung des Erbhofes an die Tochter Lina durch Vertrag kommt somit jetzt nicht mehr in Frage.

Die für die Übertragung des Erbhofes vorgebrachten Gründe können als nichtige Gründe nicht anerkannt werden, da die Rechtsnachfolge auf dem Erbhof erst mit dem Tode der Witwe Lübbers eintritt. Bis dahin sind die Belange der Witwe Lübbers durchaus gewahrt, zumal der berufene Anerbe ausdrücklich erklärt hat, dass er sich in jeder Weise nach den Wünschen der Stiefmutter richten werde.

Der Grundbesitz des Hinrich Lübbers jun. in Marcardsmoor ist nach Auskunft des Anerbengerichtes Wittmund kein Erbhof und zwar weil er keine Ackernahrung darstellt und nicht etwa deshalb, weil Hinrich Lübbers nicht bauernfähig wäre. Die auf seine Nichtbauernfähigkeit gestützten Einwände der Antragstellerin sind daher nicht stichhaltig. Andererseits könnte auch, falls der Grundbesitz in Marcardsmoor Erbhof und sein Eigentümer Erbhofbauer sein würde, dieser Umstand dem Hinrich Lübbers bezüglich des Erbhofes in

Rechtsupweg nicht schaden, da ihm für diesen Fall das Wahlrecht aus §? des Reichserbhofgesetzes zur Verfügung stehen würde.
Die Rechtsnachfolge des Hinrich Lübbers entspricht im Übrigen vollkommen dem Zwecke und dem Ziele des Reichserbhofgesetzes, welches grundsätzlich dem Mannesstamm den Vorzug gibt.“

Hinrich Lübbers III hat also in diesem Gerichtsverfahren *gesiegt*, in dem seine Ansprüche am Erbhof vom Gericht eindeutig bestätigt werden.

Am 16. April 1935 legt der Rechtsanwalt von Gesche Lübbers Beschwerde gegen die Entscheidung des Anerbengerichtes Norden ein. Das Verfahren wird zuständigkeitshalber an das Landeserbhofgericht in Celle weitergeleitet. Weitere Schriftsätze der beteiligten Anwälte folgen. Begleitend läuft beim Kreisbauernführer für den Kreis Wittmund in Esens ein Verfahren zur Feststellung, ob der Hof in Marcardsmoor zum Erbhof erklärt werden könne. Der Gemeindeschulze von Marcardsmoor *(Name unleserlich, es müsste sich um Folkert Saathoff gehandelt haben, der von 1934 bis 1938 Bürgermeister von Marcardsmoor war)* bestätigt am 2. März 1935: *„Die Besitzung des Bauern Hinrich Lübbers in Marcardsmoor zur Größe von 11,23 Hektar stellt eine Ackernahrung dar, so dass eine Familie darauf leben kann.“*

Am 23. Juli 1935 teilt Kreisbauernführer Reents aus Esens dem Landeserbhofgericht Celle mit *„[...] dass der Hof in Marcardsmoor zum Erbhof erklärt ist.“* Kreisbauernführer Reents nimmt in einem Schreiben an das Landeserbhofgericht noch einmal deutlich Partei für Lina Dettmers in der anhängigen Angelegenheit. Er schreibt: *„[...] dass nach meinem Dafürhalten die Bestimmung der Ehefrau Dettmers zur Anerbin kein Hindernis bildet, ein wichtiger Grund gegeben ist, zumal der einzige als Anerbe in Frage kommende Sohn Hinrich Lübbers in Marcardsmoor bereits einen Erbhof in Eigentum hat.“*

Das Landeserbhofgericht Celle beschließt am 16. Oktober 1935, die Änderung des Beschlusses des Anerbengerichtes Norden und genehmigt die Übertragung des Erbhofes an Lina Dettmers geb. Lübbers. Das Gericht führt dazu sinngemäß folgende Begründung an:

Lina Dettmers kann den Hof zu Lebzeiten von ihrer Mutter übernehmen, weil für die Übergehung des einzigen männlich Erben des Erblassers Hinrich Lübbers ein wichtiger Grund vorliegt. Für das Vorliegen dieses wichtigen Grundes werden folgende Argumente berücksichtigt:

1. Hinrich Lübbers besitzt selbst einen lebensfähigen Hof in Marcardsmoor. Er hat sich bereits 1920 von den elterlichen Hof abgewandt, wäh-

rend seine Schwester dort seit dieser Zeit stets gearbeitet hat und sich dort eine Lebensgrundlage geschaffen hat. Eine *Vertreibung* vom Hof würde eine wirtschaftliche Notsituation der Familie Dettmers nach sich ziehen und ggf. die Pflege der Gesche Lübbers auf dem Hof gefährden.
2. Die glaubhafte Aussage von Gesche Lübbers, dass sie selbst erhebliche Mittel zum Erwerb des Hofes beigesteuert habe und außerdem habe diese schließlich 50 Jahre lang auf dem Hof gearbeitet.

Am 22. November 1935 legt der Rechtsanwalt von Hinrich Lübbers III wiederum gegen den Beschluss des Landeserbhofgerichtes Celle sofortige Beschwerde ein. Damit wird das Verfahren an das Reichserbhofgericht in Berlin weitergeleitet.

Am 4. Mai 1937, also erst nach eineinhalb Jahren fällt diese höchste Instanz folgenden Beschluss: *„Die sofortige weitere Beschwerde wird auf Kosten des Beschwerdeführers zurückgewiesen.“* Kern dieser Entscheidung ist die Auffassung des Gerichtes dass *„[...] ein wichtiger Grund zur Bestimmung der Tochter zur Hofnachfolgerin und zur Übergabe des Hofes an sie unter Übergehung des Sohnes vorliegt“.*

Dies wird wie folgt (ähnlich wie im Verfahren der zweiten Instanz beim Landeserbhofgericht) begründet:

„Der Beschwerdeführer (Hinrich Lübbers) ist schon viele Jahre vom Hof abwesend. Er hat sich eine gute Lebensstellung geschaffen und einen eigenen Erbhof erworben. Auf der anderen Seite haben die Eheleute Dettmers schon seit 15 Jahren den Hof ihrer Eltern bewirtschaftet und die Mutter gepflegt. Eine Wegweisung vom Hof würde für sie die Notwendigkeit der Begründung einer neuen Existenz bedeuten. Alle Beteiligten haben bisher immer mit dem Übergang des Hofes auf die Ehefrau Dettmers gerechnet und sich danach eingerichtet. Eine Rückbildung der seit langen Jahren geschaffenen Verhältnisse wäre fraglos mit Schwierigkeiten und jedenfalls groben Unbilligkeiten verbunden. Alle diese Umstände bilden zusammengenommen einen „wichtigen Grund“ für die Übergehung des Sohnes im Sinne des §25 Absatz 3 des Reichserbhofgesetzes. Den Ausführungen des Landeserbhofgerichtes in dieser Hinsicht, auf die Bezug genommen wird, ist zuzustimmen.
Da der Hofübergabevertrag - von der Person der Hofübernehmerin abgesehen - auch im übrigen den Bestimmungen des Reichserbhofgesetzes entspricht, war die weitere Beschwerde gegen den Beschluss des Landeserbhofgerichtes, mit dem die Hofübergabe genehmigt wurde, als unbegründet zurückzuweisen.“

Damit ist nun, am 4. Mai 1937 in dritter und letzter Instanz endgültig entschieden, dass der Hof in Rechtsupweg an Lina Dettmers geb. Lübbers übertragen werden kann.

Im Nachhinein kann man, auf Grund der Erkenntnisse aus den Gerichtsakten folgendes resümieren:

Hinrich Lübbers III konnte auf Grund des Testamentes seiner Eltern, nach seinem Weggang im Jahre 1921 nicht mehr damit rechnen den Hof in Rechtsupweg einmal zu erben. Das Testament wurde zu Lebzeiten seines jüngeren Bruders Lübbert errichtet, der zu diesem Zeitpunkt von seinen Eltern zweifelsfrei als Hofnachfolger vorgesehen war. Als er, Hinrich III, 1918 auf den Hof zurück kam, hat man ihm, weil sein Bruder bereits vier Jahre tot war und er auf dem Hof gebraucht wurde, für kurze Zeit wahrscheinlich Hoffnung auf die Hofübernahme gemacht. Möglicherweise war dies auch der Wunsch seines Vaters. Nachdem sein Vater im Mai 1918 starb, mag es bei seiner Stiefmutter, die danach per Testament alleinige Hofeigentümerin geworden war, zu einem offenen Sinneswandel dahingehend gekommen sein, dass Sie nunmehr ihre leibliche Tochter Lina, die vermutlich zu dieser Zeit bereits mit dem Landwirt Focke Dettmers liiert ist, als Hofnachfolgerin vorsieht. Als Hinrich III dann den Fehler begeht, sich vorübergehend, aber auch in längeren Phasen, um den Hof seiner verwitweten und kranken Schwester Elsche Fleßner in Marcardsmoor zu kümmern, nutzt seine Stiefmutter die Gelegenheit, und teilt ihm irgendwann im Jahr 1920 oder 1921 mit, er brauche nun nicht wieder auf den Hof in Rechtsupweg zurückzukehren. Wahrscheinlich ist Focke Dettmers just zu dieser Zeit auf den Hof gekommen und steht als Arbeitskraft zur Verfügung. In den Gerichtsakten ist auch erwähnt, dass er ab 1921 zeitweise bereits Pächter des Hofes gewesen ist. Gesche Lübbers ist als alleinige Hofeigentümerin ohne Frage berechtigt, den Hof auch an ihren künftigen Schwiegersohn zu verpachten.

Nach dem weiteren Fortgang der Ereignisse ist zu vermuten, dass Hinrich Lübbers III sich seinerzeit mit der Tatsache abfindet, den Hof seines Vaters niemals zu erhalten. Konsequent widmet er sich dem Aufbau einer eigenen Existenz als Landwirt in Marcardsmoor. In der Tat wird ihn das Reichserbhofgesetz aus dem Jahre 1934, welches stark herausstellt, dass Erbhöfe im Regelfall in die *männliche* Blutslinie des jeweiligen Hofeigentümers gehören, ermutigt haben, seinen Anspruch auf den Hof noch einmal aktiv anzumelden. Mit dem vorstehend geschilderten Ergebnis.

Ein kurzer Brief, den Hinrich Lübbers am 17. März 1949 (!) an das Amtsgericht Norden, Abteilung Erbschaftssachen schreibt, in dem es sinngemäß wie folgt heißt:

„In Sachen des verstorbenen Hinrich Lübbers und Frau Gesche geb. Brungers in Rechtsupweg Südseite 40. Ich, Hinrich Lübbers, Sohn des Vorgenannten bitte um Nachricht wie es wird, oder geworden ist. Meine Eltern, der letzte von den beiden ist bereits 2 Jahre tot, und noch keine Nachricht. Ist [?] umgeschrieben und nicht abgeschrieben, was liegt vor?"

Hinrich Lübbers

23 Marcardsmoor, Wittmund"

Das Amtsgericht empfiehlt ihm offensichtlich, die Eröffnung des Testamentes seiner Stiefmutter zu beantragen. Diese Eröffnung erfolgt dann am 23. Mai 1949. Die darüber angefertigte Urkunde belegt allerdings, dass zur Testamentseröffnung niemand anwesend war.

Hinrich Lübbers erkundigt sich hier offensichtlich nach dem Tod seiner Stiefmutter, ob für ihn in Sachen Erbschaft noch etwas relevant sei. Ferner erfragt er, ob *umgeschrieben* sei. Hier scheint also immer noch ein Hoffnungsschimmer bezüglich der Hofübernahme vorhanden gewesen zu sein, der allerdings aus heutiger juristischer Sicht jeder Grundlage entbehrt.

LUBBERS_HINRICH_F71K46_GRAB_069

Grabstein Gesche und Hinrich Lübbers auf dem Friedhof von Marienhafe.

Gesche Lübbers stirbt am 06. April 1946 im gesegneten Alter von fast 93 Jahren. Sie hat zu Lebzeiten auf dem Lübbers-Hof ein strenges Regiment geführt, davon können später, insbesondere die von ihr erzogenen Kinder und Stiefkinder *ein Lied singen.*

Hinrich II und Gesche Lübbers sind auf dem Friedhof von Marienhafe beerdigt.

Die Grabstelle ist noch vorhanden und wird von ihrer Enkelin Henriette Ulferts geb. Dettmers gepflegt.

HINRICH LÜBBERS III (1876–1961)

GENERATION III

Hinrich Lübbers III ist der am 10. April 1876 geborene älteste Sohn von Hinrich Lübbers II aus erster Ehe. Über seine Kinder- und Jugendzeit ist nur noch wenig bekannt. Er wird bis 1890, also bis zur Vollendung seines 14. Lebensjahres, in Rechtsupweg zur Schule gegangen sein. Rechtsupweg verfügt seit etwa 1844 zunächst über eine Nebenschule (in einer Lehmhütte) und erst ab 1844 über eine vollständige einklassige Schule. Im Jahre 1884, Hinrich III wird etwa im dritten Schuljahr gewesen sein, wird eine weitere zweiklassige Volksschule eingeweiht.

Aus der Zeit von 1890 bis 1906 (das sind immerhin 16 Jahre) ist, insbesondere auch aus den Gerichtsakten zum Rechtsstreit in den Jahren 1935 bis 1937 nur das folgende bekannt: HINRICH LÜBBERS III verlässt den elterlichen Hof bereits kurze Zeit nach Ende seiner Schulzeit um als Bauernknecht zu arbeiten. Es heißt, Hinrich III habe in jungen Jahren zeitweise als Bierkutscher zwischen Norderney und dem Festland gearbeitet. Er hat den Gerichtsakten zufolge auch *gedient*, d.h. vermutlich eine militärische Ausbildung absolviert. Unterstellt man den Zeitraum des Militärdienstes etwa vom 18. bis 20. Lebensjahr, so dürfte diese Phase in die Mitte der 1890er Jahre gefallen sein. Danach ist Hinrich Lübbers III zeitweise als *Hoteldiener* in Münster tätig. Möglicherweise hat ihn sein Militärdienst in die Region Münster verschlagen?

Bei seiner Heirat im Jahre 1906 mit JOHANNA ARENS wird in der Urkunde des Standesamtes Loppersum (Nr.3/1906) sein Wohnort mit Münster/Westfalen angegeben. Sein Beruf wird bei der Heirat, laut Eintrag im Kirchenbuch, mit *Landmann* angegeben. Was sich hinter der Berufsbezeichnung *Landmann* verbirgt ist etwas unklar.

Er scheint sich also in den 16 Jahren zwischen 1890 bis 1906 *etwas in der Welt herumgetrieben* zu haben, und zwar offensichtlich weit mehr, als es für die Landbevölkerung Ostfrieslands zu Beginn des Jahrhunderts üblich ist.

Vielleicht erklärt dies auch seine bis ins hohe Alter vorhandene Beweglichkeit, seinen Unternehmungsgeist und sein ausgeprägtes kaufmännisches Geschick.

Im Bezug auf Beweglichkeit und Mobilität, so wie wir diese heute verstehen, lohnt sich an dieser Stelle erneut ein Blick auf die Wege- und Verkehrsverhältnisse in Ostfriesland im 19. und 20. Jahrhundert (vgl. S. 54). Die Bahnverbindung von Oldenburg nach Leer wird 1869 fertig gestellt, nachdem bereits seit 1854 eine Bahnlinie auf der Strecke Emden-Leer-Papenburg besteht. Im Jahre 1883 wird die Bahnstrecke Norden-Emden in Betrieb genommen, und somit verfügt auch Marienhafe dann über einen eigenen Bahnanschluss - sicher die wichtigste Voraussetzung für die Mobilität von Hinrich III bezüglich seiner Exkursionen nach Münster und später auch nach Oberneuland bei Bremen. (Angaben nach: Hinrich Rudolfsen und Wolf-Jobst Siedler: Die Kleinbahn Leer–Aurich–Wittmund)

LUBBERS_HINRICH_E43A_035

Hinrich Lübbers III mit Frau Johanna Arens und den Söhnen Hinrich IV (re.) und Hans. Oberneuland (?) 1913. Ist das Mädchen links möglicherweise Johannas voreheliche Tochter Diederike (?) *(Bild entstammt einer Postkarte an Landgebräucher H. Lübbers, Rechtsupweg. Gestempelt am 3. Oktober 1913 in Oberneuland.)*

1906 heiratet also Hinrich Lübbers III am 7. April Johanna Janssen Arens aus Loppersum. Johanna Arens ist am 25. Dezember 1872 in Loppersum als Tochter des Arbeiters JAN ARENS und seiner Ehefrau DIRKJE LEERHOFF in Loppersum geboren. Jan Arens ist zum Zeitpunkt der Eheschließung seiner Tochter Johanna bereits verstorben (Todesdatum unbekannt). Weitere Details zu den Vorfahren von Johanna Lübbers geb. Arens finden sich in Anhang 29 auf Seite 153.

Johanna Arens hat bereits eine voreheliche Tochter: Diederike, geboren am 9. Dezember 1899. Über den Verbleib der Tochter Diederike nach der Heirat ihrer Mutter ist mir bis jetzt leider nichts bekannt. Sie wird in Berichten über die Zeit danach meines Wissens nirgends mehr erwähnt. *Womöglich ist sie bei ihrer Großmutter geblieben und dort aufgewachsen? Sie soll sich allerdings auch in Oberneuland bei ihrer Mutter aufgehalten haben?*

Zum Zeitpunkt der Eheschließung ist Hinrich III also 30 Jahre und seine Ehefrau Johanna knapp 34 Jahre alt. Trauzeugen sind sein Vater Hinrich Lübbers II und ein Mitarbeiter der Gemeinde Loppersum. Auch die ungewöhnliche Wahl des zweiten Trauzeugen wirft Fragen auf: Weshalb ist niemand aus der Familie zweiter Trauzeuge? Johanna hat zum Zeitpunkt der Heirat eine 56jährige Mutter und fünf lebende Geschwister und Hinrich zwei Geschwister und fünf Halbgeschwister. Sind Hinrichs Eltern mit dieser Heirat nicht einverstanden, weil seine Braut vier Jahre älter ist als er und bereits ein voreheliches Kind hat? Gab es deshalb Spannungen zwischen ihm und seinen Eltern?

Der Wohnort von Hinrich Lübbers III wird, wie bereits erwähnt, mit Münster/Westfalen angegeben. Seine Frau Johanna wohnt zu diesem Zeitpunkt in Emden. Aus diesen Daten können die folgenden Schlüsse abgeleitet werden: Hinrich Lübbers III geht bis Anfang 1906 in Münster einer Berufstätigkeit nach. Seine Frau dürfte bis zur Heirat in Emden gearbeitet haben. Auf Grund ihrer sozialen Herkunft (der Beruf ihres früh verstorbenen Vaters Jan Arens wird mit Arbeiter angegeben) wird sie möglicherweise als Hausgehilfin oder im Krankenhaus gearbeitet haben. Wie haben die beiden sich kennen gelernt? Spielte dabei eine Rolle, dass Hinrichs Schwester Amke in Emden gewohnt und möglicherweise auch gearbeitet hat? Haben sich Amke Lübbers und Johanna Arens gekannt? Ist dadurch auch der Kontakt zwischen Johanna Arens und Hinrich Lübbers III entstanden?

Zum Zeitpunkt ihrer Heirat im April 1906 ist Johanna Arens bereits im vierten Monat schwanger. Ihr Sohn HINRICH LÜBBERS IV wird am 12. September 1906 in Rockwinkel/Oberneuland geboren (Taufe: 26. Dezember 1906). Hinrich Lübbers III ist demnach zwischen April und September 1906 mit seiner frisch angetrauten, schwangeren Ehefrau nach Oberneuland bei Bremen gezogen. Wie kommt Hinrich III an das für eine Betriebsgründung in der Landwirtschaft erforderliche lebende (Vieh) und tote (landwirtschaftliches Gerät) Inventar? Kann er schon in jungen Jahren durch Arbeit und Sparsamkeit das für eine Betriebsgründung erforderliche Startkapital zusammenbringen? Haben seine Eltern ihn, trotz möglicher Spannungen bei seiner Existenzgründung unterstützt?

Am 20. November 1909 wird JOHANNES LÜBBERS (genannt Hans), der zweite Sohn von Hinrich Lübbers III und seiner Frau Johanna, ebenfalls in Rockwinkel/Oberneuland geboren. Einige Jahre später (genauer Zeitpunkt unbekannt, aber nach 1910) bringt Amke Lübbers, die Schwester von Hinrich Lübbers III, ihren unehelichen Sohn Heinrich, der am 22. April 1910 geboren ist, zu ihrem Bruder Hinrich III nach Oberneuland. Möglicherweise hat Sie selbst zu dieser Zeit in ihrem Beruf als Krankenschwester in Bremen gearbeitet? Auch Amke Lübbers wohnt, zumindest zeitweise, in Oberneuland. **HEINRICH LÜBBERS** bleibt fortan wie ein leiblicher Sohn bei der Familie von Hinrich Lübbers III. Seine Vettern Hinrich IV und Hans sollen lange nicht gewusst haben, dass Heinrich nicht ihr leiblicher Bruder ist. Erst als die beiden über so viel biologische Kenntnisse verfügen um sich auszurechnen, dass der Altersunterschied zwischen Hans und Heinrich mit nur fünf Monaten der Annahme entgegenspricht, dass sie Brüder sind, sollen sie darauf gekommen sein.

LUBBERS_HINRICH_D19K_034

LUBBERS_HANS_D19L_030

LUBBERS_HEINRICH_D19H_030

Die beiden leiblichen Söhne von Hinrich Lübbers III: Hinrich IV (li.) und Johannes (Hans), rechts: sein Ziehsohn Heinrich Lübbers. Alle drei Aufnahmen ca. Ende der 1930er Jahre.

In diesem Zusammenhang ist noch eine weitere Anekdote überliefert: Die bis zu ihrem Tod unverheiratete **AMKE LÜBBERS** hatte vor ihrem Sohn Heinrich bereits ihre Tochter Adi geboren. Adi soll als junges Mädchen ein *weibliches* Auge auf ihren Bruder Heinrich geworfen haben, ebenfalls ohne zu wissen, dass dieser ihr Halbbruder war. Willi Straube aus Hamburg, Adis späterer Ehemann soll einige Schwierigkeiten gehabt haben, sie davon abzubringen, sich in ihren eigenen Bruder Heinrich zu verlieben. Mehr zu Amke Lübbers und ihrer Tochter Adi im Anhang 22 auf Seite 146.

Am 16. März 1911 wird **LÜBBO LÜBBERS** als dritter Sohn von Hinrich und Johanna Lübbers in Rockwinkel geboren.

In den im vorherigen Abschnitt genannten Gerichtsakten aus den Jahren 1934 bis 1937 wird erwähnt, Hinrich Lübbers III sei vier Jahre lang Soldat gewesen. Dies würde bedeuten, dass er nahezu die gesamte Kriegszeit (1914-1918) als Soldat aktiv gewesen ist. Auch seine Schwiegertochter Frauke Lübbers erwähnt dies so in ihrer *Lebensgeschichte*. Dieser Umstand wirft weitere Fragen auf: *Hinrich III ist zu Beginn des 1. Weltkriegs bereits 38 Jahre alt. Weshalb wird er in diesem relativ hohen Alter bereits zu Beginn des Krieges als Soldat aktiv? Tut er dies freiwillig? Liegt es möglicherweise daran, dass er Musiker ist, und das Alter deshalb eine geringere Rolle spielt? Wer bewirtschaftet während der kriegsbedingten Abwesenheit von Hinrich Lübbers den Pachthof in Oberneuland? Ist dieser Hof so klein, dass dies seine Frau allein bewältigt hat? Lebt die Familie vornehmlich vom Sold des Vaters?*

Johanna Lübbers geborene Arens stirbt am 14. September 1917 im Alter von 45 Jahren in Rockwinkel an der Ruhr und wird am 17. September auf dem Friedhof von Oberneuland beerdigt. Zwei Tage zuvor am 12. September 1917, ist ihre Schwester Greetje Oschimek geb. Arens in ihrem Haus in Rockwinkel, bereits den Folgen der Ruhr erlegen. Frauke Lübbers: *„Johanna hatte sich bei ihrer auf dem Hof lebenden Schwester mit der Krankheit angesteckt.“* Ob Schwester Greetje zu diesem Zeitpunkt schon längere Zeit auf dem Lübbers-Hof lebt, ist mir nicht bekannt. Am 17. September 1917 stirbt auch Sohn Lübbo im Alter von sechseinhalb Jahren an der gleichen Krankheit.

Das Schicksal schlägt damit mit brutaler Härte in der Familie von Hinrich Lübbers III zu. Dies wird besonders deutlich, wenn man sich die Chronologie der Ereignisse noch einmal vor Augen führt:

12 SEP 1917	Greetje Oschimek (50) geb. Arens stirbt.
14 SEP 1917	Johanna Lübbers (45) geb. Arens stirbt.
17 SEP 1917	die Schwestern Johanna Lübbers und Greetje Oschimek werden am gleichen Tage in Oberneuland beerdigt.
17 SEP 1917	Sohn Lübbo stirbt im Alter von 6 Jahren am Beerdigungstag seiner Mutter und seiner Tante.
21 SEP 1917	Lübbo Lübbers wird in Oberneuland beerdigt.

Überliefert ist, dass Hinrich III, der zum Zeitpunkt dieser dramatischen Ereignisse möglicherweise gar nicht zu Hause gewesen ist, nach dem Schicksalsschlag *das Interesse an dem Hof in Oberneuland verloren* haben soll und deshalb nach Ostfriesland zurück strebt.

Wer kümmert sich nach dem Tod seiner Ehefrau Johanna um seine minderjährigen Söhne Hinrich IV (11 Jahre alt), Hans (8 Jahre alt) und Ziehsohn Heinrich (7 Jahre alt)? Hat Hinrich III diese nach Rechtsupweg zu seinen Eltern gebracht? Überliefert ist, dass seine Schwester Amke 1917/1918 zeitweise in Oberneuland gelebt hat. Frauke Lübbers: *„Tante Amke pflegte die Kranken auf dem Lübbers-Hof."* Wahrscheinlich relativ bald nach dem Tod seiner Frau und seines Sohnes zieht Hinrich III mit seinen Kindern, seiner Schwester Amke und deren Sohn nach Rechtsupweg, um dort die Landwirtschaft auf dem Hof des Vaters zu übernehmen. In der Lebensgeschichte von Frauke Lübbers heißt es: *„Als Lübbert Lübbers II gefallen war, sollte Hinrich Lübbers III, nun der einzig verbliebene Sohn von Hinrich Lübbers II, den Hof in Rechtsupweg übernehmen. Er wurde deshalb extra vom Kriegsdienst freigestellt (reklamiert)."*

Ferner ist durch seine Schwiegertochter Frauke Lübbers überliefert, dass Hinrich III eigentlich die Absicht gehabt haben soll, nach Ostdeutschland zu gehen, um sich dort in der Landwirtschaft selbständig zu machen. Die Gerichtsakten bestätigen dies. In einem Schriftsatz des Rechtsanwaltes Schapp vom 25. März 1935 heißt es: *„[...] Der Antragsgegner ist übrigens während seines Aufenthaltes in Rechtsupweg (1918 bis Anfang 1921) nach dem Kriege verschiedentlich nach Schleswig Holstein und Mecklenburg gereist, um sich nach einer für ihn passenden Stelle umzusehen."*

Nach der inzwischen erforschten Aktenlage hat HINRICH LÜBBERS III zu keiner Zeit einen fundierten juristischen Anspruch auf den Hof seines Vaters. Es sei denn, es wäre seiner Stiefmutter auf der Grundlage des Reichserbhofgesetzes von 1934 gerichtlich untersagt worden, den Hof auf Grund *anerbenrechtlicher* Vorschriften an ihre jüngste leibliche Tochter zu übertragen. Diese Hoffnung hatte Hinrich III offensichtlich über lange Zeit. Berechtigt war diese Hoffnung allerdings erst nach dem Erlass des neuen Reichserbhofgesetzes im Jahre 1934. Vermutlich sind ihm vor dem Tod seines Vaters im Jahr 1918 entsprechende mündliche Zusicherungen gemacht worden, die seine Stiefmutter dann nicht hielt, denen er aber wohl vertraut haben wird.

Zu den Gründen, die Hinrich III veranlassen, den Hof in Rechtsupweg in den Folgejahren zeitweilig zu verlassen, hier noch einmal die seinerzeitige Situation: Seine jüngere Schwester ELSCHE LÜBBERS heiratet 1908 den Schiffer (später Fuhrmann und danach Landwirt) HAYO FLESSNER und bewirtschaftet mit diesem seit 1912 in Marcardsmoor den bis heute vorhandenen Hof am Kanal in der ersten Reihe. Hayo Fleßner fällt im Juli 1918 als Soldat im 1. Weltkrieg in Frankreich. Schwester Elsche wird schwer krank und ist dadurch bei der Bewirtschaftung des Hofes auf fremde Hilfe angewiesen.Es heißt, Hinrich Lübbers III hat, obwohl sein Vater im Mai 1918 verstirbt und er auf dem elterlichen Hof sicher genug Arbeit vorgefunden hätte, über einen Zeitraum von etwa drei Jahren zeitweise auf dem Hof seines verstorbenen Schwagers und seiner kranken Schwester in Marcardsmoor ausgeholfen. *Warum hat er sich so intensiv um den Hof seines Schwagers und seiner Schwester in Marcardsmoor gekümmert?* Die Hilfsbedürftigkeit der Schwester stand immerhin gegen seine Verantwortung für den Hof in Rechtsupweg und damit wohl auch gegen seinen Anspruch, den väterlichen Hof einmal übernehmen zu wollen. Warum hat er sich also dennoch zu Gunsten seiner Schwester Elsche vom Hof in Rechtsweg entfernt? Vermutlich liegt der Grund darin, dass es bereits kurz nach dem Tod seines Vaters zu Spannungen mit seiner Stiefmutter Gesche kommt. Diese gibt ihm vermutlich bald zu verstehen, dass er für sie unwillkommen sei und dass er keine Chance habe, den Hof später zu übernehmen, so wie sein verstorbener Vater es ihm offensichtlich in Aussicht gestellt hatte.

Fakt ist, dass Hinrich Lübbers III im September 1922 in Marcardsmoor ein Moorkolonat vom preußischen Staat kauft und vermutlich spätestens im Frühjahr 1923 mit dessen Kultivierung beginnt.

Die Söhne von Hinrich Lübbers III, Hinrich IV und Hans, sowie sein Neffe Heinrich, leben seit der Rückkehr aus Oberneuland zunächst auf dem Hof in Rechtsupweg. Setzt man die seinerzeit üblichen Schulzeiten von 8 Jahren voraus, dürften Hinrich IV und Hans und zunächst auch Heinrich in Rechtsupweg zur Schule gegangen sein. Hinrich IV wird wahrscheinlich 1920, Hans 1923 und Heinrich 1924 (wohl in Marcardsmoor) aus der Schule entlassen worden sein. Überliefert ist, dass Hinrich III seinen Neffen Heinrich nach Marcardsmoor mitnimmt. Es ist zu vermuten, dass dieser seit etwa Anfang 1920 ständig in Marcardsmoor bei der Familie Fleßner bleibt. Er wird dort auch zur Schule gegangen sein.

Hinrich IV beginnt, vermutlich gleich nach seiner Schulentlassung um 1920, eine Bäckerlehre in einer Bäckerei in Norden. Ob er während seiner Lehrzeit weiter auf dem Hof lebt oder in seinem Lehrbetrieb, ist unbekannt.

Nachdem sich die Aussicht auf die Hofnachfolge in Rechtsupweg zerschlagen hat, ist HINRICH LÜBBERS III gezwungen, sich nach einer neuen Existenz umzusehen. Viele Ostfriesen in seiner Situation sind seinerzeit nach Amerika ausgewandert. Ob Hinrich Lübbers III damals mit diesem Gedanken gespielt hat, ist nicht bekannt. Ebenso wenig weiß man, ob er zu diesem Zeitpunkt noch einmal über seine Ostdeutschland-Ambitionen nachgedacht hat. Es wird aber die Nähe zu seiner Schwester Elsche Fleßner gewesen sein, zu der er offensichtlich ein vertrautes Verhältnis hatte, sich 1922 um ein sogenanntes Kolonat in der in Gründung befindlichen Moorkolonie Marcardsmoor zu bemühen. Er hat sich sicherlich in der Zeit vor 1922, im Verlauf seiner Aushilfstätigkeit auf dem Fleßner-Hof, gute Kenntnisse über die Moorkultivierung und die Arbeit auf einem Hochmoorhof angeeignet.

Am 22. September 1922 unterschreibt er einen *Rentengutsvertrag* mit dem preußischen Staat, der ihn zum Eigentümer eines knapp 11 Hektar großen Moorkolonates in Marcardsmoor macht. Überliefert ist, dass Hinrich Lübbers III zu dieser Zeit über einiges Barvermögen in Goldmark verfügt hat, welches vermutlich aus der Zeit als Landwirt in Oberneuland stammt. Aus den Gerichtsakten zum Hofnachfolgestreit ergibt sich, dass Hinrich III für seine etwa zweijährige Tätigkeit auf dem elterlichen Hof in Rechtsupweg ein Rind und 1000 Mark erhält. Dieses Vermögen soll er durch die Inflation zu Beginn der 20er Jahre ebenfalls weitgehend verloren haben.

Den Gemütszustand, in dem Hinrich III sich zum Zeitpunkt des Neubeginns in Marcardsmoor befunden haben muss, kann man sich unschwer vorstellen: Frau und Kind gestorben, Heimat Oberneuland verlassen, erwartetes Hoferbe und Geldvermögen verloren und kein eigenes Dach als Heimstatt für sich und seine unmündigen Kinder *über dem Kopf.* Dass Hinrich III unter diesen Umständen über seine Stiefmutter und seine Stiefgeschwister schwer verärgert ist, lässt sich aus seiner Sicht auch heute noch leicht nachvollziehen. Logisch ist es so auch, dass er sich daraufhin von seiner in Rechtsupweg lebenden Familie weitgehend zurückzieht, als er den elterlichen Hof verlassen muss. Als Folge dieser Enttäuschung entsteht der für seine Nachwelt aufgezogene *Schleier des Schweigens*, der sich bis heute noch in Form von Informationslücken über *die alte Zeit* auswirkt.

An dieser Stelle ergibt sich allerdings im Verhalten von Hinrich Lübbers III erneut eine heute unerklärliche Situation: Er wird von harten Schicksalsschlägen getroffen, verliert ein sicher geglaubtes Anrecht auf den väterlichen Hof, ist deshalb über das Verhalten seiner Stiefmutter schwer enttäuscht und verärgert. Aber als er Rechtsupweg verlässt, um sich im unkultivierten Moor eine neue Existenz aufzubauen, lässt er trotzdem seinen jüngsten Sohn Hans, der zu diesem Zeitpunkt noch schulpflichtig ist, bei seiner Stiefmutter und seinen Stiefschwestern, mit denen er sich gerade eben überworfen hat. *Warum tut er das?* Spielt dabei eine Rolle, dass Hans 1923 an einer schweren Lungenentzündung erkrankt, an deren

Folgen er noch lange danach leidet? Die Schulfrage kann für das Verhalten des Vaters kaum den Ausschlag geben, wäre doch Neffe Heinrich gleichermaßen betroffen gewesen. Und außerdem: In Marcardsmoor gibt es bereits seit 1894 eine Schule und just im Jahre 1922 wird dort auch die Schule II, etwa zweieinhalb Kilometer vom Lübbers-Kolonat entfernt, eingeweiht. Mehr noch: Auch als Hans (wohl im Jahre 1923) die Schule verlässt, lässt ihn der Vater noch *über vier Jahre* als Arbeitskraft bei seiner Großmutter und deren Tochter und Schwiegersohn auf dem Hof in Rechtsupweg. Ist sein Vater Hinrich III nicht gerade in den ersten Jahren der Moorkultivierung auf jede helfende Hand angewiesen?

Auch Hinrichs ältester Sohn Hinrich IV bleibt nach dem Weggang seines Vaters in Rechtsupweg zurück. Ob er allerdings überhaupt auf dem Hof gewohnt hat, oder bei seinem Lehrherrn in Norden, ist unsicher. Hinrich IV macht nach dem Ende seiner Schulzeit in Norden eine Bäckerlehre. Vermutlich nach dem Ende seiner Lehrzeit wechselt er als Geselle zur Bäckerei Thun in Moorhusen *(heute eine Gaststätte mit Diskothek)*. Er kommt 1926, also noch vor seinem Bruder Hans, auf den Hof nach Marcardsmoor.

EXKURS: KURZE GESCHICHTE DER MOORKOLONIE MARCARDSMOOR

An dieser Stelle ein kleiner Exkurs zur Geschichte und Entwicklung der Moorkolonie Marcardsmoor. Die aus Holland stammende, wesentlich ältere Fehnkultur ermöglicht eine erfolgreiche landwirtschaftliche Nutzung der Moore erst nach deren Abtorfung. Dabei ist schon die Torfgewinnung selbst von Anfang an eine Ertragsquelle. Diese Geldquelle ermöglicht es, Wasserläufe anzulegen, die einerseits die Entwässerung des Moores und andererseits den Abtransport des Torfes zu den Verbrauchern gewährleisten. Ist der Torf abgegraben, dienen diese Wasserläufe fortan als recht wetterunabhängige Verkehrswege für die weitere wirtschaftliche Entwicklung der Kolonien. Insbesondere dienen Sie dazu, Düngestoffe zur entscheidenden Verbesserung der immer noch nährstoffarmen Niederungsmoore heranzuschaffen, die dann ihrerseits einen dauerhaften wirtschaftlichen Bodenertrag sichern.

Die Moorbrandkultur hat in den abgelegeneren Moorgebieten im ostfriesischen Zentralmoor, ebenso wie die Versuche, auf den nassen, sauren Hochmoorböden ohne zusätzliche Düngemittel nachhaltig landwirtschaftliche Erträge zu erwirtschaften, meist nur Not und Elend unter den Kolonisten hervorgebracht. So entsteht Mitte des 19. Jahrhunderts die Idee, mit Hilfe der zwischenzeitlich erschlossenen und weiterentwickelten Mineraldüngemittel (insbesondere Kalisalz und Phosphat) neue Wege in der Moorkultivierung zu gehen. Man verwendet dafür die Bezeichnung *Deutsche Hochmoorkultur*. 1871 wird zu diesem Zweck die Moorversuchsstation Bremen gegründet.

LUBBERS_HINRICH_D19K_031B

LUBBERS_HINRICH_D19K_031A

Torfgewinnung auf dem Lübbers-Hof in Marcardsmoor um 1939.
Auf dem rechten Bild ist ganz rechts Hinrich Lübbers IV zu erkennen.

Voraussetzung für die erfolgreiche Moorkultivierung ist eine gründliche Entwässerung des Moores. Das setzt wiederum entsprechende Kanalbauten voraus. Der Bau des Ems-Jade-Kanals (1882–1888), der auf Grund militärischer Interessen des Kaisers in nur sechs Jahren von Emden bis Wilhelmshaven quer durch Ostfriesland gegraben wird, gibt der königlichen Generalkommission den Anlass für den Aufbau einer Versuchssiedlung im Moorgebiet südlich des Wieseder Meeres am Lauf dieses Kanals. Auch in diesem Fall dient der für die Moorbesiedelung völlig kostenlose Kanal einerseits der Entwässerung und anderseits als Transportweg für alle benötigten Güter, insbesondere für den neuen *Kunstdünger*.

Die neue Moorversuchssiedlung wird anlässlich ihrer offiziellen Gründung im Jahre 1892 nach dem Unterstaatssekretär im kaiserlichen Landwirtschaftsministerium Eduard von Marcard benannt, der sich um die Moorkultivierung besondere Verdienste erworben hat.

Etwa 2000 Hektar Hochmoor wird so durch ein dichtes Netz von Gräben entwässert, in Parzellen von etwa 10 Hektar aufgeteilt, mit einfachen kleinen Hofgebäuden bebaut und zu wirtschaftlich vertretbaren Bedingungen an Siedlungswillige vergeben. In Bezug auf weitere Einzelheiten zur Entstehung und Entwicklung der Hochmoorsiedlung Marcardsmoor empfehle ich die Lektüre der Chronik *„100 Jahre Marcardsmoor 1890-1990.“*

Aus unserer Familie finden zunächst zwei Personen den Weg von Rechtsupweg in die junge Hochmoorsiedlung Marcardsmoor. Im Januar 1908 heiratet Elsche Lübbers (* 1877), älteste Tochter von Hinrich Lübbers II, den aus Moorlage stammenden Marcardsmoorer Kolonisten Hayo Fleßner. Dieser fällt im 1. Weltkrieg, seine Frau erkrankt, so dass ihr Bruder Hinrich Lübbers III ihr dabei hilft, den landwirtschaftlichen Betrieb am Leben zu halten. Als er den Anspruch auf den väterlichen Hof in Rechtsupweg verliert, entschließt er sich, sich ebenfalls um ein Moorkolonat in Marcardsmoor zu bewerben. Dies gelingt und so wird Hinrich III 1922 Kolonist auf einem unkultivierten 11 Hektar großen Hochmoorgrundstück in Marcardsmoor. Hinrich III, seine Schwester Elsche, seine Söhne Hinrich IV und Hans, sein Neffe und Ziehsohn Heinrich Lübbers, ebenso wie seine Halbbschwester Antje Barkhoff geb. Lübbers, die ebenfalls mit dem Rechtsupweger Zimmermann Tebbe Barkhoff nach Marcardsmoor zieht – sie alle tragen dazu bei, dass die Lübbers-Familie aus Rechtsupweg zusammen mit ihren Nachkommen bis heute einen bedeutsamen Anteil an den Einwohnern der jungen Gemeinde Marcardsmoor bildet.

LUBBERS_HINRICH_E43A_042

Oben: Familie Fleßner / Lübbers ca. 1922 in Marcardsmoor. oben v.li.: Gerd Kirchhoff *(Landarbeiter auf dem Hof)*, Heidine Fleßner, Hinrich Fleßner, Gesine Fleßner. unten v.li.: Janette Fleßner, Elsche Fleßner geb. Lübbers, Hinrich Lübbers III, Theda Barkhoff, Amke Fleßner.

FLESSNER_ELSCHE_E43C_040

Links: Familie Hayo Fleßner ca. 1915 in Marcardsmoor. v.li.: Heidine Fleßner, Oma Fleßner (Mutter von Hayo?), Hayo Fleßner (stehend), Janette Fleßner (davor), Elsche Fleßner mit dem Baby Gesine, Hinrich Fleßner.

Im Grundbuch von Marcardsmoor wird Hinrich Lübbers III am 22. Mai 1923 als Eigentümer eingetragen. Etwa um diese Zeit muss er begonnen haben, das unkultivierte, mit Heidekraut bewachsen nasse Moor mit der Hacke zu bearbeiten. Es heißt, Hinrich III habe sich für das nasseste Stück Moor entschieden. Dies erweist sich viele Jahre später als Vorteil, weil unter dieser Nässe der beste Brenntorf der ganzen Umgebung liegt. Es spricht für eine unglaubliche Energie die Hinrich Lübbers III, gepaart mit einem unbeugsamen Willen aufgebracht haben muss, um mit immerhin schon 46 Jahren, vom Schicksal wiederholt schwer getroffen, nur mit zwei leeren Händen noch einmal völlig neu anzufangen. Und das Ganze unter widrigsten Umständen: Kein eigenes Haus, keine Frau, seinen unmündigen Sohn Hans bei Menschen, die er auf Grund der geschilderten Vorkommnisse nicht sehr geschätzt haben kann und eine Arbeit, deren Härte wir uns heute kaum noch vorstellen können: Elf Hektar nasses, sumpfiges und versteppptes Moor mit einer Hacke in den bloßen Händen in kurzer Zeit zu kultivieren, so dass darauf etwas wächst, damit daraus alsbald eine Einkommensquelle werden kann, die es erlaubt, bald ein Haus zu bauen und nur wenige Jahre später ein blühendes kleines Wirtschaftsunternehmen hervorzubringen. Vermutlich wird er von dem eisernen Vorsatz getrieben *es sich selbst und allen anderen noch einmal zu zeigen.* Dies jedenfalls würde die gewaltige Energiequelle erklären, aus der Hinrich Lübbers III die Kraft für den extrem schwierigen Neuanfang schöpft.

LUBBERS_HINRICH_E43A_055

Hinrich Lübbers III in den 1930er Jahren mit Pferd und Düngerstreuer auf dem Hof in Marcardsmoor.

In der nun folgenden Schilderung seines weiteren Lebensweges wird deutlich, dass Hinrich Lübbers III sein Ziel erreicht hat: 1925 wird das Wohn- und Wirtschaftsgebäude fertig gestellt. Das Gebäude steht heute noch, in nur leicht verändertem Zustand, in Marcardsmoor an der zweiten Reihe Nr. 90, obwohl es seinerzeit komplett auf einem *schwimmenden Fundament* im nassen Moor gebaut wird. Es befindet sich nicht mehr im Familienbesitz.

Die Familie Hinrich Lübbers III hat nun wieder ein eigenes Dach über dem Kopf. Komplett ist die Familie allerdings nicht. Eine Frau ist nicht im Haus. Zitat Frauke Lübbers: *„Die Männerfamilie Lübbers wurde damals (notdürftig) von den Frauen der Familie Fleßner versorgt."*

Von Hinrich Fleßner, dem Sohn von Elsche und Hayo Fleßner sind aus der Zeit vor 1925 folgende Aussagen überliefert: *„Auf dem Fleßner-Hof lebten (in der Zeit um 1920) neben den Erwachsenen Elsche Fleßner, Hinrich Lübbers III und dem Knecht Kirchhoff 7 (oder 8?) Kinder, also insgesamt rund 10 Personen. Das machte sich natürlich bezüglich der Lebensmittelmengen bemerkbar. Wenn zum Beispiel die gekochten Pellkartoffeln auf den Tisch geschüttet wurden, musste einer mit ausgebreiteten Armen aufpassen, dass die Kartoffeln wegen der großen Menge nicht vom Tisch rollten.*

Hinrich III hatte sich mangels entsprechendem Raum und komfortablerer Schlafgelegenheit ein Strohbett in einem Dreschkasten eingerichtet. Während des Hausbaus (1924/25) an der zweiten Reihe brachten die Fleßner-Frauen den Lübbers-Männern jeden Tag das Essen auf die Baustelle."

BRUNGERS_GESCHE_F76K47_072

Familientreffen ca. 1925 in Marcardsmoor *(wahrscheinlich bei Fleßner oder Barkhoff)*; v.li.: Hinrich Barkhoff, Focke Dettmers, Hinrich Fleßner, Janna Giliard, Antje Barkhoff, Lina Dettmers, Heidine Fleßner (?), Tebbe Barkhoff, Elsche Fleßner, Jannette Fleßner; davor zwei Mädchen, eine alte Frau, und zwei weitere Mädchen im weißen Kleid, v.li.: Frieda Dettmers (spätere Behrends), Elisabeth Giliard, Gesche Lübbers, Anne Fleßner, Gesine Fleßner.

Im Hause Fleßner wird vermutet, dass auch Hans Lübbers in Marcardsmoor zur Schule gegangen sei, weil überliefert ist, dass auch der Lehrer in Marcardsmoor sich über die nur fünf Monate auseinanderliegenden Geburtsdaten der vermeintlichen Brüder Hans und Heinrich Lübbers gewundert haben soll. Dagegen spricht allerdings, dass Hans erwiesenermaßen erst im Jahre 1927 von Rechtsupweg nach Marcardsmoor übersiedelt. Oder hat er doch vor seiner Erkrankung im Jahre 1923 kurzzeitig in Marcardsmoor gelebt, und kehrt dann krankheitshalber wieder nach Rechtsupweg zurück?

Nach meinem derzeitigen Wissensstand kommen Hinrich Lübbers IV 1926 und sein Bruder Hans erst 1927 nach Hause auf den Hof. Frieda Behrends schildert dazu: *„Ich kann mich erinnern: Hans ist auf einem Pferd reitend, welches er vom Hof seines Großvaters (wohl als Arbeitslohn?) mitbekommen hat, noch Marcardsmoor gezogen. Ich habe ihn dort einige Jahre später noch einmal besucht."*

Hinrich III hat offensichtlich neben seinen Fähigkeiten als Landwirt und Kultivierer ein ausgeprägtes kaufmännisches Geschick. Dies erklärt wohl auch seine raschen wirtschaftlichen Erfolge in Marcardsmoor. Als sein ältester Sohn HINRICH LÜBBERS IV 1926 von Rechtsupweg bzw. Moorhusen kommend auf dem Hof in Marcardsmoor eine Bäckerei gründet, widmet Hinrich III sich von Anfang an sehr stark diesem Geschäft. In kurzer Zeit wird mit Pferd und Wagen ein erfolgreicher Handel mit Backwaren und Lebensmitteln zur Versorgung der Siedlung Marcardsmoor, sowie der Nachbardörfer Wiesedermeer und Upschört aufgebaut. 1935 bezeichnet ihn seine Stiefmutter im Hofübergabevertrag auch als *Kaufmann und Müller* in Marcardsmoor.

Mit ELSKE CAMP aus Upende, die durch Vermittlung der Familie Stürenburg (Eltern von Mettje Lübbers) als Haushälterin eingestellt wird, kommt am 01. August 1927 wieder eine Frau ins Haus. Sie bleibt und heiratet 1932 den Bäckermeister Hinrich Lübbers IV.

LUBBERS_HINRICH_E43A_DRESCHTEAM_001

Der Dreschsatz der Firma Hinrich Lübbers III mit Lanz-Bulldog, Dreschmaschine und Strohpresse. Die Personen von rechts: Hinrich Lübbers III, Frauke Lübbers, oben mit Pfeife: Werkführer Johann Weber, Eka Tholen geb. Camp, dann drei unbekannte Arbeiter, ganz links: Hans Lübbers und Hanne Lübbers (ca. 1940).

Obwohl Hinrich III. 1923 wohl *„mit Nichts"* anfängt, können bereits zu Beginn der 30er Jahre, also kaum 10 Jahre nach Beginn der Moorkultivierung, mehrere teure Maschinen angeschafft werden. Eine Kornmühle und zwei komplette Dreschsätze mit Lanz-Bulldogs werden vor allem im Lohnbetrieb eingesetzt (vgl. dazu auch Anhang 33 auf Seite 185: hier wird die Arbeit mit den Dreschsätzen genauer beschrieben).

In den 30er Jahren liegt dann auch die erste wirtschaftliche Blütezeit der Familie Lübbers in Marcardsmoor. Die Söhne Hinrich IV und Hans heiraten ebenso wie Neffe Heinrich, dieser allerdings unter Wegzug auf den Nachbarhof seiner Ehefrau Arianne (Anni) Saathoff. Hinrich IV kümmert sich um die Bäckerei, Hans um die Landwirtschaft und um den inzwischen verstärkt in Angriff genommenen Torfabbau und Vater Hinrich III hat wohl die Oberherrschaft über das kleine, in nur 10 Jahren aufgeblühte kleine *Wirtschaftsimperium*. Insbesondere dürfte er *der Kaufmann* in der Familie sein.

LUBBERS_HINRICH_E43A_057

Gruppenbild Familie Lübbers 1933: Oben v.li.: Heinrich Lübbers, Frauke Camp, Hans Lübbers, Hinrich Lübbers IV. Unten v. li.: Hinrich Lübbers III, Elske Lübbers geb. Camp mit Tochter Hanne Lübbers.

1934 tritt das Reichserbhofgesetz in Kraft. Wie bereits dargestellt veranlasst die geänderte Rechtslage die Stiefmutter von Hinrich III, Gesche Lübbers geb. Brungers, die Genehmigung zur Übertragung des Hofes in Rechtsupweg an ihre jüngste Tochter zu erwirken. Dieses Thema wurde schon an anderer Stelle intensiv behandelt. Hinrich III erkennt seine Chance mit Hilfe dieses Gesetzes nun doch noch seinen Anspruch auf den elterlichen Hof realisieren zu können. Sein Anspruch wird in der ersten Instanz vom Anerbengericht Norden bestätigt. Aber in den beiden weiteren Instanzen vor dem Landeserbhofgericht in Celle und dem Reichserbhofgericht Berlin wird die Übertragung des Hofes an seine Halbschwester Lina Dettmers genehmigt, so dass Hinrich III seinen Anspruch auf das Hoferbe 1937 endgültig verliert. (Details im Abschnitt zu Hinrich Lübbers II. ab Seite 71)

Erst der beginnende 2. Weltkrieg bringt erneut einschneidende Veränderungen: Die Söhne werden zum Kriegsdienst einberufen. Hinrich III ist bei Kriegsbeginn immerhin schon 63 Jahre alt. Die Arbeit auf dem Hof wird fortan von den Frauen und von Kriegsgefangenen geleistet. Die

Dreschsätze werden komplett von Fremdkräften betrieben, was ihrer Wirtschaftlichkeit sicher nicht besonders förderlich ist.

Hinrich Lübbers IV kommt im September 1945 schwer verwundet (beide Beine unterhalb der Knie amputiert) aus der Kriegsgefangenschaft zurück. Sein Bruder Hans erst im März 1948. Erst danach kann die schon vor Kriegsbeginn beabsichtige Verlegung des Bäckereibetriebes vom Hof in den Ortskern von Marcardsmoor vollzogen werden. Hinrich III, nun immerhin schon 72 Jahre alt, entscheidet sich, nicht auf dem Hof zu bleiben, sondern mit der Familie seines ältesten Sohnes Hinrich IV nach Marcardsmoor-Mitte zu ziehen.

LUBBERS_HINRICH_E43A_081

Achtzigster Geburtstag 1956 von Hinrich Lübbers III. Hinten v.li.: Hilde Stürenburg, Mariechen Fleßner, Frauke Lübbers, Hinrich Lübbers V, Helga Lübbers, Diedrich Lübbers, Jan Lienemann, Hanne Lienemann, Klara Lübbers, Heinrich Thoben, Anni Lübbers, Heinrich Lübbers. Vorn v.li.: Hinrich Fleßner, Hinrich Barkhoff, Hans Lübbers, Hinrich Lübbers III, Frieda Lübbers, *unbekannt*, Elske Lübbers, Hinrich Lübbers IV.

Am 27. März 1956 überträgt Hinrich Lübbers III den Hof in Marcardsmoor an seinen Sohn **HANS LÜBBERS**. Hinrich IV erklärt sich in der Übertragungsurkunde hinsichtlich des Hofübergangs, mit Hinweis auf die im Zuge der eigenen Existenzgründung empfangenen Leistungen, als abgefunden. Die Übergabe erfolgt demnach in voller familiärer Harmonie.

Auch der Neuanfang des Geschäftes in Marcardsmoor-Mitte ist nicht leicht. Zunächst wird eine aus Teilen des ehemaligen *Meidenlagers* Marcardsmoor übernommene Baracke als Wohn- und Geschäftshaus genutzt.

Erst zehn Jahre später (1958) wird das heute noch vorhandene massive Geschäftshaus der Bäckerei Lübbers gebaut. Dieses Gebäude dürfte unter Würdigung des Lebensweges von Hinrich Lübbers III so etwas wie die Erfüllung seines Lebenstraumes gewesen sein. Er hat es zusammen mit seinen Söhnen in Marcardsmoor *zu etwas gebracht*. Sichtbar wird dies durch die Existenz des leistungsfähigen Kolonistenhofes und durch den stolzen Neubau eines Wohn- und Geschäftshauses. Der Ausdruck dieses Stolzes lässt sich auf einem Bild, welches ihn, 82jährig auf der Eingangsstufe vor dem frisch bezogenen Gebäude zeigt, deutlich von seinem Gesicht ablesen.

LUBBERS_HINRICH_E43A_083A

Hinrich Lübbers III im September 1959 vor dem neuen Haus in Marcardsmoor.

Hinrich III ist bis ins hohe Alter als *Mädchen für alles* im Bäckerei- und Ladenbetrieb aktiv. Er stirbt am 10. Juni 1961 im Alter von 85 Jahren an Altersschwäche. Trotz seines von härtester Arbeit und schweren Schicksalsschlägen geprägten Lebens ist er meines Wissens nie ernsthaft krank. Seine Zeitgenossen kennen ihn als freundlichen, stets hilfsbereiten und außerordentlich zielstrebigen Menschen. Er ist in seinem Heimatort Marcardsmoor auf Grund seines freundlichen Wesens und seines anerkannten Lebenswerkes ein hoch geachteter Bürger.

Er hinterlässt bei seinem Ableben zwei Söhne mit deren Ehefrauen, vier Enkelkinder und ein Urenkelkind. Weitere fünf Enkelkinder erblicken erst nach seinem Tod das Licht der Welt. Hinzuzurechnen ist im Sinne von Hinrich III sein Ziehsohn und Neffe Heinrich mit Ehefrau und ebenfalls zwei Kindern. Als letzter Schicksalsschlag trifft ihn 1958 der frühe Tod seines Sohnes Hans.

HINRICH LÜBBERS IV (1906–1970)

GENERATION II

HINRICH LÜBBERS IV wird am 12. September 1906 als ältester Sohn von Hinrich Lübbers III in Rockwinkel, Oberneuland bei Bremen geboren. Seine Eltern betreiben dort als Pächter einen landwirtschaftlichen Betrieb. Sein Bruder Johannes kommt am 20. November 1909 zur Welt.

Auf dem Hof lebt vermutlich ab 1910 auch der neugeborene uneheliche Sohn Heinrich seiner Tante Amke Lübbers, die in Bremen im Krankenhaus arbeitet. Heinrich bleibt fortan als Ziehsohn von Hinrich III in dessen Familie. Die drei Jungens werden in Oberneuland getauft und gehen dort auch zur Schule. Vater Hinrich III geht zu Beginn des ersten Weltkrieges als Musiker zum Militär, obwohl er zu dieser Zeit bereits 38 Jahre alt ist. In welcher Form der gepachtete Hof während des Krieges bewirtschaftet wird, ist nicht überliefert. 1917 verstirbt seine Frau Johanna und sechs Tage später auch ihr sechsjähriger Sohn Lübbo.

Ende 1917 oder Anfang 1918, bald nach dem Tode seiner Frau und seines jüngsten Sohnes zieht sein Vater mit Hinrich IV, dessen Bruder Johannes und Ziehsohn Heinrich zurück auf den Hof seines Großvaters Hinrich II in Rechtsupweg. Dieser stirbt im Mai 1918. Hinrich III arbeitet auch nach dem Tod seines Vaters weiter auf dessen Hof, den er, wie sich bald herausstellt, entgegen seinen Erwartungen, nicht erben wird. Er kümmert sich deshalb zunehmend um den Hof seiner Schwester Elsche Fleßner in Marcardsmoor, deren Ehemann kurz vor Ende des ersten Weltkrieges gefallen ist. Nach einem Zerwürfnis mit seiner Stiefmutter entschließt sich Hinrich III 1922 zum Kauf eines Hochmoorkolonates in Marcardsmoor. Er verlässt den Hof seiner Eltern und widmet sich fortan der Urbarmachung seines neuen Besitzes in Marcardsmoor.

Hinrich IV folgt seinem Vater nicht nach Marcardsmoor. Er beginnt eine Bäckerlehre in Norden und wohnt wahrscheinlich 1922 während seiner (3-jährigen?) Lehrzeit, wohl auch bei seinem Lehrherrn in Norden. Nach Abschluss der Bäckerlehre arbeitet Hinrich IV noch wohl eine kurze Zeit bei der Bäckerei Thun in Moorhusen, unweit des Hofes seines Großvaters in Rechtsupweg, als Bäckergeselle. Die vorstehend aufgeführten Ereignisse wurden im vorigen Abschnitt zum Leben Hinrich Lübbers III bereits ausführlich geschildert.

1926 zieht HINRICH LÜBBERS IV auf den Hof seines Vaters Hinrich III in Marcardsmoor und beginnt unmittelbar mit dem Bau eines Bäckereigebäudes auf dem Hofgelände.

LUBBERS_HINRICH_D19K_022

Hinrich Lübbers IV

Die neu gegründete Bäckerei übernimmt fortan die Versorgung der Siedlerfamilien der jungen Hochmoorgemeinde Marcardsmoor (gegründet 1890), wie auch Teilen der Nachbargemeinden Akelsbarg im Westen und Wiesedermeer und Upschört im Osten, mit Backwaren. Überliefert ist, dass sein Vater Hinrich III den ersten Sack Roggen zum Backen von Schwarzbrot mit dem Fahrrad aus Aurich geholt hat. Später kommt dieses Backmaterial direkt vom väterlichen Hof und von den umliegenden Höfen. Weil die Umgebung fast ausschließlich aus kleinen Siedlungshöfen besteht, ist es üblich, dass die Bauern ihren Roggen auf dem Lübbers-Hof abgeben und dies mit einem *Backgeld-Aufschlag* als Schwarzbrot zurückbekommen. Überschüssiges Korn wird den Bauern abgekauft.

Die Bäckerei wird mit einem großen Torfofen betrieben. Dieser wird vor dem Backprozess mit Torf, der auf dem Hof erzeugt wird, befüllt und angezündet. Ist der Torf durchgebrannt, wird die heiße Asche aus dem Ofen entfernt und das vorbereitete Backmaterial in den aufgeheizten heißen Steinofen geschoben. Wenn das Brot fertig ist, wird es mit langen *Schiebern* wieder aus dem Ofen geholt. Sofern das Brot nicht von den umliegenden Bauernhöfen abgenommen wird, wird es in einem kleinen Laden, in einem Zimmer im Wohnbereich des im ostfriesischen Stil gebauten kleinen Bauernhauses, verkauft.

Vater Hinrich LÜBBERS III lebt bis 1926, unterstützt von der Familie seiner Schwester Elsche Fleßner, allein mit seinem Ziehsohn Heinrich auf dem Kolonat in Marcardsmoor. Bruder Hans bleibt beim Weggang des

Vaters 1922 auf dem Hof seiner Stiefmutter in Rechtsupweg und kommt erst 1927 zu Vater und Bruder auf den Hof in Marcardsmoor. Am 1. August 1927 kommt **ELSKE CAMP** aus Upende als Hausgehilfin auf den Lübbers-Hof. Nun ist endlich wieder eine Frau im Haus, um den Männerhaushalt der Lübbers-Familie zu unterstützen und zu versorgen.

Der bescheidene Verkaufsraum im Bauernhaus entwickelt sich zu einem Gemischtwarenladen, in dem Bedarfsartikel für die ländliche Umgebung, insbesondere aber Lebensmittel und die Erzeugnisse aus der eigenen Bäckerei verkauft werden. Dazu kommt dann auch noch ein mobiler Lieferdienst für diese Waren. Dieses Haustürgeschäft wird mit einem normalen großrädrigen Ackerwagen, der von Pferden gezogen wird, bewerkstelligt.

Auf dem kleinen Moor-Hof in Marcardsmoor entwickelt sich in dieser Zeit ein reges Wirtschaftsleben. Nachdem es mit dem Bäckereibetrieb und der Landwirtschaft gut voran geht, wird 1930 zuerst eine Mühle und dann eine Dreschmaschine angeschafft. Die Maschinen werden zunächst mit einem Dieselmotor betrieben. Hofeigentümer Hinrich III hat schon immer einen guten Geschäftssinn bewiesen und so entwickelt er zusammen mit seinem Sohn Hinrich IV ständig neue Ideen für Geschäfte. Dies geschieht nicht immer zur Freude von Sohn Hans. Der ist mit Leib und Seele Landwirt und Viehzüchter und gerät manchmal mit Vater und Bruder aneinander, wenn diese das beste Vieh verkaufen wollten, um geschäftlich zu investieren.

LUBBERS_HINRICH_D19K_033

Von links: Hans Lübbers, Mareke Camp, Hinrich Lübbers IV, Elske Lübbers geb. Camp, ihre Kinder Hanne und Diedrich. ca. 1937 in Upende.

Anfang der dreißiger Jahre haben die Kolonisten in Marcardsmoor meist nur einfache Vorrichtungen zum Dreschen des Korns. Manche Bauern dreschen noch mit dem Flegel andere schon mit einem Göpel-Drescher. Familie Lübbers drischt und mahlt nun für die Kolonisten in Marcardsmoor. Die Maschinen werden auf Loren von Hof zu Hof transportiert. Die Wege sind aber in Marcardsmoor nur schlecht ausgebaut. Über das sumpfige Moor schüttet man für die Wege einfach

Sand auf. Kann man darüber im Sommer gut verkehren, so sind diese Wege im Winter oft unpassierbar. Um den Transport wichtiger Güter für die Landwirtschaft, insbesondere Milch, sowie Dünge- und Futtermittel ganzjährig sicherzustellen, werden Feldbahngleise verlegt. Darauf werden nun die meisten Güter auf Loren, die noch bis in die 60er Jahre von Pferden gezogen werden, transportiert. Für Radfahrer und Fußgänger gibt es neben dem Gleis einen mit Hochofenschlacken befestigten schmalen Weg, der *Schlackenpad* genannt wird. Erst in den sechziger Jahren bekommen die Marcardsmoorer Wirtschaftswege eine feste Straßendecke.

LUBBERS_HINRICH_D19K_041

Hinrich Lübbers IV und Ehefrau Elske geb. Camp.

HINRICH LÜBBERS IV und ELSKE CAMP heiraten am 12. März 1932. Am 25. Dezember 1932 wird ihre Tochter Johanne geboren. Am 19. April 1935 kommt Sohn Diedrich zur Welt. Sein Bruder Hans heiratet am 23. November 1940 Elskes Schwester Frauke Camp aus Upende.

Am 1. September 1939 beginnt der zweite Weltkrieg.

Hinrichs Bruder Hans wird im Februar 1941 zur Wehrmacht eingezogen. Er nimmt am Russlandfeldzug teil und kommt erst im März 1948, nach Kriegseinsatz und fast dreijähriger Kriegsgefangenschaft in Ägypten wieder auf den Hof zurück. Hinrich IV wird noch im August 1944 zur Wehrmacht eingezogen. Er kommt nach einer kurzen Grundausbildung nach Russland, wo zu dieser Zeit noch schwerste Kämpfe ausgetragen werden. Er wird schwer verwundet und verliert im Kampfeinsatz beide Beine, die unterhalb der Knie amputiert werden müssen. Gleichwohl gerät er in Kriegsgefangenschaft aus der er, wegen seiner Verwundung, bereits im September 1945 entlassen wird. Hinrich de Vries aus Marcardsmoor bringt ihn aus Heilbronn mit, da er mit seiner Verwundung allein nicht laufen kann.

Der Bäckereibetrieb wird während der kriegsbedingten Abwesenheit von Bäcker Hinrich IV von Vater Hinrich III und mit der Hilfe eines Holländers (Vorname Günter) und einem entlassenen Soldaten namens Kurt Gröhler weitergeführt. In der schlechten Zeit nach Kriegsende werden die Bäckereien verpflichtet, dem Brotteig Maismehl beizumischen. Weil aber die Bäckerei Lübbers keine Probleme hat, Brotroggen zu besorgen, verzichtet man auf dieses Beimischen. Als Folge davon kommen die Leute von weit her, um das maisfreie Lübbers-Brot zu kaufen. Einmal werden wegen des Andrangs sogar die Fensterscheiben eingedrückt.

Bereits seit 1940 gab es den Plan, den Bäckerei- und Gemischtwarenbetrieb von Hinrich Lübbers IV um 5km nach Osten an das Zentrum der Moorgemeinde Marcardsmoor zu verlegen. Wegen des Kriegsgeschehens, wird dieses Vorhaben aber zunächst aufgegeben. Nach der Rückkehr von Hinrich IV aber, wird der Plan, trotz seiner schweren Behinderung, unmittelbar wieder aufgenommen. Sein Vater, immerhin bereits 69 Jahre alt, beginnt bereits im November 1945 mit Hilfe von Eka Tholen und ihrer Tochter Hilde, in Marcardsmoor-Mitte einen Back- und Gemischtwarenladen aufzubauen. Das Geschäft besteht zunächst nur aus einigen Zimmern des ehemaligen Arbeitsmaidenlagers, in denen mit dem Verkauf begonnen wird. Die Baracken des Arbeitsmaidenlagers waren aus Holz und standen am Ems-Jade-Kanal. Nach dem Krieg werden diese Baracken gekauft und auf einem eigenen Grundstück am Nordgeorgsfehnkanal wieder aufgebaut. Weil dort noch kein Backofen vorhanden ist, muss der Backbetrieb bis 1948 auf dem väterlichen Hof, der seinerzeit schon von dessen Sohn Hans und seiner Ehefrau Frauke geb. Camp bewirtschaftet wird, im alten Backhaus bleiben. Die Backwaren werden mit Pferd und Lore zum Geschäft transportiert. Am Anfang war alles erst einmal einfach und primitiv. Auf dem Hof des Vaters blieb auch nach dem Umzug eine Verkaufsstelle in einer Stube. Dieses einfache Brotlager zur Versorgung der Nachbarschaft im westlichen Marcardsmoor bleibt noch bis 1961 auf dem Hof.

1948 wird im neuen Geschäft in Marcardsmoor-Mitte ein Backofen eingebaut. Der wird zuerst noch mit Torf geheizt. Der Torf kommt nun aber nicht mehr direkt in den Backofen selbst, sondern in einen gesonderten Ofen seitlich vom eigentlichen Backofen. Man nennt dieses Verfahren *Dampfbacken*. Ab 1968 wird der Backofen mit Heizöl beheizt.

1958 baut Hinrich IV ein neues großes Geschäftshaus an der Stelle, an der vorher die Baracke gestanden hatte. Das neu entstandene stolze Wohn- und Geschäftshaus wird später noch erweitert und ausgebaut. Im Oktober

1957 feiern Hinrich IV und Elske Lübbers in einem großen Festzelt ihre silberne Hochzeit. Es werden sämtliche Kunden eingeladen und die Silberhochzeit wird so zu einem Fest, dass die kleine Gemeinde Marcardsmoor vorher noch nicht erlebt hat.

LUBBERS_HINRICH_D19K_051_SILBER03

LUBBERS_HINRICH_D19K_051_SILBER01

Silberhochzeit von Hinrich Lübbers IV und Elske Lübbers geb. Camp im Zelt 1957.

Sein Vater Hinrich III lebt bis zu seinem Tod im Jahre 1961 im Haushalt seines Sohnes und wirkt soweit es seine Kräfte zulassen stets aktiv im Haus und im Geschäft mit.

Hinrich IV erträgt seine schwere kriegsbedingte Behinderung stets mit bewundernswerter Geduld. Sein Leben auf zwei Beinprothesen hält ihn nicht davon ab, aktiv als Bäcker zu arbeiten, Motorrad und später auch Auto zu fahren, und sein Leben so gut es eben geht zu genießen. Unterstützt werden Hinrich und Elske Lübbers seit Ende der 40er Jahre von ihren Kindern Diedrich und Johanne. Diedrich absolviert eine Bäckerlehre und legt bereits 1958 seine Meisterprüfung ab. Hanne ist jahrelang im Haushalt und im Geschäft tätig, bis sie am 25. August 1956 den Landwirt Jan Lienemann (* 01.05.1930) heiratet und seitdem auf dessen Hof in der zweiten Reihe lebt und arbeitet.

LUBBERS_HINRICH_D19K_033

Hinten v. links: Frau Sigmund (Flüchtlingsfrau, die von 1945 bis 1952 bei der Lübbers-Famile wohnt), Frauke Lübbers geb. Camp. Vorn v. links: Hinrich Lübbers V, Elske Lübbers geb. Camp, Hinrich Lübbers IV und sein Sohn Diedrich Lübbers. Ende der 1940er Jahre auf dem Hof in Marcardsmoor.

Sohn Diedrich Lübbers heiratet Helga geb. Herden im Oktober 1960. Er übernimmt die Bäckerei und das Ladengeschäft von seinem Vater und führt es bis zu seinem Ableben am 11. Dezember 2000 mit seiner Familie weiter.

Hinrich IV und Ehefrau Elske leben bis zu ihrem Tod weiter im Obergeschoß des 1958 erbauten Geschäftshauses am Nordgeorgsfehnkanal.

JOHANNES LÜBBERS (1909—1958)

GENERATION II

Mein Vater JOHANNES LÜBBERS, der lebenslang stets *Hans* genannt wird, ist am 20. November 1909 als zweitältester Sohn seines Vater HINRICH LÜBBERS III und dessen Ehefrau Johanna geborene Arens in Rockwinkel, in der Gemeinde Oberneuland bei Bremen geboren.

Seine Jugendzeit wurde bereits im vorigen Abschnitt über das Leben seines um drei Jahre älteren Bruders Hinrich IV geschildert. Ihre Jugendjahre verbringen die Brüder zusammen, so dass sich in Bezug auf diesen Zeitabschnitt zu Beginn des 20. Jahrhunderts keine weiteren Aspekte ergeben. Der Leser wird deshalb auf diese Schilderung verwiesen.

Der frühe Tod seiner Mutter Johanna ist für den achtjährigen Hans sicher der erste schwere Einschnitt im seinem Leben. Die Familie zieht Ende 1918 oder Anfang 1919 nach Rechtsupweg auf den Hof des Großvaters. Etwa drei Jahre später, Hans ist inzwischen etwa 13 Jahre alt, trifft den Heranwachsenden ein zweites einschneidendes Ereignis. Sein Vater Hinrich III entschließt sich, ohne ihn nach Marcardsmoor zu gehen, um dort mit der Kultivierung von 11 Hektar wildem Moorland zwecks Aufbaues einer neuen Existenz zu beginnen. Hans lässt er in der Obhut seiner Stiefmutter auf ihrem Hof in Rechtsupweg zurück. Seinen gleichaltrigen Ziehsohn Heinrich nimmt er hingegen mit nach Marcardsmoor. Eine aus heutiger Sicht kaum verständliche Entscheidung. Unverständlich insbesondere deshalb, weil seine Schwiegermutter ihn aufgefordert hatte, den Hof des verstorbenen Vaters zu verlassen, weil sie ihre jüngste Tochter und deren Ehemann als Hofnachfolger auserkoren hatte. Hans bleibt etwa sieben Jahre auf dem Hof, getrennt von seinem Vater und später auch von seinem Bruder, der in Norden ab 1922 den Bäckerberuf erlernt. Auf dem Hof seiner Stiefgroßmutter leben mit Hans auch seine Tanten Antje, Janna, Alke und Lina.

Stiefmutter Gesche führt ein strenges Regiment. Ich kann mich erinnern, dass mein Vater und mein Onkel Hinrich IV noch in den 50er Jahren erzählten, dass die Kinder auf dem Hof ihre Holzschuhe zu Ostern abgeben mussten und diese erst im Herbst, wenn die Tage kälter wurden, wieder anziehen durften. Den ganzen Sommer verbrachten sie so ausschließlich barfuß. Sie erzählten auch, dass die Kinder sich tagsüber nicht ohne Erlaubnis der Stiefmutter im Wohnbereich des Hofes aufhalten durften. Gab es ein trockenes Vesperbrot am Nachmittag, so wurden die Kinder hereingerufen und durften sich ein Stück Brot nehmen, dass aufgereiht auf der Kante des Küchentisches lag. Man musste dabei möglichst schnell sein, um möglichst das größte Brotstück zu ergattern. Dabei soll es nicht immer friedlich zugegangen sein. Ich habe selten gehört, dass Kinder, die auf einem Bauernhof aufgewachsen sind, übermäßig Hunger gelitten haben. An den hier zitierten Erzählungen muss aber etwas dran gewesen sein. Überliefert ist durch meine Tante Elske, dass im Jahr 1927, als sie als Haushälterin auf den Lübbers-Hof in Marcardsmoor kam, mein Vater Hans deutlich unterernährt vom Hof seiner Stiefgroßmutter nach Marcardsmoor auf den Hof seines Vaters gekommen ist.

LUBBERS_HANS_D19L_045C

Johannes (Hans) Lübbers mit seinem Pferd *Fuchs* Anfang der 1950er Jahre.

Hans lebt und arbeitet fortan auf dem Hof seines Vaters HINRICH LÜBBERS III. Die Bäckerei seines Bruders HINRICH LÜBBERS IV floriert, die Landwirtschaft auf dem Hof wächst und daneben werden in den 30er Jahren Maschinen für Lohnarbeiten, z.B. eine Kornmühle und zwei Dreschsätze mit Lanz-Bulldogs angeschafft und erfolgreich betrieben. Mein Vater ist Zeit seines Lebens ein begeisterter Landwirt und Viehzüchter. Diesem Bereich widmet er auf dem Hof seine ganze Schaffenskraft. Ungern hilft er in der Dreschsaison als Werkführer bei den beiden Dreschsätzen aus, die im Herbst auf den umliegenden Höfen und bis in die Marschgebiete an der Küste unermüdlich unterwegs sind. Dabei geschieht im Herbst 1937 ein Unglück. Die Lanz-Bulldogs müssen zum Starten mit einer Lötlampe vorgeglüht werden. Hans erleidet bei dieser Arbeit durch eine explodierende Lötlampe schwere Verbrennungen, besonders im Gesicht und an den Händen. Er muss danach wochenlang im Krankenhaus in Jever behandelt werden. Durch seinen eingeschwollenen neuen Verlobungsring bekommt er dazu noch eine Blutvergiftung.

LUBBERS_HANS_D19L_022

Hans Lübbers mit dem Lanz Bulldog mit breiten Moor-Rädern etwa 1937 auf dem Hof in Marcardsmoor.

Zitate aus den Lebenserinnerungen meiner Mutter Frauke Lübbers geb. Camp: „*Mein treuer Hans und ich waren gute drei Jahre verlobt. Wir heirateten am 23. November 1940 in Marcardsmoor,wo ich zu meiner größten Freude nun für immer bleiben konnte. Bei unserer Hochzeit war Hans 31 und ich 28 Jahre alt. Schwiegervater Hinrich III war unser Trauzeuge. Er kam sogar zu spät zur Trauung, weil er in der Marsch bei der Dreschmaschine arbeitete. Wir hatten mit der Hochzeit so lange gewartet, bis Bäcker Hinrich IV mit seiner Bäckerei vom Bauernhof in die Dorfmitte von Marcardsmoor ziehen konnte. So war es zumindest geplant. Doch dann begann 1939 der Zweite Weltkrieg. Dadurch kam vieles anders.*

Nur 10 Wochen, so kurz war die Zeit des glücklichen Zusammenseins. Am 06. Februar 1941 wurde mein lieber Hans zur Wehrmacht eingezogen. Er wurde in Dedelsdorf ausgebildet: Am 06. April 1941 wurde er nach Gent in Belgien versetzt. Dann ging es am 04. Juni 1941 nach Polen. Hans war dann dabei, als am 22. Juni 1941 der Krieg mit Russland begann. Sein Weg führte ihn bis in die russische Stadt Orel, in deren Nähe damals die Front verlief. Der Rückmarsch seiner Einheit begann am 14. Oktober 1941 über Smolensk, Minsk und Wilna zurück nach Deutschland. Ich sah Hans erst am 19. November 1941 wieder, da kam er zum ersten Mal in Urlaub. Am 19. Dezember wenige Tage vor Weihnachten, musste er wieder weg. Das war hart. Sein neuer Einsatzort war nun Sizilien an der Südspitze Italiens.

Als Hilfe auf dem Hof hatten wir zum Glück Kriegsgefangene. Darunter waren Serben und auch Belgier. Anfang 1943 kam der Deutsch-Russe Krokowski zu uns. Der hatte sechs Jahre eine deutsche Schule besucht, war Lehrer von Beruf und sprach wie ein Deutscher. Er war ein sehr netter Mann und er arbeitete, als sei der Hof sein Eigentum. Zu meinem Mann sagte er einmal wie dieser am Ende seines Urlaubs wieder Abschied nehmen musste: „Solange ich hier bei Ihrer Familie sein kann, brauchen Sie sich nicht zu sorgen." Bei Kriegsende, als er frei war, versprach er uns zu schreiben. Aber leider hörten wir nie wieder von ihm.

Im Mai 1942 hatte Hans Urlaub aus Sizilien und im August 1942 noch einmal aus Sardinien. Am 21. Mai 1943 wurde unser Sohn Hinrich geboren. Hans kam erst im September 1943 in Urlaub, da war unser Sohn schon vier Monate alt. Im Jahre 1944 war Hans noch zweimal kurz auf Urlaub zu Hause. Besonders glücklich waren wir, dass er Weihnachten 1944 bei uns verleben durfte. Am 06. Januar 1945 musste er wieder fort.

Es war eine düstere Zeit und es war abzusehen, dass der Krieg wohl bald zu Ende sein würde. Das Leben und die Gesundheit der Männer war ständig bedroht. Das war für uns Frauen das Schlimmste.

Im Februar 1945 wurde Hans in Italien durch Granatensplitter im Bauch schwer verwundet. Er schwebte nach seiner schweren Verwundung in größter Lebensgefahr. Er musste, nach einem langen Lazarettaufenthalt, am 09. April 1945 noch wieder zurück an die Front und wurde kurz vor Kriegsende von englischen Soldaten in Nord-Italien am Po-Fluss gefangengenommen. Den Krieg hatte er, Gott sei Dank, lebend überstanden. Er schrieb am 08. Mai 1945 aus der Gefangenschaft einen Brief, den ich erst am 02. Januar 1946 bekam. Ich freute mich sehr, dass er noch lebte. Einen Monat später, im Februar, bekam ich dann eine Karte aus Ägypten. Diese trug das Datum vom 27. Mai 1945. Darauf stand lediglich, dass sich seine Personalnummer nach der Seereise geändert habe.

Ich fürchtete nun, meinen Mann nie wieder zu sehen. Drei Jahre des Hoffens, Bangens und des Sehnens mussten vergehen, bis wir uns wiedersehen durften. Erst am 30. März 1948 war der Tag gekommen, an dem wir uns nach so vielen Jahren der Trennung wieder in die Arme nehmen konnten. Wir waren sehr glücklich. Unser Sohn war schon fast fünf Jahre alt. Hans hatte ihn nur als Baby gesehen. Er war sehr glücklich, dass er wieder bei uns in der Heimat sein durfte. Aber er musste sich erst wieder im Leben zurechtfinden. Im August 1948 musste er für 11 Tage ins Krankenhaus. Er hatte Malaria und dazu eine Lungenentzündung. Mit der Malaria hatte er sich während seines Einsatzes auf Sizilien infiziert Aber auch diese erneute Bedrohung seines Lebens überstand er. Für uns war es das Schönste, dass wir nun nach sieben Jahren der Trennung wieder jeden Tag zusammen sein konnten."

Anmerkung: Die Ereignisse im Zusammenhang mit dem Militärdienst und der anschließenden Kriegsgefangenschaft von HANS LÜBBERS sind im Anhang 31 auf den Seiten 156 bis 169 so detailliert wie möglich dargestellt.

„Für meinen Hans und mich begann nach seiner Rückkehr aus der Kriegsgefangenschaft zunächst eine glückliche Zeit. Seine Brüder hatten beide eigene Familien und ein eigenes Zuhause. Wir waren nun für uns und konnten uns der Arbeit auf dem Hof widmen. Die Lohndrescherei war Mitte der vierziger Jahre aufgegeben worden. Zuletzt wurde sie nur noch mit fremden Kräften geführt, nachdem Schwiegervater Hinrich III sich dem Geschäft seines Sohnes Hinrich IV widmete. Die Lanz-Bulldogs wurden verkauft. Eine Dreschmaschine mit einer Strohpresse behielten wir auf dem Hof. Für unsere Nachbarn, die keine eigene Dreschmaschine hatten, wurde damit weiter gedroschen. Angetrieben wurde die Maschine nun mit einem Elektromotor, ebenso wie die Mühle, mit der wir noch bis Ende der 50er Jahre Korn für die Nachbarn gemahlen haben. In der Landwirtschaft und im Haushalt hatten wir am Anfang meist fremde Hilfe. Seit 1946 wohnten und arbeiteten Frau Sigmund, ihre Tochter Gerda und ihr Sohn Otto bei uns. Dies war eine Flüchtlingsfamilie aus Ostdeutschland. Die drei zogen 1951 nach Heilbronn. Danach kamen: Horst Lichtenstein (wanderte später nach Amerika aus), Martin Mäken aus Akelsbarg, Ida Völker, Ida Adams und Dini Brandes als Hilfskräfte auf unseren Hof. Auch Rolf Adams und Gerhard Gronewold, beide aus Akelsbarg, arbeiteten zeitweise für uns auf dem Hof. Rolf Adams blieb uns als Hilfskraft bis 1961 treu.

In den ersten 50er Jahren befassten wir uns ziemlich stark mit der Torfgewinnung. Der Torf wurde im Frühjahr von einer Arbeitergruppe (vier Mann) im Tagelohn (erst 5,00 DM später bis 20 DM Tageslohn) gegraben. Manchmal arbeitete Hans in der Gruppe mit. Meist war er aber mehr mit dem „Abbunken" der „Bauerde" sowie mit dem Trocknen des Torfes (Stuken und Bülten) beschäftigt. Die Arbeit im Moor begann oft um 5.00 Uhr morgens und endete oft erst spät in der Nacht. Im Sommer und im Herbst wurde der trockene Torf vom Moor an den Hauptweg gefahren und dort in großen Haufen aufgeschichtet. Von dort wurde er meist von den Sandbauern aus der Holtroper Gegend abgeholt. Für uns war das damals eine gute Einnahmequelle. Zum Ende der fünfziger Jahre wurde die Torfgewinnung mehr und mehr eingestellt. Zuletzt wurde nur noch für den eigenen Bedarf Torf gegraben. Mitte der fünfziger Jahre war das Moor endlich drainiert worden. Hans hatte sich hierfür immer stark eingesetzt und auch den Drainverband Marcardsmoor mit gegründet. Durch das Torfgraben hätten wir die wertvolle Drainage teilweise wieder zerstören müssen. Andererseits stiegen mehr und mehr Torfkunden auf andere Brennstoffe, damals meist Koks, um.

Wir waren sehr glücklich, als am 03. April 1950 unsere Tochter Frieda geboren wurde. Von unserem Sohn Hinrich hatte mein Mann in dessen schönstem Alter ja nicht viel gehabt. Nun war er doppelt glücklich. Die glückliche Zeit nach der Rückkehr von Hans aus der Kriegsgefangenschaft, nach der Geburt unserer Tochter und nach der wirtschaftlichen Aufwärtsentwicklung endete schon Anfang 1955. Hans bekam starke Schmerzen. Erst war die Ursache unklar, aber schon bald bestätigte sich der Verdacht, dass die bei der Verwundung 1945 zurückgebliebenen Granatsplitter die Ursache für die Schmerzen waren. Die Ärzte waren zunächst ratlos.

Eines morgens im Juli 1955 war Hans beim Melken. Plötzlich bekam er so starke Schmerzen, dass er sich kaum noch auf den Beinen halten konnte. Der Arzt erkannte erst am vierten Tag den Ernst der Lage und schickte Hans ins Krankenhaus nach Wilhelmshaven. Er wurde dort sofort operiert. Was war geschehen? Ein Granatsplitter hatte seine Lage im Bauch verändert und ein eiterndes Geschwür gebildet. Dieses Geschwür war geplatzt und hatte in vier Tagen bis zur Operation den gesamten Bauchraum durch Eiter, Blut und Darminhalt verunreinigt. Die Verdauungsorgane waren dadurch unheilbar geschädigt worden und arbeiteten in der Folgezeit nicht mehr normal.“

An dieser Stelle hat meine Mutter die Krankengeschichte meines Vaters ausführlich geschildert. Zusammengefasst geschieht von Juli 1955 bis April 1958 folgendes: Die Ärzte in den umliegenden Krankenhäusern in Wilhelmshaven, Sanderbusch und Sandhorst sind ratlos und überfordert. Das Hauptproblem ist offensichtlich dadurch entstanden, dass man meinen Vater nach seinem ersten Schmerzanfall im Juni 1955 mehrere Tage mehr oder weniger unbehandelt im Bett liegen ließ, statt ihn sofort zu operieren. Die durch dieses Versäumnis entstanden Schäden im Bauchraum sind danach nicht mehr heilbar und führen dazu, dass mein Vater fast drei Jahre permanent unter starken Schmerzen leidet und dann am 16. April 1958 im Krankenhaus Sandhorst, im Alter von nur 48 Jahren, stirbt.

Meine Mutter schreibt dazu:

„Am Morgen des 16. April wurde ich schon früh vom Krankenhaus angerufen. Ich solle gleich kommen, es gehe meinem Mann bereits die ganze Nacht sehr schlecht, das Herz wolle nicht mehr. Um 8.00 Uhr waren Schwager Hinrich und

ich bei ihm. Hans hatte die ganze Nacht nur meinen Namen gerufen. Um 9.30 Uhr starb er – und war nun von seinem Leiden erlöst. Ich blieb allein mit meinen beiden Kindern Hinrich und Frieda zurück."

LUBBERS_HANS_D19L_043

Hans Lübbers und Frauke geb. Camp mit den Kindern Hinrich V und Frieda. 1952 in Marcardsmoor.

Weil mit dem Tod meines Vaters im Prinzip auch die Geschichte des Hofes in Marcardsmoor zu Ende ging, will ich die Ereignisse nach April 1958, die zeitgeschichtlich durchaus erwähnenswert sind, an dieser Stelle schildern: Als mein Vater im April 1958 stirbt, bin ich 14 Jahre alt. Ich bin ein Jahr zuvor, also im Alter von 13 Jahren aus der achtklassigen Einraumschule Marcardsmoor II entlassen worden. Es steht bei allen Beteiligten ohne jeglichen Zweifel fest, dass ich als einziger Sohn den Hof meiner Eltern später übernehmen werde. Bereits seit 1955, seit Beginn der Erkrankung meines Vaters, bin ich zunehmend eine wichtige Arbeitskraft auf dem kleinen Moorhof, auf dem damals noch alles, wirklich alles mit der Hand gemacht wird. Die Arbeitskraft meines Vaters hat seit Beginn seiner Erkrankung permanent abgenommen und ist schon längere Zeit vor seinem Tod fast völlig erloschen. Meine Mutter ist stets eine außerordentlich starke Frau und erledigt in dieser schweren Zeit unglaublich viele Männerarbeit. Dennoch sind wir auf Hilfskräfte angewiesen, deren Bezahlung die Wirtschaftskraft des kleinen Hofes natürlich nachhaltig schwächt. Mein Vater sagt zu Lebzeiten: „*Wenn unser Sohn den Hof irgendwann übernehmen soll, dann soll er unbedingt eine richtige landwirtschaftliche Lehre absolvieren.*"

Ende der 50er Jahre kann man eine landwirtschaftliche Lehre durch den Besuch einer landwirtschaftlichen Berufsschule und daneben durch eine dreijährige praktische Arbeit in einem landwirtschaftlichen Betrieb abschließen. Zwei dieser Praxisjahre kann man im elterlichen Betrieb ableisten. Das dritte Ausbildungsjahr Jahr muss dann aber in einem Fremdbetrieb absolviert werden. Mein Vater setzt seine Absicht, mich eine landwirtschaftliche Lehre machen zu lassen bis kurz vor seinem Tod konsequent um, indem er für mich einen modernen landwirtschaftlichen Betrieb als Lehrstelle sucht. Die Wahl fällt auf den Bauern Heinrich Brinkmann in Düngstrup bei Wildeshausen. Mein Vater stirbt am 16. April 1958 und am 1. Mai 1958 trete ich im Alter von noch 14 Jahren eine einjährige Lehrstelle auf dem Brinkmann-Hof an.

Meine Mutter und meine damals acht Jahre alte Schwester Frieda bleiben allein auf dem Hof zurück.

LUBBERS_HINRICH_E43A_HAUS_MARCARSMOOR03

LUBBERS_HINRICH_E43A_HAUS_MARCARSMOOR02

Der Lübbers-Hof in Marcardsmoor im Jahre 1961.

Noch zu Lebzeiten meines Vaters wird etwa die Hälfte der landwirtschaftlichen Nutzfläche des Hofes (das sind etwa 5 Hektar) für die Zeit meiner Abwesenheit an Nachbarn verpachtet. Eine extrem harte Zeit für meine Mutter, die nun vor der Aufgabe steht, den Resthof mit den darauf lebenden Tieren für ein Jahr, allein mit ihrer schulpflichtigen Tochter Frieda und nur mit Unterstützung von temporär eingesetzten Hilfskräften, in Gang zu halten. Aus heutiger Sicht eine fast unvorstellbare Aufgabe für eine Frau.

Als ich ein Jahr später am 30. April 1959 auf den Hof zurück komme, ist und bleibt die Absicht, den Hof mit mir als Arbeitskraft weiterzuführen, zunächst unverändert. Ich packe nach Kräften mit an, habe aber fortan durch meine einjährige Mitarbeit auf einem für damalige Verhältnisse hochmechanisierten Geestbetrieb meinen mentalen Horizont und damit auch meine Erwartungen für die Zukunft deutlich erweitert. Mein größter Wunsch ist nun natürlich, die Mechanisierung des Betriebes voranzutreiben. Dabei steht im Vordergrund, das einzige Pferd im Betrieb, das sowohl für alle Transporte als auch für die Bodenbearbeitung eingesetzt wird, durch einen Trecker zu ersetzen. Es fehlen dazu aber die finanziellen Mittel. Der Einsatz von fremden Arbeitskräften, der schon während der dreijährigen Krankheit meines Vaters begonnen hatte und während meiner Abwesenheit noch verstärkt werden musste, hat den kleinen Moorhof verständlicherweise finanziell sehr belastet.

Etwa zwei Jahre später, im Frühsommer 1961, kommt bei mir und meiner Mutter und auch in Gesprächen meiner Mutter mit meinem Onkel Hinrich Lübbers IV die Idee auf, den Hof möglicherweise aufzugeben. Ein wirtschaftlicher Aufwärtstrend ist für den kleinen Hof nicht mehr abzusehen und es bietet sich die Gelegenheit, dass meine Mutter zusammen mit meiner seinerzeit 11 Jahre alten Schwester Frieda in den Haushalt ihrer Schwester Elske ziehen kann, auch um sie im Geschäftshaushalt zu unterstützen. Ich bin mit dieser Idee einverstanden, aber das bedeutet für mich natürlich, dass ich, inzwischen 18 Jahre alt, eine neue berufliche Perspektive finden muss. *(Weiteres zu meinem persönlichen Werdegang ist im nächsten Abschnitt aufgezeichnet.)*

Die Idee wird zum festen Entschluss, der im Spätsommer 1961 in die Tat umgesetzt wird. Der kleine Hof wird zur Verpachtung ausgeschrieben und eine Auktion für das lebende und das tote Inventar angesetzt. Im September 1961 zieht die Restfamilie in das Geschäftshaus von Hinrich und Elske Lübbers um.

Am 1. Oktober 1961 tritt Landwirt Adolf Janssen mit seiner Familie als Pächter auf dem Lübbers-Hof an. Die Janssen-Familie bleibt etwa 6 Jahre. Anschließend lässt sich der Hof nicht mehr als Ganzes verpachten, weil sich die wirtschaftlichen Verhältnisse in der Landwirtschaft damals immer rascher veränderten. Am 21. Mai 1968 mit Vollendung meines 25. Lebensjahres werde ich nach dem für den Hof geltenden Erbhofgesetz Hofeigentümer. Ich habe seinerzeit bereits eine Banklehre absolviert und arbeite als Bankangestellter bei der Raiffeisenkasse in Marx.

Landwirtschaftlich genutzte Flächen sind 1968 nicht sehr gefragt. Das gilt ganz besonders für nasses minderwertiges Hochmoorland. Es ist abzusehen, dass die zu erwartenden bescheidenen Miet- und Pachteinnahmen für das 1925 auf einem *schwimmenden* Fundament gebaute kleine Bauernhaus durch den zu erwartenden Erhaltungsaufwand auf Dauer voll und ganz verzehrt werden. Deshalb entschließe ich mich 1971 das Wohn- und Wirtschaftsgebäude zu verkaufen. Die landwirtschaftlichen Nutzflächen zur restlichen Größe von rund 10 Hektar sind inzwischen stückweise an benachbarte Landwirte verpachtet worden.

Ich heirate im Mai 1968 und ziehe mit Ehefrau Inge und unserem am 06. April 1969 geborenen Sohn Hendrik aus beruflichen Gründen nach

Rastede ins Ammerland. Bereits 1973 folgt der nächste berufliche Wechsel zur Raiffeisenbank Burhave in der Wesermarsch. 1976 verkaufe ich die restlichen Flächen des ehemaligen Lübbers-Hofes an den Landwirt Georg Wilke in Marcardsmoor. Ich habe zu jener Zeit einige Mühe einen Interessenten für die 10 Hektar Hochmoor zu finden. Entsprechend bescheiden fällt der damalige Erlös aus. Mit diesem Verkauf ist die Geschichte des Moorhofes in Marcardsmoor für die Lübbers-Familie nach 51 Jahren beendet.

Meine Tante Elske und ihr Mann Hinrich Lübbers IV, in deren Haushalt meine Mutter nach dem Verlassen des Hofes lebt, versterben 1970. Sie bleibt noch bis Juli 1972 in der Wohnung in Marcardsmoor, und zieht dann zu uns nach Rastede, in die Dachgeschosswohnung eines von uns gekauften Wohnhauses am Stratjebusch. Im Herbst 1973 wechsele ich beruflich zur Raiffeisenbank Burhave/Wesermarsch. Die gesamte Familie, einschließlich meiner Mutter, zieht im November 1974 nach Burhave um. Am 01. April 1983 beginne ich meine berufliche Tätigkeit als Vorstandsmitglied der Raiffeisenbank in Wittmund. Wir bauen dort ein Haus, in das die Familie im September 1983 einzieht. Meine Mutter lebt dort rund 10 Jahre in ihrer Dachgeschosswohnung.

Sie schließt ihre 1992 geschriebenen Lebenserinnerungen mit folgenden Worten: *„Nun wo ich diese kleine Geschichte zu Ende schreibe, nähert sich mein achtzigster Geburtstag. Ich kann auf ein arbeitsreiches, erfülltes Leben zurückblicken. Viel Leid, aber auch viel Freude hat dieses Leben bisher für mich bereit gehabt. Krieg, Krankheit und auch Schmerzen haben ihre Spuren hinterlassen, aber letztlich überwiegt doch die Freude am Leben. Auch wenn in meinem Alter und wegen meiner Krankheit in dieser hektischen Welt manchmal ein wenig Einsamkeit aufkommt – ein ruhiger Lebensabend in der Geborgenheit einer gemütlichen Wohnung, dazu gesunde, fleißige Kinder und Enkelkinder, das ist etwas worüber ich mich trotz meiner Beschwerden jeden Tag freue.*

Frauke Lübbers geborene Camp stirbt am 18. November 1994 im Alter von 82 Jahren im Krankenhaus in Wittmund und ist neben ihrem Ehemann Hans Lübbers, den sie 36 Jahre überlebt hat, auf dem Friedhof von Marcardsmoor beerdigt.

Zum Abschluss dieses Kapitels nun noch ein zusammenfassender Rückblick auf das Leben meiner Eltern Frauke und Hans Lübbers: Mein Vater lebt nur 48 ½ Jahre. Auf der positiven Seite seines Lebens stehen seine Kinderjahre von der Geburt 1909 bis ins Jahr 1916, in dem seine Mutter stirbt. Auch in den Jahren ab 1927, als er auf den Hof zu seinem Vater nach Marcardsmoor kommt, und dort als Hilfskraft in der Landwirtschaft und in der Lohndrescherei arbeitet, bis er 1941 im 2. Weltkrieg zur Wehrmacht eingezogen wird, lebt er ein relativ normales, wohl auch zufriedenes Leben.

Von 1941 bis 1948 ist er durch Kriegsdienst und Gefangenschaft fast acht Jahre von zu Haus fort, nur unterbrochen durch kurze Urlaubszeiten zwischen 1941 und 1945. *(Seine Militärzeit und die Kriegsgefangenschaft wird im Anhang* 31 *auf den Seiten* 156 *bis* 169 *noch genauer beschrieben.)* Auf der negativen Seite stehen außerdem die elf Jahre von 1916 bis 1927, die er unter härtesten Bedingungen, mehr oder weniger ohne Vater und Mutter, bei seiner extrem strengen Stiefgroßmutter auf deren Hof in Rechtsupweg verbringen muss. Ab 1941 folgen dann sieben Jahre als Soldat und Kriegsgefangener, die durch Trennung von der Heimat, von Frau und Kind, Gefahren, Todesängsten und von endlosem Leid in der Kriegsgefangenschaft geprägt sind.

Er selbst hat vor seinem Tod im Jahre 1958 oft gesagt, die Jahre von 1948 nach der Entlassung aus der Kriegsgefangenschaft bis 1955, dem Beginn seines kriegsbedingten Leidens, seien trotz härtester Arbeit, die schönsten sieben Jahre seines Lebens gewesen. Insgesamt war es ein kurzes, gefahrvolles, extrem arbeitsreiches Leben, dass man sich in unserer relativ friedlichen, zivilen und komfortablen Welt kaum noch vorstellen kann.

Meine Mutter war eine bewundernswerte Frau. Sie verbringt ihre Kinder- und Jugendzeit, wie damals üblich, auf dem Hof ihrer Eltern, wo sie bis Anfang 1940 auch als Arbeitskraft in Haus und Hof tätig ist. Mit ihrer Heirat 1940 zieht sie auf den Hof ihres Schwiegervaters nach Marcardsmoor. Mein Vater wird 1941 zum Kriegsdienst eingezogen und kommt, nur von kurzen Urlaubszeiten unterbrochen, erst 1948 zu ihr zurück. Sie trägt in der Zeit der Abwesenheit meines Vaters maßgeblich dazu bei, den Hof, der damals noch ihrem Schwiegervater gehört, von 1941 bis 1948 zu erhalten. Danach kommt dann die ebenso harte Aufgabe, den Hof wieder zu einer Existenz für ihre Familie zu entwickeln. Als mein Vater 1955 schwer erkrankt und dann nach dreijähriger Leidenszeit 1958 stirbt, nehmen die Anforderungen an ihre Arbeitsleistung fast unmenschliche Ausmaße an. Sie führt den Hof bis 1961 allein, und sorgt für ihre damals noch unmündigen Kinder. Die von ihr aufgebrachte Kraft und ihre Lebensleistung lassen sich mit den heute geltenden Maßstäben nicht mehr messen. In den rund 20 Jahren, in denen sie sich für den Hof, für ihren Mann, für ihre Kinder und auch für andere Menschen in ihrem Lebensumfeld aufgeopfert hat, hat sie fast ohne Unterbrechung täglich durchschnittlich 16 Stunden gearbeitet. 7 Tage in der Woche und 365 Tage im Jahr.

In ihrer kleinen Lebensgeschichte spricht sie 1992 davon, dass sie ein erfülltes Leben hatte.

HINRICH LÜBBERS V (1943)

GENERATION I

Als *Kriegskind* werde ich am 21. Mai 1943 in Marcardsmoor auf dem Hof meines Großvaters Hinrich Lübbers III geboren. Geburten finden in den Kriegsjahren und auch noch lange danach in der Wohnung der Eltern, normalerweise mit Hilfe einer Hebamme statt.

Mein Vater ist 1941 zur Wehrmacht eingezogen worden und zum Zeitpunkt meiner Geburt als Soldat auf Sardinien stationiert. Er kommt erst im September zu einem kurzen Urlaub nach Hause. Von den Verhältnissen in dieser Kriegszeit und vom Leben auf dem Moorhof in Marcardsmoor habe ich in den vorhergehenden Abschnitten bereits ausführlich berichtet.

Meine Mutter Frauke geb. Camp lebt zusammen mit ihrem Schwiegervater Hinrich Lübbers III, mit ihrem Schwager Hinrich Lübbers IV, mit ihrer Schwester Elske Lübbers (die gleichzeitig auch ihre Schwägerin ist), deren Kindern und wechselnden Hilfskräften, zu denen zeitweise auch Kriegsgefangene und eine dreiköpfige Flüchtlingsfamilie gehören, auf dem Hof in Marcardsmoor. Hier herrscht in den Kriegsjahren, und auch noch danach, ein reges Treiben. Neben der Landwirtschaft werden auf dem Hof eine Bäckerei, ein Gemischtwarenladen, eine Kornmühle und eine Lohndrescherei betrieben.

Mein Vater kehrt erst Ende 1948 aus der Kriegsgefangenschaft aus Ägypten zurück. Die Bäckerei und das Ladengeschäft sind zu diesem Zeitpunkt bereits nach Marcardsmoor-Mitte verlegt worden. Auf dem Hof verbleibt allein die Landwirtschaft und die nun dreiköpfige Familie meines

Vaters. Daneben lebt noch die dreiköpfige Flüchtlingsfamilie Sigmund auf dem Hof, die meines Wissens aus Schlesien stammt. Eine Mutter mit einem Sohn und einer Tochter, beide im Teenageralter. Mutter Sigmund hilft meiner Mutter bei der Arbeit in Haus und Hof.

Am 3. April 1950 wird meine Schwester Frieda geboren.

EXKURS: DIE MOORSCHULE MARCARDSMOOR II, ERBAUT 1922

Ostern 1949 werde ich, noch fünfjährig, in die achtklassige Einraum-Volksschule Marcardsmoor II eingeschult. Der Fußweg zur Schule beträgt rd. 2,5km. Fahrradfahren lerne ich erst später, weil es auf dem Hof nur zwei Fahrräder für Erwachsene gibt, die ich auf den losen, unbefestigten Wegen als fünfjähriger noch nicht handhaben kann. In der Schule sitzen in einem Raum durchschnittlich 45 Kinder von der Klasse 1 bis zur Klasse 8, also 5-6 Kinder pro Klasse. Es gibt stets nur einen Lehrer. Im ersten Schuljahr muss der Lehrer zunächst viel Zeit aufwenden, um den Kindern erst einmal die hochdeutsche Sprache beizubringen. Ich habe diesbezüglich einen Vorteil. Unsere Flüchtlingsfamilie spricht nur Hochdeutsch. In den zwei Jahren des Zusammenlebens auf dem Hof war ich deshalb schon bei meiner Einschulung mit der für Moorkinder nahezu unbekannten Sprache vertraut.

Die Schulzeiten sind klar geregelt: Montags bis Samstags, 1. bis 4. Schuljahr von 10:00 bis 13:00 Uhr, und das 5. bis 8. Schuljahr von 8:00 bis 13:00 Uhr. Stockschläge auf den Hintern (Jungens) und auf die offene Hand (Mädchen) gehören zum Schulalltag. Ebenso das *in der Ecke stehen*, die Schlingelbank (ganz alleine vorne beim Lehrer) und natürlich die Strafarbeiten bei irgendeinem Fehlverhalten. Am beliebtesten: Hundertmal *„Ich darf in der Schule nicht schwatzen"* in Schönschrift, als zusätzliche Schulaufgabe für den Nachmittag. Daraus folgt, dass in dieser Schule eine eiserne Disziplin herrscht. Zuwiderhandeln gegen die Schulregeln wird unmittelbar hart bestraft.

Die Schulnahrung: Butterbrot von zu Hause, Trinkwasser mittels Schwengelpumpe aus einer Regenwasserzisterne, in der im Sommer auch mal Frösche schwimmen. Und bei starkem Frost im Winter ist die Pumpe oft festgefroren und die Lippen kleben blitzschnell und schmerzhaft an dem kalten gefrorenen Eisen der Pumpe fest.

Geheizt wird die Schulklasse in der kalten Jahreszeit mit einem gusseisernen Torfofen. Den Brennstoff liefern in einem zweijährigen Rhythmus die Moorbauern, deren Kinder zur Schule gehen. Der Torf wird in einem gesonderten Torfschuppen gelagert. Beim Entladen der Torfwagen müssen die älteren Schüler stets mit anpacken. Die älteren Schüler sind auch für das stetige Nachfüllen des Torfkastens im Klassenraum zuständig.

Noch eine erwähnenswerte Besonderheit dieser Schule: In jedem Schuljahr wird am 1. Dezember der gesamte originäre Schulbetrieb eingestellt. Das Klassenzimmer wird umgeräumt und dient bis zum Beginn der Weihnachtsferien als Bastelraum für die Herstellung von Weihnachtsdekoration für die Weihnachtsfeier, für das Schneidern von Theaterkostümen, und für das Einstudieren von Liedern, Gedichten und kleinen Bühnenstücken. Die Schulbänke werden an der Frontseite des Klassenzimmers zusammengeschoben und mit von umliegenden Bauern geliehenen, etwa 4 bis 5 Meter langen Dielen aus Ackerwagen zugedeckt, so dass daraus eine stabile Bühne entsteht. Die Seiten werden mit Decken verhangen, um so einen beweglichen Bühnenvorhang zu haben. Und fertig ist die Theaterbühne für die Weihnachtsfeier. Am letzten Schultag vor Beginn der Weihnachtsferien findet dann in dem völlig überfüllten Klassenraum eine urige und gemütliche Weihnachtsfeier für die Schüler und ihre Angehörigen statt.

Wie es funktioniert hat, dass ein einziger Lehrer acht Jahre lang 45 gleichzeitig anwesenden Kindern aus 8 Klassen, ein ausreichendes Grundwissen für den Rest ihres Lebens vermittelt, kann man sich heute kaum noch vorstellen. Die bereits erwähnte Disziplin scheint das wichtigste Erfolgsgeheimnis dieser, seinerzeit in dünn besiedelten Regionen üblichen Schulform zu sein. Wie ein Lehrer die Aufmerksamkeit und die Konzentrationsfähigkeit von 45 Kindern in 8 unterschiedlichen Klassen in einem einzigen, nur etwa 60 qm großen Klassenzimmer aufrecht erhalten konnte, ist aus heutiger Sicht, selbst für einen Zeitzeugen, kaum noch vorstellbar.

Dass es funktioniert hat, haben hunderte von *Absolventen* dieser kleinen Moorschule bewiesen, indem die meisten von ihnen mit dem in dieser Schule erlernten Grundwissen ein erfolgreiches Berufsleben gemeistert haben.

Meine Schulzeit Zeit endet Ostern 1957 mit dem klaren Ziel, auf dem Hof meiner Eltern zu arbeiten und diesen eines Tages als selbständiger Landwirt weiterzuführen. Die Gründe dafür, dass ich dieses Ziel bereits nach vier Jahren Arbeit in der Landwirtschaft aufgebe, habe ich bereits im vorigen Abschnitt zum Leben meiner Eltern dargelegt.

Mit der Hofaufgabe im September 1961 stehe ich vor der Aufgabe, für mich eine neue berufliche Perspektive zu finden. Mein Onkel Hinrich Lübbers IV steht mir dafür als Berater bei.

Es ergeben sich seinerzeit zunächst drei Alternativen:

A. Ein Ausbildung als Landwirtschaftsinspektor (Vorschlag meines Lehrers der landwirtschaftlichen Berufsschule Friedeburg)
B. Ausbildung zum Polizisten
C. Ausbildung bei der Bundespost

Alle drei Alternativen erweisen sich aus verschiedenen Gründen als ungeeignet. Der Tipp des Rendanten unserer örtlichen Raiffeisenkasse bringt mich schließlich auf die Idee, mich bei der Raiffeisenkasse Werdum als Banklehrling zu bewerben. Er bezeichnet diese Bank mit Warenverkehr damals als *„beste genossenschaftliche Lehrstelle im Weser-Ems-Gebiet."*

Mein Onkel Hinrich IV begleitet mich zum Vorstellungsgespräch mit dem Rendanten Erich Onken nach Werdum. Dieses Gespräch endet mit der Zusage für einen Ausbildungsplatz. *(Mein weiterer Lebensweg ist im Anhang 34 auf Seite 189 stichwortartig skizziert.)*

LUBBERS_HINRICH_C28A_074

Hinrich Lübbers V *(Der Autor)* vor dem Lübbers-Hof in Marcardsmoor im März 2017.

ANHANG

Im den folgenden Abschnitten sind weitere Informationen zu unserer Familie gesammelt. Es handelt sich dabei weniger um ausformulierte Forschungsergebnisse, sondern eher um Stichpunktsammlungen, die noch einer späteren Überarbeitung bedürfen. Teilweise sind die gesammelten Informationen sehr bruchstückhaft. Dennoch erscheint es mir sinnvoll, die bisher gesammelten Daten hier anzufügen.

ANHANG

ANHANG 1

DIRCK HAYEN

* vor 1700, Sohn von Haye Dircks * 1665 und älterer Bruder von Lübbert Hayen I * 1704 [Zur Darstellung der Nachkommen von Dirck Hayen und dessen Ehefrau Etje Otten eignet sich am besten die Wiedergabe der Eintragungen im OSB von Engerhafe:]

2166 DIRCK HAYEN, *Haußmann in Victorbur,* * vor 1700, † 14.01.1729 in Victorbur, ∞I 9.7.1920 Etje Otten (OSB 2006), † 16.9.1727, ∞II 17.11.1728 Rixte Harms, Witwe von Willm Lubben (OSB 3603), mit dem sie 2 Kinder hatte.
Kinder aus Ehe I:
> Haye * 17.04.1721 VI, † 12.9.1730 *im Alter von 9 Jahren*
> Sara (Sarcke) (OSB 1258) * 16.01.1724, † 27.12.1813
> Tatje (OSB 1988) * 24.10.1726, † 1.9.1795

A. die Kinder, Schwiegerkinder und Enkel von Dirck Hayen:
1258 Bonne Ennen, *Warfsmann, Erb- und eingessessener Haußmann zu Victorbur,* * 12.3.1714 Vi, † 31.7.1800, ∞ 21.6.1743, **SARA DIRCKS**, * 16.1.1724, † 27.12.1813
Kinder:
> Enne Hinrichs Bonnen * 24.3.1745, † 21.12.1745

> Ette Bonnen (OSB 1412) * 26.9.1746, † 14.9.1783
> Enno Hinrich Bonnen * 15.8.1748, † 19.4.1767
> Dirck Hayen Bonnen (Thieben) (OSB 509) * 5.11.1750, † 19.10.1827 Utw

1988 Hinrich Harmens, *Erb- und eingesessener Hausmann, Kirchenverwalter in Victorbur.* * 1.9.1715, † 26.1.1800 Vi, ∞ 30.8.1743 Vi, **TATJE DIRCKS** * 24.10.1726, † 1.9.1795.
Kinder:
> Jantje Dirks (OSB 3108)
> Dirck Hinrichs (OSB 2439)
> Harm, *Hausmann in der Norder Marsch*, * 30.3.1751, † ?
> Gretje * 19.4.1756, † 7.10.1770 im Alter von 14 Jahren
> Sara (Saarcke) (OSB 761)
> Witje Hinrichs Dieling * 14.7.1764, † 1.11.1825 *als Jungeselle ertrunken*

B. die Enkel und von Dirck Hayen, deren Ehegatten und Kinder (Urenkel)
1412 Tiard Folpmes, *Heuermann, Hausman in Theene*, * 18.8.1744, † 4.7.1799 Vi, ∞ 26.6.1770, **ETTE BONNEN**, * 26.9.1746, † 14.9.1783 Coldinne/Arle
Kinder:
> Frauke Tiards (OSB 4333, 853)
> Bonne Ennen Tiards * 10.1.1744 Ol, † 13.5.1774
> Sara Tiards * 11.5.1775 Vi
> Hiske Tiards (OSB 1599)
> Marje Tiards (OSB Eng 1555) * um 1779
> Bonne Tiards * 1.9.1783 Coldinne, † 16.9.1809

509 **DIRCK HAYEN BONNEN**, *Hausmann zu Uthwerdum*, * 5.11.1750, † 10.9.1827, ∞ 5.5.1787 Antje Hinrichs (OSB 3534 / *interessante Geschichte bei den Daten des Vaters Hinrich Uffken Lewen*) * 8.5.1767, † 11.9.1812.
Kinder:
> Frauke Dircks (OSB 4646, 4650) * 16.7.1788, † 1.6.1882 ∞I 1809 Hicke Rimts, ∞II 1819 Jan Rimts
> Sara Dirks (OSB 2970) * 24.8.1790, † ?, ∞ 1814 Haye Janssen
> Eke Dircks (OSB 1227) * 13.12.1793, † ?, ∞ Harm Eilts
> Bonne Ennen (OSB 5196) * 27.12.1797, † 20.5.1781, ∞ Ahlke Hinrichs
> Claes Peters Dircks * 20.1.1803, † 26.3.1812 Vi

3108 Peter Janssen, *Warfsmann in Victorbur, Upende* (OSB Eng 4306) * 26.9.1762, † 7.9.1812, ∞ 1.3.1745 **JANTJE HINRICHS**, * 1.3.1745, † 18.12.1812

Kinder:
> Gretje Peters (OSB 3140) * 5.02.1769, † 7.11.1819, ∞ Tamme Janssen
> Tatje Peters (OSB 3109) * 21.1.1773, † 18.12.1812 ∞ Peter Janssen

2439 **DIRCK HINRICHS**, *Arbeiter in Uthwerdum, Victorbur, und weitere Orte,* *10.9.1784, † 6.3.1821, ∞ Hilcke Gerdes (OSB 2195), * 21.12.1768, † 11.5.1831 Neu Ekels
Kinder:
> Tadje Dircks (OSB 5076) * 11.12.1789, † ?, ∞ Berend Strate
> Elisabeth Dircks (OSB 1914) * 23.02.1791, † 28.5.1864, ∞ Edde Hangen
> Harm Dircks (OSB 1029) * 25.10.1797, † 25.7.1881, ∞ Aje Hangen
> Tjark Dircks (OSB 969) * 25.12.1799, † 30.5.1850, ∞ Gesche Redenius
> Wietje Dierks (OSB 970) * 19.03.1802, † ?.3.1878, ∞ Johanna Habben
> Jantjen Dircks (OSB 5560) * 03.12.1803, † ? *Ochtelb*, ∞ Hinrich Wermers
> Wobke Dirks * 02.03.1806, † 5.9.1807
> Etje Dircks * 13.08.1808, † 2.1.1861 *ledig*

761 Lübbert Hayen Claassen, *Hausmann in Victorbur (Sohn von Claes Lübberts),* *15.11.1762, † unbekannt, ∞ **SARA HINRICHS**, * 19.08.1759, † unbekannt
Kinder:
> Aagde * 16.01.1785 in Vi, † 1794 in Victorbur
> Hinrich Harms * 10.09.1786 in Eng, *Verbleib unbekannt*
> Tadje * 17.01.1789 in Eng, † 1789 *beerdigt in Vi.,*
> Tadje II * 23.01.1791 in Vi, *Verbleib unbekannt*
> Gretje * 23.10.1793 in Vi, *Verbleib unbekannt*
> Claes * 27.08.1796 in Vi, *Verbleib unbekannt*
[Auf Grund der fehlenden Verbleib- und Sterbedaten ist zu vermuten, dass die Famile nach 1796 aus dem Bereich der Kirchgemeinde Victorbur verzogen ist.]

Auf die Darstellung weiterer Personendaten der Nachkommen von Dirck Hayen wird auf Grund der großen Zahl der Nachkommen (27 Urenkel) und der sich daraus ergebenden weiten Verzweigung an dieser Stelle verzichtet. Weitere Daten ergeben sich nach den aufgeführten OSB-Nummern in den genannten Ortssippenbüchern.

ANHANG 2

ANTCKE ENNEN

Erste Ehefrau von Lübbert Hayen I. Die gemeinsamen Kinder von Lübbert Hayen und Antcke Ennen sind beide im Kindesalter gestorben. Deshalb gehört Antcke nicht direkt zu den Stammmüttern der heute noch lebenden Familienmitglieder. Die Darstellung ihrer Herkunft ist aber insbesondere deswegen interessant, weil sich hierdurch im Ansatz die verwandtschaftlichen Heiratsgewohnheiten der damaligen Zeit nachvollziehen lassen.

Die Eltern von Antcke Ennen: Vater: Enno (Enne) Hindrichs, *Haußmann in Victorbur,* gestorben am 9.10.1737 in Victorbur. Sein Geburtsdatum ist unbekannt. Nach dem Datum seiner Heirat (1702), dem Alter seiner Ehefrau (* 1678) und der Geburt seines ersten Kindes (* 1703) dürfte er etwa um 1675 geboren sein. Ob er aus Victorbur stammt bleibt somit (vorerst) ungewiss. Klar ist jedoch, dass er den größten Teil seines Lebens in Victorbur lebt. Er heiratet dort am 4.6.1702 Marje Dircks, seine 6 Kinder werden dort getauft und er wird dort 1737 auch bestattet.

Mutter: Marje Dircks, getauft am 3.1.1678 in Victorbur (also wohl auch dort geboren, und deren Eltern wohl auch in Victorbur wohnhaft - interessant auch deswegen, weil auch die Familie ihres späteren Schwiegersohnes den Namen Dircks trägt.) Marje Dircks Hindrichs stirbt am 7.5.1748 im Alter von 71 Jahren in Victorbur. Eintragungen im Kirchenbuch von Victorbur zu den Kindern von Enno und Marje Hindrichs:

> Hindrich Ennen, ~ 28.3.1703, Paten: Ubbe Gerds, Apke Hindrichs, Antje Peters und Trintke Esters), † 8.11.1772 in Vic., *70 J. Wassersucht, unverheiratet.*

> **ANTCKE ENNEN** (sie wird in den Eintragungen Aucke genannt) geboren in Theene, ~ 23.01.1707 in Victorbur, Paten: Haucke Allen, Hische Hindrichs), bestattet am 10.3.1730 in Victorbur. ∞ 4.6.1726 in Victorbur, Ehemann: Lübbert Hayen I.

> Dirck Jelten Ennen, ~ 2.6.1709 in Vic., Paten: Hinrich Janßen Tieben, Gerd Amckes, Foppe Dircks, Dirck Jelten.

> Bonne Hinrichs Ennen, ~ 15.1.1712 in Vic., Paten: Reemt Addichs, Tiedse Folpents. *„Enno Hinrichs Söhnlein Bonne Hinrichs bestattet am 1.12.1718."*

> Bonne Ennen, *Warfsmann, Erb und Eingesessener Haußmann zu Victorbur,* ~ 12.3.1714 in Vic., Paten: der Pastor, Harmen Addichs, Jelte Dircks. Kirchliche Trauung am 21.6.1743 in Vic. mit Sara (Sarcke) Dircks, ~ 16.1.1724 in Vic., deren Taufpaten: Sophie Bols, Gretje Harms, Lübbert Hayen. Sara war die Tochter von Dirck Hayen, *Haußmann in Victorbur* und dessen Ehefrau Etje Otten. [Anmerkung: Hier wird wieder Dirck Hayen aufgeführt. Dabei handelt es sich mit einiger Sicherheit um den älteren Bruder von Lübbert Hayen I und damit Sohn von Haye Dircks und Dewer Lübberts, der vorstehend auch als Taufpate seines Neffen aufgeführt wird. Seine Tochter Sara

(Sarcke) hat demnach den Bruder seiner Schwägerin geheiratet.] Bonne Ennen stirbt am 31.7.1800 im Alter von 76 Jahren in Victorbur.
> Elte Gerds Ennen, *Haußman in Victorbur,* ~ 7.6.16 in Vic., Paten: Ocke Tiards, Tadje Behrens. † 9.3.1750 in Vic., ∞ 15.12.1747 in Vic. mit Haucke Apckes Tjben, Dienstmagd, Vater: Apcke Hinrichs Tjben, *Haußmann in Wiegboldsbur.*

ANHANG 3
CLAS LÜBBERTS

Sohn von Lübbert Hayen I (1704-1751).
Clas und Aagde Reiners Lübberts haben gemeinsam zwei Kinder:
> Lübbert Hayen Classen * 15.11.1762 in Vic, *später verzogen nach Engerhafe,* † *unbekannt*
> DIRCK CLASSEN * 26.01.1768 in Vic
Aagde Reiners Lübberts stirbt am 01.1.1797 in Victorbur. Clas Lübberts stirbt (gem. Kirchenregister) am 4.6.1808 im für die damalige Zeit hohen Alter von 75 Jahren in Victorbur.
Ihr ältester Sohn Lübbert Hayen Classen (OSB 761) heiratet 1784 Sara Hinrichs und hat mit ihr die folgenden Kinder:
> Aagde * 1785 in Vi, † 1794 in Victorbur
> Hinrich Harms * 1786 in Engerhafe, *Verbleib unbekannt*
> Tadje * 1789 in Eng im, gleichen Jahr beerdigt in Vi.,
> Tadje II * 1791 in Vi, *Verbleib unbekannt*
> Gretje * 1793 in Vi, *Verbleib unbekannt*
> Claes * 1796 in Vi. *Verbleib unbekannt*
Wie sich aus Anhang 1 ergibt, ist Sarke Hinrichs die Urenkeltochter von Dirck Hayen (* vor 1700).
[Anmerkung: Die Angaben in den OSB Vi 761, Eng 472 weichen bei den Angaben der Kinder etwas voneinander ab. Hier darum eine kombinierte Wiedergabe.]
Lübbert Classen lebt um 1789 also offensichtlich vorübergehend (1786–1789/91) im Bereich der KG Engerhafe. Über den Verbleib und die Todesdaten seiner Kinder (Ausnahmen Töchter Aagde * 1785 und Tadje * 1789) enthalten die OSB von Victorbur und Engerhafe eigenartigerweise keinerlei weitere Angaben. Ebensowenig ist dort sein eigenes Todesdatum oder das seiner Ehefrau vermerkt. Dies deutet darauf hin, dass die Familie aus dem Bereich der Kirchengemeinden Victorbur und Engerhafe weggezogen ist.

Der zweite Sohn **DIRCK CLASSEN** (OSB 759) heiratet 1799 Metje Janssen * 1773 und hat mit dieser drei Kinder:
> Claas Dircks (OSB 368) * 1801 in Vi, *später verzogen nach Westerende*
> Almt Dircks * 1803 in Vi, † 1806 *an Scharlachfieber* in Vi
> Unbenannt * 1805 *bei der Geburt gestorben*
Ehefrau Metje stirbt am 8.12.1805 *im Kindbett.*
Dirk Classen heiratet in 2. Ehe 1807 die 1787 geborene Almt Rimts, Tochter von Rimt Hicken aus Upende. Mit ihr hat er 5 Kinder:
> Aagde Dircks * 1807 in Vi, † 1822 *an Auszehrung* in Vi
> Rimt Dircks * 1809 in Vi, † 1838 in Ochtersum, beerdigt in Vi
> **WILLM DIRCKS** * 1811 in Vi, † 1868 in Moordorf, beerdigt in Vi
> Lübbert Dircks * 1813 in Vi, † 1818 *an einem Ausschlage* in Vi
> Hilcke Dircks * 1815 in Vi, † 1820 in Vi
Dirk Classen erbt den Hof seines Vaters Clas Lübberts auf Grund einer testamentarischen Verfügung mit dessen Tod im Jahre 1808.
Dirk Classen stirbt am 18.9.1827 an *Auszehrung* und wird in Victorbur beerdigt. Als Erben werden zunächst seine bei seinem Tod noch lebenden Kinder Claas, Agde, Rimt, Willm, Lübbert und Hilke eingetragen. Die Söhne Claas und Rimt verziehen nach Westerende bzw. nach Ochtersum. Der zweitjüngste Sohn Willm Dircks überlebt seinen im Alter von 5 Jahren verstorbenen jüngeren Bruder Lübbert. Er bleibt so wohl auf dem Hof und übernimmt diesen später gegen Abfindung seiner überlebenden Geschwister als Alleineigentümer. Gemäß Grundbucheintragung werden die Erbanteile seiner Geschwister im Jahre 1836 auf ihn übertragen.

WILLM DIRCKS (OSB 1021) *1811, heiratet 1835 Haucke Janssen Evers * 1813 in Ekels. Willm Dirks wird im OSB 1021 als *Hausmann, Landgebräucher in Victorbur* bezeichnet. Mit seiner Ehefrau Haucke hat er 9 Kinder:
> Almt Rimts * 1836
> Trientje Switters * 1838
> Dirk Klaassen * 1840, *später verzogen nach Dykhausen/Neustadtgödens* (OSB 731)
> Ippe Jürgens * 1842
> Hilke * 1844
> Schwittert Janssen * 1846
> Aagde * 1849
> Jann Rimt * 1851
> Engel * 1854, † 1877, *ledig* in Vi
Vom weiteren Schicksal der Kinder ist nur folgendes bekannt: Dirk verzieht später nach Dykhausen (OSB 731), hat dort geheiratet, zieht nach Heppens und arbeitet dort

offensichtlich beim Bau des Kriegshafens Wilhelmshaven. Die jüngste Tochter Engel verstirbt 1877 ledig in Victorbur. Weitere Informationen enthalten die OSB von Victorbur, Moordorf und Engerhafe nicht.
Die Kinder von Willm Dircks erhalten, wohl zum letzten mal in der Familiengeschichte, den Vornamen ihres Vaters als Familiennamen, also: Willms.
Willms Dirks verkauft den von seinem Vater übernommenen Hof im Dezember 1858 an Jan Lübben Eckhoff (weitere Einzelheiten vgl. den Abschnitt zu Haye Dircks Lüberts (1731-1792).
Die Spur der Familie von Willm Dirks verliert sich hier im OSB.

ANHANG 4

FAMILIE ECKHOFF, VICTORBUR

Hoferwerber in Victorbur.
Im OSB von Victorbur findet man 13 Eintragungen zum Familiennamen Eckhoff. Zwei für diese Familienforschung interessante Eckhoff-Linien gehen auf einen im OSB unter der Nr. 4130 verzeicheneten N. Tyaden * ? (ist Cupers Schwager) zurück.
[Anmerkung: Bei Cuper handelt es sich möglichweisen um den im OSB unter Nr. 867 verzeichneten Cup, Hinricus Winandus, Prediger in Vellage (FB Vellage 203).]
Unter dem Namen Tyaden ist als Abkömmling nur Lubbe Tyaden (Tiaden) * 23.4.1673 (OSB 5321) verzeichnet. Dieser hatte 9 Kinder, unter denen ?? und Iddelt Tjarts Lübben * 28.8.1720, Warfmann, Heuermann, Bäcker, Gastwirt (OSB 3586) zwei Familienlinien begründen, die in Victorbur ansässig bleiben und beide in unterschiedlicher Ausprägung zu Landbesitz kommen, wobei die Linie von Iddelt Tjarts Lübben zu größerem Landbesitz kommt.
Ausweislich der Eintragungen im Flurbuch von Victorbur aus der ersten Hälfte des 20. Jahrunderts verfügt der Nachkomme Jann Iddelts Eckhoff seinerzeit bereits über mehr als 20 Hektar Land und Tjade Lübben (ältester Sohn) * 18.3.1703, Arbeitsmann und Grützmacher (OSB 3599) hat seinerseits 9 Kinder. Von denen ist der 5. Sohn Lübbe Tjaden * 1739, † 1831 Schuster und Warfsmann (OSB 5259) von Bedeutung. Dieser wiederum hat 5 Kinder, von denen Tiade Lübben Eckhoff * 1783, † 1853, plötzlich den Familinennamen Eckhoff trägt (OSB 1152).
[Anmerkung: Der Familienname Eckhoff taucht außer in der Linie des Iddelt Tjahrds Lübben im OSB 2620 fast zur gleichen Zeit bei dessen Sohn Johann Iddelts (Eckhoff) *1785 auf. Eine schlüssige Begründung dafür habe ich noch nicht gefunden.]

Tiade Lübben Eckhoff hat 5 Kinder. Der älteste Sohn **JAN LÜBBEN ECKHOFF** * 1817, stirbt im Mai 1877, offensichtlich ehe- und kinderlos. Er ist 1858 der Käufer des Familienbesitzes der Lübbers-Familien in Victorbur. Nach dem bereits zitierten Flurbuch verfügt er über mehrere landwirtschaftlich genutzte Grundstücke in Victorbur. 1876 bestimmt er (lt. Hypothekenbuch) seinen jüngeren Bruder Tjade Lübben Eckhoff * 1831 zu seinem Erben. Auch bei letzterem ist weder eine Heirat noch die Geburt von Kindern eingetragen. Offen ist, wann er stirbt. Das OSB endet mit dem Jahr 1900 und es ist zu vermuten, dass Tjade Lübben Eckhoff erst später gestorben ist. An wen sein Grundbesitz, zu dem auch der ehemalige Lübbers-Hof gehört haben muss, weitergegeben wird ist mir zur Zeit noch unklar. Möglich wäre, dass eines der fünf Kinder seines ebenfalls 1877 verstorbenen Bruders Lübbe Tjaden Eckhoff (OSB 1159) den Grundbesitz geerbt hat.
Weitere Nachforschungen in den Grundbüchern werden hierzu vermutlich genauere Erkenntnisse bringen können. Heute ist der Name Eckhoff in der Ortschaft Victorbur kaum noch vertreten.

ANHANG 5
FOOLCKE EHMEN

Ehefrau von Lübbert Hayen II, * 1757.
Die Eltern von Foolcke Hayen: Vater: Haye Ehmen, *Warfsmann in Uthwerdum*, später Wiegboldsbur, (an anderer Stelle auch als Warfs- und Heuermann bezeichnet.) Haye Ehmen ist 1773 im Alter von 48 Jahren in Wiegboldsbur gestorben. Demnach muss er im Jahre 1725 geboren sein. Im Register der KG Victorbur befinden sich von 1724 bis 1726 keinerlei Geburtseintragungen unter den Namen Hayen oder Ehmen. Dies deutet darauf hin, dass Haye Ehmen zwar bis etwa 1763 (Geburt seines Sohnes Ehme Hayen) dort gelebt hat, aber nicht dort geboren ist. Geburtsort und Geburtsdatum von Haye Ehmen sind im Kirchenbuch von Wiegboldsbur nicht verzeichnet. Haye Ehmen hat am 14.3.1756 in der Kirche von Bedekaspel Antje Peters geheiratet (s. OSB Bedekaspel Nr. 139).
Mutter: Antje Peters. Über Antje Peters sind bisher kaum aussagefähige Eintragungen gefunden worden. Nach Alter ihres Mannes und nach den Geburtsdaten ihrer Kinder zu urteilen, dürfte sie etwa um 1730 geboren sein. Sie stammt wohl aus der Kirchengemeinde Bedekaspel. [Hier wäre noch nachzuforschen.]

Kinder von Haye und Antje Ehmen:
> Haucke Hayen * 6.12.1756 in Victorbur. † 3.2.1757 best. in Bedekaspel.
> Foolcke Hayen * 23.8.1758 in Uthwerdum. † 5.6.1809 best. in Victorbur.
> Ehme Hayen * 9.12.1760 in Uthwerdum. † 13.9.1763 best. in Wiegb.
> Ehme * 25.12.1763. † 25.6.1766 dto.
> Peter Alberts * 25.4.1767. † ?
> Haucke * 30.9.1770. † 28.6.1771

Von den Kindern von Haye und Antje haben also nur Foolcke und ggf. Peter nach 1771 noch gelebt. Zu Peter wurden allerdings bis dato keine weiteren Eintragungen gefunden. Interessant ist es, an dieser Stelle die Taufpaten (soweit aufgezeichnet) der Kinder festzuhalten, weil dies u.U. einiges an verwandtschaftlichen Verbindungen erklärt:

Haucke I: Hinrich Apckes, Peter Albers, Trincke Janssen, Veycke Ehmen.
Foolcke: Tadde Ulphers, Gerdtjen Hayen, Woltje Jacobs.
Ehme I: Engelberth Waltjes, Hinrich Albers, Gescke Peters, Elisabeth Wilms.
Peter: Wilke Dircks, Hilke Peters.
Haucke II: Gescke Arends und Siver Gerjets.

Weiterhin wirft die jeweilige Todesursache der früh verstorbenen Kinder ein Licht auf die damaligen Verhältnisse in den Familien:

Haucke I: 1757 im Alter von 2 Monaten, Todesursache nicht genannt.
Ehme I: 1763 im Alter von knapp 3 Jahren, Todesursache nicht genannt.
Ehme II: 1766 im Alter von zweieinhalb Jahren an *hitzigem Brustfieber.*
Haucke II: 1771 im Alter von 10 Monaten an *einem Geschwulst am Unterleib, wozu sich Pocken gesellten.*

Warfs- und Heuermann Haye Ehmen ist am 16. Oktober 1777 in Wiegboldsbur *im 48. Jahr seines Alters* gestorben und dort auch beerdigt worden. Als Todesursache wird *Entzündungs-Colik* angegeben.

Im Kirchenbuch von Wiegboldsbur finden sich noch folgende weitere Todeseintragungen, die möglicherweise weitere Verwandte der Familie Haye und Antje Ehmen betreffen:

11.11.1742 Hinrich Peters
04.04.1748 Geelke Ehmen
07.12.1752 Jan Peters
09.04.1761 Gretje Lübberts
04.04.1756 Teute Hayen *(an Schwindsucht am Alter von 65 Jahren)*

Bei den Verstorbenen Hinrich Peters oder Jan Peters könnte es sich theoretisch um den Vater von Antje Peters gehandelt haben, der ggf. seinen Lebensabend bei der Familie seiner Tochter verbracht hat?

ANHANG 6

HEYE DIRKS LÜBBERTS

Ältester Sohn von Lübbert Heyen und Bruder von Peter Lübbers.
Aus den Eintragungen im Familienbuch der Kirchengemeinde Engerhafe:

2292 **LÜBBERTS, HEYE DIRKS**, *Arbeiter zu Engerhafe*, * 8.1.1781 Eng., † 18.3.1857 Eng.,(*Altersschwäche*), ∞ 23.2.1805 Eng. Antke Rohlfs, * 29.12.1780 Eng., † 11.12.1857 Eng. (*Wassersucht*). Ihre gemeinsamen Kinder:
> Lübbert Heyen * 29.05.1805 Eng., † 4.09.1839 Eng. (2295)
> Aaltjen Cornelius Heyen * 27.01.1808 Eng., † 24.6.1841 Eng. (2603)
> Roolf Janssen Heyen * 17.03.1811 Eng., † 12.4.1859 Eng. (1490)
> Peter Heyen * 06.09.1814 Eng., † 26.11.1859 Eng. (2296)
> Foelke Heyen * 22.11.1817 Eng., verh. N. Osteel (2528)
> Amke Heyen * 06.06.1821 Eng., † ? (678)

Die Kinder:
2295 **LÜBBERTS, LÜBBERT HEYEN** 2292, *Arb. und Col. zu Münkeboe*, * 29.05.1853 Eng., † 04.09.1939 Eng., ∞ 09.05.1830 Eng. Gretje Betels Fleßner, (V.: Betelt Christian Fleßner, Rechtsupweg * 1802)
Kinder:
> Betelt Lübberts * 11.12.1833, † 24.10.1907 in Rechtsupweg (2290)
> Heye Dirks Lübberts * 21.04.1831 Eng., *Verbleib unbekannt*
> Roelf Janssen Lübberts (2298)

2603 Peters, Jan Harms 2580, * 02.05.1808 Eng., † 29.03.1858 Eng. *Magenleiden*, ∞ 02.05.1835 Eng. **AALTJEN CORNELIUS HEYEN** 2292, * 27.01.1808 Eng., † 24.06.1841 Eng. *Wochenbett*
Kinder:
> Harm Janssen (2583)
> Heie Janssen * 06.09.1838 Eng
> Sohn † 16.06.1841

1490 **HEYEN, ROOLF JANSSEN** 2292. *Arb.*, * 17.03.1811 Eng., † 02.12.1859 Eng. *Lungenentzündung*, ∞ Ulfertje Everts Wichmann, (E: Evert Aries Wichmann ∞ Cornelia Geelts, Uttum),* ??.04.1811, † 14.10.1858)
Kinder:
> Cornelia Roolfs, * 28.09.1837 Uttum ? (397)

> Heie Lübberts, * ??.01.1840, † 23.07.1863 Eng. *Schwindsucht*
> Evert Roolfs, * ??.02.1843, † 05.05.1853 *im Militärdienst zu Hannover*
> Lübbert Roolfs, * ??.10.1844, † 12.03.1861 *Schwindsucht*
> Arien Roolfs, * ??.10.1847, † 19.03.1868 *Schwindsucht*
> Anke Roolfs, * 23.01.1852 Eng. (1760)

2296 **LÜBBERTS, PETER HAIEN** 2292, *Dienstknecht und Arb. zu Engerhafe*, * 06.09.1814 Eng., † 24.04.1839 Eng,. ∞ 09.05.1830 Ebbe Heeren, (V: Heere Weets, Ekels), * ??.03.1810, † 19.01.1887 Eng.
> Anke Peters * 17.06.1833 Eng.
> Siebentje Peters, * 16.11.1835 Eng., † 10.07.1877 Eng. (2584)
> Ahltjen Peters, * 21.12.1837 Eng., † 26.04.1863 *Schwindsucht* (2564)
> Antje Peters, * 21.11.1939 Eng. (2322, 346)
> Foolke Peters * 23.02.1843 (2324)
> Heere Weets * 16.01.1844 Eng., † 30.07.1869 *Schwindsucht*
> Amke Peters * 31.12.1845 Eng.(3102)
> Heie Dirks * 18.08.1848 Eng., (2293)
> Gretje Peters * 04.11.1851 Eng.

[Anmerkung: Im OSB von Wirdum wird Peter Haien Lübbers unter der Nr. 2747 ebenfalls geführt. Dies hängt damit zusammen, dass seine Töchter Anke Peters und Foolke Peters die Brüder Claas und Jan Maas in Wirdum heiraten. Über die beiden Töchter und deren Nachkommen findet man im OSB von Wirdum weitere umfangreiche Eintragungen.]

2528 Ommen, Tade, Osteel, ∞ 26.4.1845 Eng., **FOELKE HEYEN** 2292 * 22.11.1817 Eng.

678 Dirks, Nanne Ruldolphs 647, *Arb.*, * 31.08.1816 Eng., † 15.01.1881 Eng. *verünglückt auf dem Bahnhof zu Emden*, ∞ 23.07.1843 Eng. **AMKE HEIEN LÜBBERTS** 2292 * 06.06.1821
Kinder:
> Tochter * 22., †23.11.1843 Eng.
> Gretje Nannen, * 26.01.1845 Eng. (1217)
> Amke Nannen * 27.08.1848 Eng., † 21.10.1855 Eng. *Keuchhusten*
> Heie Dirks Lübberts * 18.03.1852 Eng.
> Dirk Nannen, * 09.09.1855 Eng., † 26.05.1899 Eng. (644)
> Anke Nannen, * 24.03.1860 Eng.
> Roolf Janssen, * 23.041865 Eng.

Nachstehend sind, soweit sie im Familienbuch der Kirchengemeinde Engerhafe aufgeführt sind, nur die männlichen Enkelkinder und Urenkelkiner von Heye Dirks Lübberts erfasst, weil sie den Familiennamen Lübberts fortführen.

Die Enkelkinder:
Sohn **LÜBBERT HEYEN LÜBBERTS** 2295 hat folgende Stammhalter:
2290 LÜBBERTS, BETELT 2295, * 11.12.1833 Eng., † 24.10.1907 in Rechtsupweg. ∞ 22.9.1861 in Marienhafe, Hilke Ippen Peters * 21.9.1864 in Uttum, † 27.5.1864 in Schott. Betelt Lübberts zieht im Zusammenhang mit seiner Heirat in die Kirchengemeinde Marienhafe. Seine Frau stirbt 1864, also etwa drei Jahre nach ihrer Heirat in Schott. Die Eltern von Hilke Ippen Peters sind Ippe Theesen Betels und Ehefrau Antje Everts Wichmann. Betelt und Hilke Lübbert haben ein gemeinsames Kind: Antje Betels Lübberts, * 25.12.1861

2298 LÜBBERTS, ROELF JANSSEN 2295, *Schuster zu Münkeboe*, * 27.11.1836 Eng., ∞ 21.09.1871 Eng., Renske Janssen Frerichs 957, * 25.01.1830 Wiegboldsbur, (∞I 2913)
Kinder:
> Lübbert Rolfs * 04.04.1872 Eng.
> Heie Rolfs * 18.12.1875 Eng.
[Anmerkung: Münkeboe, der Wohnort der Familie Roelf Lübberts gehört früher zur Kirchengemeinde Engerhafe und wird später zusammen mit Moorhusen eine selbständige Kirchengemeinde. Deshalb fehlen im OSB Engerhafe weitere Angaben, wie z.B. die Sterbedaten der Eheleute Roelf und Renske Lübberts, sowie weitere Daten der Kinder.]

Der Sohn **ROLF JANNSEN HAYEN** 1490 führt eigenartigerweise den Familiennamen Heyen statt Lübberts. Seine drei Söhne sind sämtlich früh verstorben und haben deshalb offensichtlich keine Nachkommen hinterlassen.

Sohn **PETER HAIEN LÜBBERTS** 2296 hat insgesamt neun Kinder, davon zwei unehelich. Sohn Heere stirbt im Alter von 25 Jahren an Schwindsucht und hat somit vermutlich keine Nachkommen; bleibt:

2293 LÜBBERS, HEIE DIRKS 2296, *Arb. zu Eng.*, * 18.08.1848 Eng., ∞ 16.04.1883 Eng., Huilke Gerdes Frerichs 953 * 14.10.1855 Eng.
Kinder:
> Peter Heyen * 18.03.1884 Eng
> Gerd Frerichs * 07.05.1886 Eng.

> Ebbo Heeren * 05.06.1889 Eng.
> Heere Weets * 25.01.1892 Eng
> Renske Thaden * 03.05.1896 Eng.

Vorläufiges Resümee:
Der Familienname Lübbers bzw. Lübberts kommt im Familienbuch der Kirchengemeinde als Stammname neunmal vor. In sieben Fällen besteht ein direkter Zusammenhang mit unserer Lübbers-Familie. In zwei Fällen besteht dabei eine direkte Verbindung zur Linie meiner Familie und zwar unter der Randnummer 1485 Lübbert Heyen, Vater von Heye Lübberts und Peter Lübberts und unter der Randnummer 2294 I (heiratsbedingt) Hinrich Lübbers I.
In zwei Fällen (a. Randnummer 2291 Christian Harms Lübbers und b. Randnummer 2297 Peter Janssen Lübberts) konnte eine Verbindung (noch) nicht gefunden werden.
Die Erfassung von Personendaten im Familienbuch der Kirchengemeinde Engerhafe endet mit dem Jahr 1900. Deshalb ist eine weitere Verfolgung der vorstehend aufgeführten Stammhalter mit Hilfe dieser Dokumentation nicht möglich.
A. Söhne von Lübbert Heyen Lübberts 2295, *Arbeiter zu Münkeboe:*
Lübbert Rolfs Lübberts, geboren am 04.04.1871 und
Heie Rolfs Lübberts, geboren am 18.12.1875 sowie
B. Söhne von Heie Dirks Lübbers 2296, *Dienstknecht u. Arbeiter zu Engerhafe*
Peter Heyen Lübbers, geboren am 18.3.1884
Gerd Frerichs Lübbers, geboren am 07.05.1886
Ebbo Heeren Lübbers, geboren am 05.06.1889
Heere Weets Lübbers, geboren am 25.01.1896

ANHANG 7
HEIKE HINRICHS ISEBRANDS

Ehefrau von Peter Lübbers (1785 – 1844).
Hilda Bruns aus Canum, die mir bei der Forschung in den Kirchenbüchern von Loquard sehr geholfen hat schreibt zur Schreibweise von Namen der Pastoren in alter Zeit folgendes: „*Die Schreibweise der Namen in früherer Zeit erfolgt willkürlich. Die Pastoren schrieben nach Gehör. Die Leute hatten keine Ausweispapiere wie heute. Manchmal schrieb der gleiche Pastor die Namen mal so mal so. Es hat also keine große Bedeutung, wenn*

im KB Ihsebrand, Ysebrand oder Isebrand steht." Im Verlauf der nachstehenden Erläuterungen wird deshalb, unabhängig davon was die Pastoren in den Originaleintragungen jeweils geschrieben haben, die einfachste Schreibweise Isebrands verwendet.

ISEBRAND REINDERS (BEHRENDS), *Arbeitsmann*, * 1736, † 26.7.1797 *an Stickfluß*, ∞ 21.4.1765 Haike Hinrichs, * 14.4.1743, Taufpaten: ihr Vater und ihre Großmutter Heike Hinders, † 26.7.1774 *an Seitenstechen.*
Eltern der Ehefrau: Hinrich (Hinderk) Izen, Ehefrau Altien (Altje) Daniels. Die Großmutter von Haike Hinderks hieß Heike Hinders.
Kinder:
> Gretje * 02.11.1765, † 09.12.1765
> Tochter N.N. * 13.11.1766, † 13.11.1766
> HINRICH * 03.02.1768, † 30.01.1825
> Berend * 24.04.1772, † 14.06.1776

HINRICH ITZEN ISEBRANDS, *Schustermeister (1812 auch Feldschütze)* * 03.02.1768, † 30.01.1825, ∞ Mettje Mecken Eilerds, * 15.10.1766, † 5.9.1854.
Eltern der Ehefrau: Eilert Mekken, Arbeiter, * 1725, † 19.11.1773 *an faulendem Fieber*, ∞ 27.4.1755 in Groothusen Metje Dircks * 1736, † 1792 in Loquard *an einem Geschwür.*
deren Kinder:
> Dirk * 19.02.1757 Groothusen, † 19.11.1773 *an faulendem Fieber, wie sein Vater*
> Mettje * 28.04.1765, † 10.05.1765
> METTJE II * 15.10.1766, † 26.07.1854
> Evke * 07.11.1770, † ?
Metje Dirks heiratet nach dem Tod ihres ersten Ehemannes Eilert Mekken (sie ist etwa 11 Jahre jünger als er) offensichtlich noch zweimal.
∞ II: 27.4.1777 Ehemann Roelf Coerds * 1725, † 1780
∞ III: 1786 Ehemann Peter Hinrichs
Soweit zu den Eltern, Großeltern und Geschwistern der Ehefau von Hinrich Isebrands.

ANHANG 8

BARBER & AMKE FOLKERTS JANSSEN

Barber Folkerts Janssen * 1813, ∞ 1840, † 1845

Amke Folkerts Janssen * 1823, ∞ 1846, † 1858

1. und 2. Ehefrau von Lübbert Heyen Lübbers * 1813

Die Vorfahren der Genannten:

Frerik Arens, Upende (OSB Eng. 1229), * 13.7.1674

> dessen Sohn: Goeke Frerichs, Upende, * ?, † ?, ∞ 15.4.1691 in Marienhafe: Anne Elisabeth Daniels (Vater: Daniel Ruhrschriders geb. in Hessen)

> deren Sohn: Daniel Goeken, Arbeiter auf der Dreesche bzw. *geringer Arbeitsknecht*, * ?, † 6.1.1752, ∞ 4.5.1732 Wüpke Siebens * ?; † ?, (Vater: Siebe Folkerts, Tagelöhner Osterupgant, † 1732)

> deren Sohn: Göke Daniels, Kleidermacher zu Marienhafe, * 8.3.1746 auf der Dreesche, † 10.3.1828 Marienhafe, ∞ ?.8.1780 in Marienhafe Barber Folkerts, *21.10.1750 Dreesche, † 24.5.1830 Osterupgant bei ihrem Sohn Folkert. (Eltern: Vater Folkert Gerdes, Bäcker, * 29.8.1725 Marienhafe, † 26.8.1794 Marienhafe, Mutter Christine Eberhardine Tiers, * ?, † 31.3.1753 Marienhafe)

> deren Sohn: Folkert Göken Janssen, Schustermeister zu Marienhafe, * 14.11.1783 Marienhafe, † 10.3.1828 Marienhafe. ∞ 24.12.1808 in Marienhafe Trientje Jelschen, * 29.3.1781 in Osterupgant, † 2.3.1837 in Osterupgant. (Eltern: Vater Jelsche Heyen, Hausmann zu Upgant und Armenvorsteher, *16.1.1749 in Bangstede, † 6.1.1820 in Osterupgant, Mutter Altjen Ommen, * 22.2.1750 in Engerhafe, * 26.9.1825 in Osterupgant)

> deren Kinder:

Goeke Folkert Janssen * 14.07.1810

Ahltjen Janssen * 27.12.1811

Barber Folkerts Janssen * 20.12.1813 (1. Ehefrau von Lübbert Heyen Lübbers)

Frauke Folkerts Janssen * 17.10.1815

Jeltsche Folkerts Janssen * 15.08.1817

Heye Janssen * 26.05.1819

Folkert Folkerts Janssen * 12.04.1821

Amke Folkerts Janssen * 26.12.1823 (2. Ehefrau von Lübbert Heyen Lübbers)

ANHANG 9

HILLCKE REDENIUS

3. Ehefrau von Lübbert Heyen Lübbers
[...]

ANHANG 10

FOLKERT GÖKEN LÜBBERS

1. Sohn von Lübbert Heyen Lübbers * 3.3.1813, † 27.7.1888
Folkert Göken Lübbers, * 5.8.1840 / Mutter: Barber geb. Jannsen
Wurde nach seinem Großvater mütterlicherseits Folkert Göcken Janssen benannt. Erst die Erbauseinandersetzungsurkunde vom 16.11.1888 zeigt, dass er spätestens ab dem Jahr 1877 (vermutlich schon früher) in Hamburg gelebt hat. Er hat seinerzeit den Maler Herbert S. Müller, wohnhaft zu Mühlenloog (Ortsteil von Marienhafe) notariell beauftragt, ihn in der Erbschaftsangelegenheit seiner verstorbenen Eltern zu vertreten. Als Ausweis wird dort eine Gewerbeanmeldung als Schmied mit dem Datum vom 24.8.1877 zitiert. Folkert Göken Lübbers ist also als Schmied seit 1877 in Hamburg einer selbständigen Tätigkeit nachgegangen. Weiteres über ihn ist vorläufig unbekannt. Ein *Rundbrief* an alle im Telefonbuch von Hamburg aktuell verzeichneten Lübbers-Familien ist erfolglos geblieben. Einige der Angeschriebenen haben zwar geantwortet, wussten jedoch nichts über eine Verbindung zu Folkert Lübbers oder konnten dies definitiv ausschließen. Der größte Teil der angeschriebenen Personen hat sich nicht gemeldet. So bleibt der weitere Lebensweg von Folkert Lübbers und die Frage nach seinen Nachkommen unbeantwortet.

ANHANG 11
TRIENTJE JELSCHEN JANSSEN LÜBBERS

Älteste Tochter von Lübbert Heyen Lübbers * 3.3.1813, † 27.7.1888
Trientje Jelschen Janssen Lübbers, * 3.1.1843, † 1.1.1919 / Mutter: Barber geb. Janssen.
Wurde nach ihrer Großmutter mütterlicherseits benannt. Sie heiratete später Mimke Focken Mennen Heien Mennenga, wohnhaft auf der Schottjer Dreesche. Weitere Details hierzu müssen noch erforscht werden. Hier ergibt sich die Verbindung zur Familie von Jan Mennenga in Leezdorf.

ANHANG 12
PETER LÜBBERS II

2. Sohn von Lübbert Heyen Lübbers * 3.3.1813, † 27.7.1888
Peter Lübbers *9.12.1844, † 6. APRIL 1871 / Mutter: Barber geb. Janssen
Wurde nach seinem Großvater väterlicherseits benannt. Unbekannt ist, wo und wie Peter Lübbers in seinen Jünglingsjahren gelebt hat. In einem Buch mit Sterbedaten der Kirchengemeinde Marienhafe *(genaue Bezeichnung unbekannt, es liegt lediglich eine Kopie von F. Tjaden vor)* findet sich folgende Eintragung:
Lfd. Nr. 6 Hannover im Garnisonslazareth
Peter Lübbers. Ulan bei der Ersatz-Schwadron des 1. Hannoverschen Ulanen-Regiments Nr. 13, gebürtig aus Schott, 26 ¼ Jahre alt. Todesart: Schwindsucht.
Bemerkungen: Diese Eintragung geschah auf Grund eines von der königlichen Garnisons-Lazareth-Komission zu Hannover a.D. 6. April 1871 ausgefertigten Totenscheines. Eingetragen im Kirchenbuch 24. April 1871.
Diese Eintragung zeigt also dass Peter Lübbers im Alter von 26 Jahren Soldat war und 1871 an Schwindsucht gestorben ist. Es war dies die Zeit des deutsch-französischen Krieges.

ANHANG 13
HEIKO LÜBBERS

Sohn von Lübbert Heyen Lübbers * 3.3.1813, † 27.7.1888
Heiko Lübbers, * 25.8.1847 / Mutter: Amke geb. Jannsen
Wurde offensichtlich nach seiner Großmutter väterlicherseits benannt. Eine Person namens Heike Müller aus Groß-Midlum taucht im Erbteilungsvertrag vom 16.11.1888 als Miterbin auf. Hierbei handelt es sich offensichtlich um einen Schreibfehler, also um Heik**o** Lübbers.
Im Ortssippenbuch der Kirchengemeinde Groß-Midlum ist folgende Eintragung zu finden.

Lübbers, Heiko: Dorfschiffer, ∞ Antje Behrends Janssen
* Amke Behrends am 7.4.1882

Diese Eintragung zeigt, dass Heiko Lübbers 1882 (Geburt seiner Tochter Amke) bis mindestens 1888 (s. Erbauseinandersetzungsvertrag) in Groß-Midlum gelebt hat. Er hat den Beruf seines Vater, nämlich (Dorf-)Schiffer ausgeübt. Auch seine Ehefrau Antje geb. Janssen stammt offensichtlich nicht aus der Gemeinde Groß-Midlum. Über ihre Herkunft finden sich dort keine Hinweise. Sterbedaten sind im OSB Groß-Midlum ebenfalls nicht verzeichnet. Die Familie von Heiko Lübbers ist also irgendwann nach 1888 wieder aus Groß-Midlum weggezogen. Weitere Hinweise finden sich dazu derzeit nicht.

ANHANG 14
BARBALINA LÜBBERS

Tochter von Lübbert Heyen Lübbers * 3.3.1813, † 27.7.1888
Barbaline Lübbers, * 17.9.1851 / Mutter: Amke geb. Jannsen
wurde, in Abwandlung des Vornamens Barber, nach der ersten Ehefrau ihres Vaters und Schwester ihrer Mutter benannt.
Barbaline Lübbers heiratet am 4.7.1875 den Dienstknecht Harm Eilts Ihnen, geboren 1844 in Nesse. Ihr Beruf wird bei der Heirat mit Dienstmagd angegeben.
Die Eltern von Harm Ihnen sind Eilt Hinrichs Ihnen * 1791 in Nesse, † 22.4.1858 in Südarle und Margarethe geb. Harms. Seine Großeltern väterlicherseits sind Hinrich und Antje Harms Hinrich Ihnen.

Barbaline und Harm Ihnen hatten folgende Kinder:
Eilt Harm Ihnen * 09.09.1875 in Osterupgant
Lübbert Harm Ihnen * 17.2.1877 in Osterupgant, † 8.11.1943 in Upgant
Heiko Antoni Ihnen * 11.6.1887 Osterupganter Äcker, † 12.3.1958 in Grimersum
Margareta Ihnen * 26.5.1890 Osterupganter Äcker
Amke Alina Ihnen * 8.04.1893 Osterupganter Äcker, † 13.11.1981 in Upgant-Schott
Die vorstehenden Geburtsangaben der Kinder zeigen, dass Barbaline und Harm Ihnen lange Zeit im Raum Osterupgant gelebt haben.

ANHANG 15
AALTJEN LÜBBERS

Tochter von Lübbert Heyen Lübbers * 3.3.1813, † 27.7.1888
Aaltjen Lübbers, * 28.2.1854 / Mutter: Amke geb. Janssen
Wurde nach ihrer Urgroßmutter mütterlicherseits (Ahltjen Janssen) benannt. Wird in der Erbauseinandersetzungsurkunde vom 16.11.1888 als Miterbin aufgeführt.
Sie heiratet Göke Meints aus Osteel.

ANHANG 16
JACOB LÜBBERS

Sohn von Lübbert Heyen Lübbers * 3.3.1813, † 27.7.1888
Jacob Lübbers * 27.3.1860, † 1936 / Mutter: Hillke geb. Redenius
Wird nach seinem Großvater mütterlicherseits (Jacob Lammers Redenius) benannt.
Er heiratet am 15.3.1884 in Marienhafe Amke Martina Janssen * 31.7.1861 in Osteel, † 1952. Bei seiner Heirat wird er als *„Dienstknecht in Rechtsupweg“* bezeichnet.
Die Eltern der Braut sind: Der Dienstknecht Jan Marten Janssen * 2.2.2830 in Osteel und Ida Hinrichs Janssen geb. Bents † 31.10.1833 in Rechtsupweg.
Die Großeltern: a) väterlicherseits: Marten Janssen, Weber in Osteel und Amke Coordes Janssen geb. Ommen. b) mütterlicherseits: Hinderk Kneljes Bents und Jütje Bents geb. Rensen.

Jacob und Amke Lübbers haben folgende 10 Kinder:
Jan Hilko Lübbers * 27.8.1884 in Rechtsupweg
Hilko Jacobs Lübbers * 1.04.1887 in Osterupganter Äcker
Ida Amkea Lübbers * 9.05.1889 dto.
Lübbo Johannes Lübbers * 15.4.1893 dto.
Hinrich Lübbers * 29.10.1893 dto.
Amke Lübbers * 8.12.1895 dto.
Antje Lübbers * 22.3.1900 dto.
Jacob Lübbers * 6.02.1900 dto.
Charlotte Jürine Lübbers * 28.10.1904 dto.
Harm Göko Lübbers * 13.5.1907 dto.

Die Eheleute Jacob und Amke Lübbers leben also lange Zeit in Osterupganter Äcker. 1888 erbt Jacob von seinem Vater Lübbert Lübbers ein kleines Stück Moorland, welches er 1921 wieder verkauft. Er selbst ist aber vermutlich Hilfsarbeiter in der Landwirtschaft.

Jacob Lübbers ist in der bereits zitierten Erbteilungsurkunde vom 16.11.1888 als *„Jacob Lübbers aus Osterupgant"* aufgeführt. In dieser Urkunde erbt er als einziger Sohn neben dem Hoferben Hinrich Lübbers ein Stück Land. Zitat aus der Urkunde:

„ [...] 1. an den Komzeranten (?) Jacob Lübbers die südliche Hälfte des Moorastes in Rechtsupweg nebst Untergrund für 674 Mark und 9 Tagwerk Torf für 24 Mark."

Er hat dieses Grundstück offensichtlich mit Urkunde vom 14.2. 1921 für 1500 Mark an den Arbeiter Johann Kruse weiterverkauft. In der gleichen Vertragsurkunde verkauft die Witwe seines Bruders, Gesche Lübbers geb. Brungers, das daneben liegende gleich große Grundstück an den selben Käufer zu den gleichen Bedingungen.

[Weiteres über Jacob Lübbers ist noch zu erforschen !]

ANHANG 17
AMKE LÜBBERS

Tochter von Lübbert Heyen Lübbers * 3.3.1813, † 27.7.1888.
Amke Lübbers, * 16.2.1866 / Mutter: Hillke geb. Redenius.

Ist wie ihre 1862 geborene und 1864 verstorbene Schwester (Amke I) nach der 2. Ehefrau ihres Vaters benannt.

Wird im Erbteilungsvertrag vom 16.11.1888, mit Wohnort Aurich als Miterbin aufgeführt. Sie heiratet 1893 den Tischlermeister Hinrich Jürgens Brants aus Norden. *[Im Telefonbuch von Norden finden sich 7 Eintragungen unter dem Namen Brants. Hier könnte ggf. noch Kontakt aufgenommen werden.]*

ANHANG 18

LOTTJE ROLFS SCHWITTERS

Lottje Rolfs Schwitters * 1843, ∞ 1875, † 1880, Ehefrau von Hinrich Lübbers II * 1849

Ihr Großvater: Schwittert Janssen Schwitters, Arbeiter und Landgebräucher Osteel, * 23.8.1755 Osteel, † 15.6.1824 Rechtsupweg, ∞ 24.3.1796 Osteel, Ehefrau Antje Feiken * 23.12.1770 Osteel, † 8.2.1843 Rechtsupweg (Eltern: Vater Feyke Redelfs und Trientje Rolfs – keine weiteren Angaben)

> deren Sohn Rolf Wibben Schwitters, Colonist und Krämer, * 1805, † 16.4.1987 Rechtsupweg, ∞ ? Elsche Meints Uphoff, * 10.10.1807 (OSB Eng. 3272) Upende, † 22.1.1886 Rechtupweg. Eltern: Vater Meint Janssen Uphoff (OSB Eng. 3272, 2362) Hausmann Upende, * 30.9.1775. † 23.12.1852, Mutter Antje Harms (OSB Eng. 1891) * 9.2.1774, † 24.4.1855 Upende. Kinder:
Antje Schwitters * 02.03.1835
Meint Janssen Schwitters * 1837
Schwittert Janssen Schwitters * 1840
Lottje Rolfs Schwitters * 6.4.1843 Rechtupweg, 1. Ehefrau von Hinrich Lübbers II
Feike Rolfs Schwitters * 1846
Engelbart Schwitters * 1849

ANHANG 19

GESCHE BRUNGERS

2. Ehefrau von Hinrich Lübbers II.
Tochter Aagde Dieken aus erster Ehe mit Jan Heien Dieken (∞ 1874 in Osteel) ist geboren am 8.4.1875 und gestorben am 1.8.1958. Sie heiratet (Datum unbekannt) Bonne Ennen Wicherts (* 23.7.1865, † 20.3.1953). Die Eheleute Bonne und Aagde Wicherts betreiben zunächst einen Pachthof in Ochtelbur und später in Oldeborg. Die Ehe bleibt kinderlos. Sie sind nebeneinander auf dem Friedhof von Victorbur beerdigt. Die Grabsteine sind noch vorhanden.
Die Vorfahren von Gesche Lübbers geb. Brungers sind komplett im Ortssippenbuch von Engerhafe verzeichnet.

ANHANG 20

ELSCHE LÜBBERS

1. Tochter von Hinrich Lübbers II. Ausweislich ihrer Heiratsurkunde war Elsche bei ihrer Heirat am 4.1.1908 als Köchin in Emden tätig. Ihr Ehemann Hayo Heyen Fleßner (* 3.4.1884 in Ostgroßefehn) ist in dieser Zeit beruflich als Schiffer im Bereich der Insel Norderney tätig. *(Hat er dort seinen späteren Schwager Hinrich Lübbers II getroffen, der, wie an anderer Stelle bereits erwähnt, zeitweise als Bierfahrer zwischen Festland und Inseln fungiert haben soll?)* Hayos Eltern sind der Landgebräucher Heye Heyen Fleßner und Antje Albers geb. Feyen, wohnhaft in Moorlage.
Heyo Fleßner lebt mit seiner Ehefrau Elsche nach der Heirat möglicherweise zunächst noch in Moorlage auf dem elterlichen Anwesen. Später (Zeitpunkt z.Z. noch unklar) wird er als Fuhrmann bei dem Moorvogt Heinrich Helms in Marcardsmoor tätig. Er wohnt dort mit seiner Familie zunächst im späteren Gemeindehaus (gegenüber dem späteren Lübbers-Geschäftsgrundstück) an der Wittmunder Straße. Im Jahre 1912 übernehmen die Eheleute Fleßner das Kolonat an der 2. Reihe, dem heutigen Wohnsitz der Familie Fleßner in Marcardsmoor.
Eine Besonderheit besteht darin, dass Hayo Fleßner mit der Übernahme des Kolonates sofort ein Haus besitzt. Ihm wird, direkt am Kanal liegend, ein fertiges als Brückenwärterhaus vorgesehenes Gebäude angeboten. Dieses hat weiterhin den Vorteil, dass es im Gegensatz zu den meisten Häusern in Marcardsmoor auf festem Sand-

boden steht. Die zunächst an dieser Stelle geplante Brücke über den Ems-Jade-Kanal wird nie gebaut.
Aus der Ehe von Hayo und Elsche Fleßner gehen folgende Kinder hervor:
Jannette Fleßner * 1908
Hinrich Fleßner * 21.6.1910, † 25.1.1980
Heidine Fleßner * 1912
Gesine Fleßner * 1915
Amke Fleßner * 8.12.1916
Eine weitere Tochter, Lotte, stirbt im Kindesalter.

Hayo Heyen Fleßner fällt im 1. Weltkrieg am 11.7.1918.
Elsche Fleßner erkrankt in dieser Zeit, möglicherweise beeinflußt durch den Soldatentod ihres Ehemannes. Allerdings wird Sie am 22.1.1919 noch als Gründungsmitglied der Spar-und Darlehenskasse Marcardsmoor aufgeführt. Nach ihrer Erkrankung ist sie in ihrem landwirtschaftlichen Betrieb auf fremde Hilfe angewiesen. Ihre in Rechtsupweg wohnenden Geschwister und Halbgeschwister helfen ihr, so gut es geht. So kümmern sich insbesondere ihre Halbschwester Janna und auch deren Verlobter Karl Giliard um sie. Besonders tatkräftig wird sie, wohl auch über längere Zeiträume, von ihrem Bruder Hinrich III unterstützt [...]. Elsche Fleßner stirbt im Jahre 1938 im Alter von nur 51 Jahren. Der Hof in Marcardsmoor wird von ihrem zu diesem Zeitpunkt 28jährigen Sohn Hinrich Fleßner weitergeführt. Hinrich Fleßner heiratet am ? Mariechen geb. ? Sie haben 2 Söhne: Hayo und Erich. Hinrich Fleßner stirbt 1980 im Alter von 70 Jahren.

ANHANG 21

FAMILIENSTAMMDATEN DER FAMILIE FLESSNER, MARCARDSMOOR

Folgende Darstellung basiert auf dem Inhalt des Familienbuches der Kirchengemeinde Aurich Oldendorf.

1916 Lübbe Janssen (Flesner), Schuster und Landgebräucher in Großefehn, * 1763, † 26.7.1834 in Spetzerfehn, ∞ Eke Willmina Janssen Flesner (1037) * 26.5.1767, † 17.6.1853 in Spetzerfehn. Eltern der Ehefrau: Jan Gerdes Flesner, Hausmann in Schirum, ∞ Hinne Margarethe Martens. Kinder:
Trientje * 23.10.1792 in Aurich Oldendorf, † 5.12.1792 in AO

Rinne Margarethe * 26.10.1793 in AO, † 4.12.1793 in AO
Jan Fleßner * 7.3.1795 in AO, † 2.6.1796 in AO
Johann Lübben Fleßner (1042) * 1795, † ?
Trientje J. Fleßner (1648) * ?,† ? ∞ Jürgen Heyen *Schiffer* Sf.
Gerd L. Fleßner (1045) * 19.04.1804 Sf., † 15.11.1999 Sf. ∞ Elisabeth Weber (3588)
Rolf L. Fleßner (1047) * 7.1.1807, † 15.10.1885 in Sf. ∞ Taalke Zimmermann (3708)

1042 Johann Lübben Fleßner, * 1795 *(das Geburtsjahr kann biologisch nicht stimmen, sein Bruder Jan ist im März 1795 geboren)* Warfsmann in Bagband, ∞ 10.5.1817 in Aurich Oldendorf mit Gretje Heyen (1825) * ?, † ?, Eltern der Ehefrau: Heye Jacobs, † vor 1744, ∞ Wübke Heyen. Kinder:
Lübbe Janssen, * 28.09.1817 in Spetzerfehn
Wilhelmina * 27.03.1820 in Spetzerfehn
Heye * 17.03.1823, ∞ ? geb. Eschen
Trientje * 1826, ∞ ? Huusmann

1052 Heye Janssen Fleßner, Colonist in Zwischenmooren, * 17.3.1823 in Spetzerfehn, † 19.12.1902, in Zwischenmooren, verheiratet mit Gretje Janssen Eschen, * 5.11.1823, † 7.5.1906 in Moorlage. Kinder:
Lübbe Janssen Heyen * 03.09.1853, † 1934 in Moorlage.
Kobus Heyen (1057) * 15.12.1855, † 26.9.1874 am angesetzten Hochzeitstag verl. 1874 Anna Heerten (1608).
Heye Heyen (1058) * 03.06.1858, † 18.8.1909, ∞ 1833, Jantje Feyen (1020)
Ehe Heyen (3493) * 20.11.1860, † ?, ∞ 1866, Johann G. Wachtendorf (OSB Holtrop 2365)
Gretje Heyen (3565) * 18.07.1863, † 25.5.1904 OGF, ∞ 1892 Johann D. de Wall.
Wilhelmine Heyen (1025) * 28.11.1865, † 26.8.1936, ∞ 1898, Garrelt Feyen Feyen.

1058 Heye Heyen Fleßner, Arbeiter in Zwischenmooren, * 3.6.1858 in Zm., † 18.8.1909 in Zm, ∞ 28.4.1883 in Ostgroßefehn, Ehefrau Jantje Albers Feyen (1020) * 23.11.1851 in Großefehn. † 27.8.1832 in Voßbarg, begraben in Moorlage. Eltern der Ehefrau: Albert Janssen Feyen (2256), Schiffer und Landgebräucher in Großefehn, * 8.11.1822 in Gf., † 1.11.1866 in Gf., ∞ Gebke Heyen Kleene (1528), * 28.7.1822 in Gf., † 15.9.1864 in Gf. Kinder:
HAYO HEYEN * 03.04.1884 in Großefehn
Gebke Heyen * 12.09.1885 in Zm.
Gretje Heyen * 26.11.1887 in Zm., † 07.04.1900 in Zm.
Albert Heyen * 29.12.1890 in Zm.

Hayo Heyen Fleßner ist nach Marcardsmoor verzogen, hat sich dort als Kolonist sesshaft gemacht. Er heiratet dort Elsche Lübbers. Weiteres zu Elsche Lübbers siehe im Anhang 20. Über die Geschwister von Hayo Heyen Fleßner ist im OSB von Aurich-Oldendorf nichts weiteres vermerkt. Das hängt damit zusammen, dass die Ortssippenbücher mit dem Jahr 1900 abschließen. Personenstandsregister bei den politischen Gemeinden werden seit 1874 geführt.

ANHANG 22

AMKE LÜBBERS II

Zweite Tochter von Hinrich Lübbers II * 1879.
Amke Lübbers hatte *(nach Frieda Behrends)* ein schweres Leben. Sie fühlt sich zeitlebens stets sehr mit ihrem Elternhaus verbunden. Sie ist in ihren Jugendjahren bei einem Bauern in Hauen (bei Greetsiel) im Haushalt tätig. Vom Sohn des Bauern (Name vermutlich Ernst Menninga) wird sie schwanger und gebiert ihre Tochter Adi (später verheiratete Straube) unehelich. Der Kindesvater lehnt eine zunächst versprochene Heirat später mit der Begründung ab, dass er dann den elterlichen Hof nicht erben werde. Hinter dieser Haltung verbirgt sich der bis in das vorige Jahrhundert erhaltene Standesdünkel der wohlhabenden oder gar reichen Marschbauern gegenüber den *Geringeren* der übrigen Bevölkerung, zu denen im Regelfall auch die kleineren Hofbesitzer in den Geest- und Moorgebieten zählen.

STRAUBE_ADI_D19J_014
Adi Lübbers

Vor der Geburt von Adi hat Amke, vermutlich aus Scham, den Kontakt zu ihrer Familie abgebrochen. Die Familie weiß nicht, wo Amke sich aufhält. Ihr Vater Hinrich II erfährt von dem Kindesvater erst auf nachdrückliches Befragen, dass Amke sich in Emden aufhält, sie habe dort ein Zimmer. Daraufhin holt Hinrich II seine Tochter Amke mit Pferd und Wagen aus Emden ab und bringt sie nach Rechtsupweg zurück. Adis Vater zahlt für seine Tochter fortan einen Unterhalt in Höhe von monatlich 10 Mark. Er sichert darüber hinaus zu, Adi, so gut es ihm möglich ist, materiell zu unterstützen.
Adi geht auf Grundlage dieser Unterstützung später zu einer privaten Töchterschule nach Marienhafe. Sie hat dort allerdings Schwierigkeiten, weil sie mit der engli-

schen Sprache, die sie dort u.a. lernen soll, nicht zurechtkommt. Ihre Stief-Groß-mutter Gesche Lübbers sorgt dann dafür, dass Adi von diesem Unterricht befreit wird. Adi ist auf dem Hof ihrer Großeltern in Rechtsupweg aufgewachsen.

Amke wird (etwa 1908 oder 1909?) durch Vermittlung von Aagde Wicherts geb. Dieken (Tochter ihrer Stiefmutter aus erster Ehe) auf dem Hof ihrer Schwiegereltern in Georgsheil im Haushalt tätig. Vom Wicherts-Sohn Bernhard wird Amke erneut schwanger. Eine Heirat mit Bernhard Wicherts scheitert an der unzureichenden Mitgift Amkes. Am 22.4.1910 wird ihr Sohn Heinrich geboren. Nach der Geburt ihres Sohnes beginnt sie, vermutlich in Bremen-Hemelingen, eine Ausbildung als Krankenschwester. Ungefähr zu diesem Zeitpunkt, also vermutlich im Laufe des Jahres 1910, soll sie ihren Sohn Heinrich zur Familie ihres Bruders Hinrich II nach Oberneuland gebracht haben, der dort seit 1906 einen Pachthof bewirtschaftet. Heinrich lebt fortan bei der Familie seines Onkels, auch nach dessen Umzug über Rechtsupweg nach Marcardsmoor, bis er selbst im Jahre 1940 heiratet.

Amke Lübbers als Krankenschwester in Bremen.
Auf dem Foto links steht sie hinten rechts. Auf dem rechten Foto ist sie die Zweite von links. Sie wurde mit einem kleinen Kreuz markiert.

LUBBERS_AMKE_E43E_024 LUBBERS_AMKE_E43E_028

Frieda Behrends: *„Ich kann mich erinnern, dass ich ab und zu Onkel Karl und Tante Janna (Giliard) in Delmenhorst besucht habe. Die holten Amke immer nach Delmenhorst. Amke war eine „feine Dame". Sie war Stationsschwester und wäre wohl beruflich noch weiter aufgestiegen, aber dazu fehlte ihr die erforderliche Schulbildung."* [Anmerkung: Das muß in den späten 20er Jahren gewesen sein, Frieda Behrends ist 1922 geboren.]

Amke hat auch zeitweise auf dem Hof ihres Bruders Hinrich III in Oberneuland gelebt oder zumindest dort ausgeholfen. Überliefert ist nämlich, daß sie Ihre Schwägerin Johanna Lübbers, deren Kinder und deren Schwester Greetje Oschimek, bei einer schweren Krankheit gepflegt hat.

Später, wohl auch während des zweiten Weltkriegs, lebt sie zumindest zeitweise bei ihrer Tochter Adi in Hamburg. Nach dem Krieg, in einer Zeit in der es den Städtern

schlecht geht, kehrt sie in ihr Elternhaus zurück und stirbt 1950 auch auf dem Hof in Rechtsupweg. Sie wird auf dem Friedhof von Marienhafe beerdigt. Ihr Grab ist inzwischen mit Margret Meck (* 15.11.1938, † 15.8.1994) der Tochter von Gesine Runne geb. Lübbers neu belegt worden.
Ihre Tochter Adi wird durch Vermittlung ihrer Tante Janna Giliard geb. Lübbers in Wentorf im Haushalt gutsituierter Bürger tätig. Sie lernt dort ihren späteren Ehemann Willi Straube (gebürtiger Schlesier) kennen, der sich seinerzeit als wandernder Handwerksbursche in Hamburg aufhält. Die beiden heiraten am 13.7.1929 in Wentorf und gründen dort ein Metallbau-Unternehmen. Sie haben zwei Kinder: Amke Straube (heiratet später Georg Kostroun) und Klaus Straube.
Adi Straube geb. Lübbers stirbt 1972 (?) in Wentorf.
Amkes Sohn Heinrich lebt bis 1940, dem Jahr seiner Heirat mit Arianne Saathoff auf dem Hof seines Onkels Hinrich II.

ANHANG 23
HEINRICH LÜBBERS

Heinrich Bernhard Lübbers. Sohn von Amke Lübbers und Bernhard Wiecherts (unehelich) * 22.04.1910, † 13.05.1972.
Weil seine Mutter berufstätig ist, wächst Heinrich fast seit seiner Geburt im Haushalt seines Onkels Hinrich Lübbers, zunächst in Oberneuland, später auf dem Hof in Rechtsupweg und ab Anfang der 20er Jahre in Marcardsmoor auf. Er wird in dieser Familie als Sohn von Hinrich Lübbers III und als Bruder von seinen Söhnen Hinrich und Hans betrachtet und auch so behandelt. Er ist deshalb bis zu seiner Heirat im Jahre 1940 im landwirtschaftlichen Betrieb seines Ziehvaters Hinrich Lübbers III tätig.
Er heiratet am 22.04.1940 *„über den Weg“* die Nachbarstochter **ARIANNE (ANNI) SAATHOFF**, geboren am 05.02.1917 in Zwischenmooren. *(Zwischenmooren: Ein Teilbereich der Ortschaft Moorlage, südlich von der ehemaligen Gaststätte Neier, jetzt als Straßenname dort noch erhalten. Moorlage und damit der Teilbereich Zwischenmooren gehört zur (Kirchen-) Gemeinde Aurich-Oldendorf).* Ob und wie lange Heinrich schon vor der Hochzeit auf dem Hof seines Schwiegervaters Klaas Saathoff arbeitet, ist nicht exakt überliefert. Heinrich wird bereits am 22.02.1940, also schon zwei Monate vor seiner Hochzeit zum Wehrdienst einberufen. Ausweislich seines Wehrpasses wird er bei der Infanterie in Oldenburg ausgebildet. Überliefert ist, dass er einen wesentlichen Teil

seiner Dienstzeit in Norwegen als Besatzungssoldat eingesetzt wird. Am 10.07.1940 kommt er zur „*Genesenden-Einheit*“ nach Heide in Holstein. Diese Bezeichnung der Einheit deutet auf eine Erkrankung oder Verwundung hin. Der Wehrpass enthält für den 05.05.1941 den Eintrag auf eine Verwendung bei der Einheit 10/3R 730(?). Das lässt möglicherweise erkennen, dass Heinrich bereits 1941 aus gesundheitlichen Gründen vom Wehrdienst befreit wird.
Ich weiß aus eigenem Erleben, dass Heinrich schon in den 50er Jahren kränklich und schwächlich erscheint. Seine Kräfte in Bezug auf die Arbeit in der Landwirtschaft sind deutlich wahrnehmbar erheblich eingeschränkt.

Sein Schwiegervater **KLAAS SAATHOFF** wird am 20.10.1875 als unehelicher Sohn von Beka Otten Saathoff, (* 5.2.1852 in Aurich-Oldendorf, † 19.12.1917 in Zwischenmooren) geboren. Über seinen leiblichen Vater gibt es im Ortssippenbuch keine Angaben.

SAATHOFF_ALFRED_XXX_10 SAATHOFF_ANNI_D19P_15

Bild links: von links: Klara Schäfer geb. Lübbers, Klaas Saathoff, Alfred Lübbers.
Bild rechts: von links: Anni Lübbers geb. Saathoff, Klaas Saathoff, Hanni Pottberg geb. Saathoff, Ehefrau von Klaas Saathoff *(Name unbekannt)*

Die Vorfahren von Klaas Saathoff (in Kurzform):
Großvater: Otte Claaßen Saathoff, Colonist in Vo (Voßbarg?), * 7.12.1812 in Westersander, † 14.3.1895 in Zwischenmooren. ∞ Almt Evers * 20.11.1820 in Aurich-Oldendorf, † 14.3.1895 in Zwischenmooren.
Dieser hatte 7 Kinder, die zweitälteste war Tochter Beka.

Urgroßvater: Claas Otten , Landgebräucher in Westersander, * ?, † vor 1849.
∞ Margarethe Claaßen † nach 1849.
Soweit die Eintragungen im Ortssippenbuch der Gemeinde Aurich-Oldendorf.

Fazit: Klaas Saathoff ist also 1874 auf dem Moorkolonat seines Großvaters Otte C. Saathoff geboren und hat dort wohl auch, zusammen mit seiner Mutter Beka, die am 18.2.1917, 13 Tage nach der Geburt von Anni Saathoff, stirbt, auf dem Kolonat gelebt und später vermutlich auch dort gearbeitet.
Sein Großvater stirbt bereits 1893, so dass der kleine Moorhof wohl danach an einen seiner Brüder übergangen sein wird. Näheres hierzu wäre vielleicht noch im Ortssippenbuch von Aurich-Oldendorf zu finden.
Fest steht aber soviel, dass die Vorfahren von Klaas Saathoff ursprünglich in Westersander ansässig waren und dass Claas Otten von dort, wahrscheinlich als *weichender Bauernsohn,* der ohne Anspruch auf ein väterliches Erbe war, als Kolonist ins Moor zieht, um sich dort eine eigene Existenz aufzubauen.

LUBBERS_HEINRICH_D19H_050

Heinrich und Anni Lübbers geb. Saathoff mit den Kindern Alfred und Klara.
Aufgenommen ca. 1952.

Die Nachkommen von **HEINRICH** und **ANNI LÜBBERS:**
> Alfred Hinrich Lübbers, geboren am 15.10.1940, unverheiratet und ohne Kinder.
Alfred lebt und arbeitet bis zu seinen Tod auf dem Moorhof seines Großvaters Klaas Saathoff, den er nach dem Tod seiner Eltern später erbt. Im Nebenberuf ist er viele Jahre als Milchkontrolleur bei der Molkerei Wiesedermeer tätig. Er verunglückt am 21.04.1998 bei Reparaturarbeiten an einem Treckeranhänger.

> Klara Voskea Lübbers * 28.06.1947, † 22.09.2006.
Ehemann Friedhelm Schäfer * 13.08.1940, † 14.03.1997.

ANHANG 24
LÜBBERT LÜBBERS II

Sohn von Hinrich Lübbers II.
Der Familienstamm von Mettje Stürenburg, Ehefrau von Lübbert Lübbers:
Hilde Tapken am 20.8.2002: *Der Vater von Mettje Stürenburg, Poppe Stürenburg ist der Bruder von Hildes Großvater Menko Stürenburg (dieser ist verheiratet mit Ebberta Stürenburg geb. Olthoff). Es gibt einen weiteren Bruder mit dem Vornamen Bonno.*
Lübbert Lübbers II und Mettje Stürenburg haben zwei Kinder:
A. Die Familie von Gesine Lübbers, Tochter von Lübbert Lübbers II
Gesine Lübbers wird am 6.3.1914 geboren. Sie hat im Hause ihrer Mutter in Upgant gelebt. Sie heiratet Otto Runne. Aus dieser Ehe gehen folgende Kinder hervor:
Otto * ?
Margrit * 15.11.1938, † 15.8.1994
Gesine Lübbers stirbt 1994 (genaues Datum bis dato nicht bekannt). Sie ist im Familiengrab ihrer Eltern in Marienhafe begraben.
B. Die Familie von Menna Lübbers, Tochter von Lübbert Lübbers II.
Menna Lübbers wird am 5.3.1915 geboren. Sie heiratet 20jährig, wohl 1935, den Vertreter für Molkereiartikel Helmut Grüne und lebt danach in Hildesheim.

ANHANG 25
ANTJE LÜBBERS

Tochter von Hinrich Lübbers II.
Antje Lübbers lernt während der Bauarbeiten am Hofgebäude im Jahre 1906 den Zimmermann Tebbe Barkhoff aus Schott kennen.
Die beiden heiraten später und ziehen nach einer erfolgreichen Bewerbung um ein Kolonat nach Marcardsmoor. 1919 wird Tebbe Barkhoff als Mitbegründer der damaligen Spar- und Darlehenskasse aufgeführt und 1921 wird er kurzzeitig Vorsteher der 1907 gegründeten Kirchengemeinde Marcardsmoor.
Antje und Tebbe Barkhoff haben zwei Kinder: Theda Barkhoff und Hinrich Barkhoff.
Frieda Behrends: *„Tebbe Barkhoff lag die Landwirtschaft nicht so besonders. Deshalb hat er sich in Marcardsmoor u.a. auch mit der Produktion von Holzschuhen etc. beschäftigt. Antje und ihre ebenfalls in Marcardsmoor lebende Schwester Elsche Fleßner haben sich wohl nicht immer besonders gut verstanden.“*

ANHANG 26
JANNA LÜBBERS

Janna Aline Lübbers heiratet Karl Giliard, einen gebürtigen Bayern, und lebt danach zeitweise in Delmenhorst. Amke Kostroun berichtet dazu, dass Karl Giliard zunächst beruflich in Hamburg Bergedorf tätig ist und danach in leitender Stellung in einer Wollkämmerei in Delmenhorst arbeitet. Wann und wie er seine aus Rechtsupweg stammende Ehefrau kennengelernt hat, ist nicht überliefert. Ebenso fehlen sämtliche Daten aus der Geschichte der Familie Giliard. Später zieht die Familie Giliard wieder nach Hamburg-Bergedorf, wo Karl Giliard dann als Geschäftsführer einer Papierfarbrik (Max Papp) tätig wird.
Karl und Janna Giliard haben eine Tochter: Elisabeth Giliard (spätere Pensky). Diese heiratet Gerhard Pensky. Zusammen haben sie zwei Töchter: Linda Pensky und Jutta Pensky.

ANHANG 27
ALKE LÜBBERS

Alke Lübbers ist in ihrer Jugend meist bei großen Bauern in Stellung und hat bei ihrer Tätigkeit auf einem der großen Höfe den Kaufmann Oltmann Becker aus Werdum kennengelernt, den sie später heiratet. Sie führen dann einen Gemischtwarenladen in Werdum.
Alke und Oltmann Becker haben zwei Söhne: Gottfried Becker und Günther Becker. Gottfried Becker übernimmt später das Geschäft der Eltern, Günther Becker wird Landwirt.

ANHANG 28
LINA LÜBBERS

Lina heiratet am 22.1.1922 den Landwirt und Viehhändler Focke Dettmers aus Tjüche. Focke Dettmers stammt selbst von einem Bauernhof, auf dem auch ein lebhafter Pferdehandel und ein Fuhrbetrieb betrieben wird. Die Familie Dettmers soll sich u.a.

mit Transporten durch das Watt zur Insel Norderney befasst haben. Lina und Focke Dettmers bewirtschaften fortan den Lübbers-Hof in Rechtsupweg. Sie haben zwei Töchter:

A. Frieda Dettmers * 18.11.1922 † 8.1.2017, verheiratet mit Erich Behrends * 27.5.1920 † 18.9.2007. Frieda und Erich Behrends haben vier Kinder: Emma, Liane, Anita, Johannes.

B. Henriette Dettmers * 27.03.1927, verheiratet mit Djürke Ulferts, Upgant-Schott Henriette und Djürke Ulferts haben drei Kinder: Jan, Focko, Astrid.

ANHANG 29

JOHANNA ARENS

Familienstammdaten zur Familie von Johanna Arens, Ehefrau von Hinrich Lübbers III aus dem Familienbuch der Kirchengemeinde Canhusen:
Die Ur/Urgroßeltern von Johanna Arens:

534 WOBBEN, ARENT (OSB Loppersum 1807), von Theene, * 1749, † 7.1.1834 Lop. ∞ 14.5.1775 Canhusen, Jelke Everts, von Victorbur, * 1743, 1. Ehe s. 261
> Evert * 26.6.1776 Canhusen, ∞ OSB Loppersum 47
[Anmerkung: Arent Wobben hat also von Theene kommend in Canhusen gelebt, hat dort geheiratet und ist zwischen 1776 und 1789 nach Geburt seines ältesten Sohnes Evert nach Loppersum gezogen (s. folgende Daten).]

Familienbuch der Kirchengemeinde Loppersum:
1807 WOBBEN, ARENT, (OSB Canhusen 534), Hausmann, * 1749, † 7.1.1834 Lop. (92 an *Altersschwäche*), ∞ 14.5.1775 Canhusen **JELKE EVERTS**, * 1746, † 21.4.1798 Loppersum (52, *Brustkrankheit*)
> **EVERT** 47 * 26.6.1776 Can., † 20.10.1829
> Geeske * 26.12.1779 Lop.
> Heye * 12.5.1783 Lop., † 25.5.1783 Lop. *(Tormynen)*
> Hiske ~ 26.9.1784 Lop., † 25.3.1784 Lop. *(Tormynen)*

Die Urgroßeltern von Johanna Arens:
47 ARENDS, EVERT 1807, Arbeiter und Fuhrmann, * 26.06.1776 Canhusen, † 20.10.1829 in Loppersum, (54), *(innere hitzige Krankheit)*, ∞ 29.05.1802 *(Haustrauung)*

in Loppersum, **ANTJE FREERKS** 1062, * 1775, † 14.8.1853 in Loppersum *(Altersschwäche)*, ∞ II: 1133

> **AREND** 42, * 14.12.1802 Lop., † 17.12.1867.

> Freerk 51, * 18.12.1803 Lop., ∞ 18.4.1830 Lop., Aaltje Fimmen 40, * 1806. Eltern von Ahltje: 40 Fimme und Himke Janssen Aalrichs, Siegelsum.

> Jelte 58, * 28.7.1805 Lop., † 20.5.1856 Lop. ∞ 10.4.1836 Anna Jurens Cristians, 254, * 1805, † 1867. [Anmerkung: Anna war in 2, Ehe mit dem Bruder von Jelte, Arend 42 verheiratet, s. nächster Abschnitt]

> Karsjen * 30.1.1808 Lop., † 14.8.1808 *(Tormynen)*

> Sohn * † 8.12.1811 Lop.

> Hinderk 53, * 1813, † 5.10.1862. ∞ 1837 mit Christina Dorothea Clumpker 265 aus dieser Ehe gehen 9 Kinder hervor.

Die Großeltern von Johanna Arens:

42 ARENS, AREND EVERTS 47, Arbeiter, * 14.12.1802 Loppersum; † 17.12.1867 Loppersum *(Brustkrankheit)*, ∞ 08.01.1826, **GRIETJE MEINDERS** 990, * 1802, † 3.5.1850 Loppersum *(langwierige Krankheit)*.

> Evert * 08.05.1827 Loppersum, † 31.01.1832 Lop. *(innere hitzige Krankheit)*

> Meindert 62, * 29.08.1831

> Evert *09.02.1837, † 27.081837 *(Croup)*

> **JAN** 57, * 09.10.1836. † vor 1906

> Antje *31.08.1839, † 21.04.1842 *(Scharlach)*

> Sohn * † 19.01.1842

> Everd Arend * 23.01.1844, † 08.01.1857

∞II 22.06.1851 Loppersum, Anna Jurens Christians 254 * 1805, † 15.01.1867 *(Wassersucht)*

Die Eltern von Johanna Arens:

57 ARENS, JAN 42, Arbeiter, * 9.10.1836 (?), † ?, ∞ 27.04.1862, **DIRKJE LEERHOFF** 1145, * 16.09.1840 Hinte. [Anmerkung: Das Todesdatum von Jan Arens fehlt. Er muß jedoch lt. Heiratsurkunde seiner Tochter Johanna vor 1906 verstorben sein.]

> Arend Everts * 25.05.1863 Loppersum, † 20.04.1882 Loppersum

> Greetje * 21.11.1865 Loppersum, † 31.10.1866 Lop. *(Kopfwassersucht)*

> Greetje * 22.09.1867 Lop., * 12.09.1917 in Oberneuland

> Johanna * 29.04.1870 Lop., † 02.02.1872 Lop. *(Brandschaden)*

> **JOHANNA** * 23.12.1872 Lop., † 14.09.1917 in Oberneuland

> Gesine Everdina * 30.05.1878 Loppersum

> Anna * 26.01.1881 Loppersum

Die Großeltern mütterlicherseits von Johanna Arens:
1145 LEERHOFF, JAN HINDERKS, Arbeiter, ∞ **GRETJE DIRKS MULLER**
> Dirkje 57, * 16.09.1840 in Hinte.

Die Eintragung zur Hochzeit von Johanna Arens und Hinrich Lübbers:
1149 LÜBBERS, HINRICH, Landmann, ∞ 07.04.1906 **JOHANNA JANSSEN ARENS**, vorehel. Diederike * 07.10.1899 Loppersum.

ANHANG 30

HINRICH LÜBBERS IV

Weitere Daten zu den Nachkommen von Hinrich Lübbers IV:
Elske Lübbers geb. Camp am verstirbt am 1. Januar 1970.
Hinrich Lübbers IV verstirbt am 8. Mai 1970.

A. Tochter Johanne Lienemann geb. Lübbers * 25.12.1932 und Jan Lienemann haben zwei Kinder:
> Tea Lienemann
> Heidi Lienemann
Johanne Lienemann geb. Lübbers verstirbt am 30.04.2015.

B. Sohn Diedrich * 19.04.1935 und Helga Lübbers haben drei Kinder:
> Dieter Lübbers
> Michael Lübbers
> Claudia Lübbers
Diedrich Lübbers verstirbt am 11.12.2000.
Helga Lübbers geb. Herden verstirbt am 23.12.2001.

ANHANG 31
JOHANNES LÜBBERS

Aufzeichnungen über die Militärzeit und Gefangenschaft meines Vaters Johannes (Hans) Lübbers 1941 bis 1948.

Soldaten- und Kriegszeit

A. EINBERUFUNG UND AUSBILDUNG

Mein Vater wurde, 31 Jahre alt, am 6.2.1941 zur Wehrmacht eingezogen. Nach einer zweimonatigen Grundausbildung in Dedelsdorf bei Celle wurde er am 6.4.1941 nach Destelbergen, einem kleinen Ort in der Umgebung der Stadt Gent in Belgien verlegt. Hier wurden ihm vermutlich die technischen Kenntnisse für seine künftige Aufgabe als Fernmelder bei der Luftwaffe vermittelt.

B. RUSSLANDFELDZUG

Am 3.6.1941 wurde er nach Biala in Polen verlegt, wo die Wehrmacht insgeheim Truppenteile für den geplanten Überfall auf Russland sammelte.
Er war dann von Anfang an dabei, als die deutschen Soldaten am 22.06.1941 bei Brest-Litowsk mit dem Überraschungsangriff auf Russland begannen. Ich kann mich erinnern, dass mein Vater über dieses Ereignis einmal sagte: *„In den ersten Kriegstagen machten wir aus Angst und Ekel um die herumliegenden Toten einen großen Bogen. Aber schon bald gab es Kameraden, die sich zum Frühstücken auch auf einen toten Soldaten setzten."* Er wollte damit erklären, wie schnell ein Mensch sich auch an unmenschliche Situationen gewöhnen kann.
Wie ich 2002 von Erich Behrends, Ehemann der Cousine meines Vaters, Frieda Behrends erfuhr, war auch er vom ersten Tag an im gleichen Frontabschnitt an dem Angriff auf Russland beteiligt. Getroffen haben sich die beiden dabei aber nicht.
Ich will an dieser Stelle den Weg meines Vaters bei dieser militärischen Operation, vom 22.06.1941 bis 20.11.1941 nach seinen Aufzeichnungen darstellen:
22.06.1941: *Überschreitung der russischen Grenze bei Brest-Litowsk.*
21.07.1941: *Über Slonim und Minsk Ankunft in der Gegend von Orscha (Orsa).*
23.07.1941: *umfahren wir Smolensk.*
01.08.1941: *in einem Dorf bei Kostinski (?) liegen wir noch am 1.8. in einem Dorf.*
14.08. bis 22.08.1941: *waren wir in Rosslavic (Rosslavis).*
23.08. bis 03.101941: *wir fahren 150 km frontwärts über Rosslavic.*
03.10.1941: *sind wir zwischen Rosslavic und Bryans (Bransk).*
10.10.1941: *von hier aus fahren wir nach Bransk.*

11.10.1941: *wir fahren über Karatschek (heute Caracev) nach Orel, wir treffen um 24:00 Uhr dort ein. Alles hofft auf Abmarsch.*

14.10.1941: *Der Abmarsch kam am 14.10. Es ist Winter. Wir fahren um 5:00 Uhr los über Karatscheck (heute Caracev), eine Übernachtung in Kostinski (?) weiter nach Smollensk Winjasmar (?) und Moheihs (?), wo wir tief im Dreck stecken. Wir warten wieder auf Abmarsch.*

07.11.1941: *Am 7.11. geht es weiter bei sehr kaltem Wetter über Wiejasmar und Smolensk wieder nach Kostinski (?). Drei Tage sind wir hier.*

11.11.1941: *geht es weiter, wieder in Richtung Rosslavic. Hier arbeiten wir am Abbau. Es soll jetzt zurück gehen.*

16.11. bis **19.11.1941:** *Endlich fahren wir zurück über Smolensk, Orscha, Minsk, Wilna nach Sudauen (heute Polen, südwestlich von Kaliningrad), wo wir am 19.11. 22:00 Uhr ankommen. Hier soll verladen werden.*

20.11.1941: *Wir waren am 20.11. wieder in Deutschland.*

29.11. bis **19.12.1941:** *Ich war dann vom 29.11. bis 19.12. zu Hause im Urlaub.*

(?): diese Orte konnte ich noch nicht identifizieren.

Mein Vater war also vom 22.6 bis 20.11.1941 ziemlich genau 5 Monate in Russland. Deshalb an dieser Stelle ein grober Überblick über die Kriegshandlungen in diesem Zeitraum:

Der überfallartige Angriff auf Russland erfolgte mit massiven Kräften aller Waffengattungen, ohne Ankündigung und ohne Kriegserklärung, entlang fast der gesamten Westgrenze. Mein Vater war Fernmelder und gehörte offensichtlich zur Fluggruppe 2 die unter dem Kommando des bekannten Jagdfliegers Oberst Mölders stand. Am Boden ging der von Brest-Litowsk vorgetragene Angriff von der Panzergruppe 2 des Generals Guderian aus. Trotz erbitterten Widerstandes der russischen Abwehr stießen die deutschen Angreifer in rund drei Wochen 600 km bis nach Smolensk vor. Die Fernmeldeeinheit meines Vaters folgte dem Frontverlauf, in einem Abstand von 10 Tagen. Daraus kann man schließen, dass seine Einheit hauptsächlich mit dem Abbau von Fernmeldeeinrichtungen, nach dem Weiterziehen der kämpfenden Soldaten, beschäftigt war.

Am 19. Juli 1941 wurde im Raum Smolensk die Vorwärtsbewegung der deutschen Angreifer und damit der direkte Vorstoß nach Moskau von Hitler gestoppt. Hitler und seine Generäle konnten sich in Anbetracht des großen Verschleißes der eingesetzten Kriegsmaschinerie und des herannahenden Winters, zunächst nicht einigen, in welcher Stoßrichtung es weiter gehen sollte. Manche Führungskräfte der Wehrmacht waren sogar der Meinung, der Russlandfeldzug sei bereits erfolgreich abgeschlossen. Hitler ordnete am 30.7.1941 an, die Aktionen die Heeresgruppe Mitte vorläufig von

Angriff und Vormarsch auf Verteidigung der eroberten Gebiete umzustellen. In den darauf folgenden Wochen konnten mehrere Gegenangriffe der russischen Armee erfolgreich abgewehrt werden. Erst im Oktober wurde der Vormarsch auf Moskau wieder massiv vorangetrieben.
Die Fernmeldeeinheit meines Vaters irrte nach seinen Aufzeichnungen in der Zeit vom 19.7. bis 16.11.1941 zwei Monate lang offensichtlich recht planlos in der Gegend zwischen Smolensk/Orel herum. Es gab im Raum Bransk/Orel weiterhin schwere Kämpfe. Mein Vater schreibt am 11.10.: *„Alles hofft auf Abmarsch."* Dieser lässt dann aber noch einen Monat auf sich warten. Der Abmarsch der Einheit meines Vaters erfolgte dann erst am 16.11.1941, zurück in Richtung Polen.

Am Mittelmeer tobte zur gleichen Zeit der Krieg in Nordafrika, Hitler hilft seit Anfang 1941 den Italienern, um die Vorherrschaft der Engländer im Mittelmeerraum zu verhindern. Außerdem steigt die Gefahr, dass die Alliierten Italien direkt angreifen. Diese Situation mag für meinen Vater zunächst ein Vorteil gewesen sein. Offensichtlich wurde Luftwaffenpräsenz in Russland abgebaut oder verringert, um die so frei werden Kräfte zur Stärkung der Verteidigung im Mittelmeer einzusetzen. Ich vermute, dass die Überlebenschancen in Russland geringer gewesen wären, als im noch recht friedlichen Italien, wohin mein Vater nach dem Ende seines Heimaturlaubes Ende 1941 versetzt wurde. Auf den italienischen Inseln Sizilien und Sardinien konnte er, bis Oktober 1943, noch fast zwei Jahre ein fast ziviles Leben, fern von schweren Kampfhandlungen, verbringen. Am Ende gab es dann aber doch wieder Kämpfe, Gefahr, eine schwere Verwundung und am Ende die Kriegsgefangenschaft.

C. EINSATZ IN ITALIEN

Mein Vater kam aus Russland am 20.11.1941 nach Deutschland zurück und weilte vom 29.11. bis zum 19.12.1941 auf Urlaub bei der Familie in Marcardsmoor. Am 19.12.1941 musste er zurück und reiste zunächst nach Karlsruhe, wo er der das Weihnachtsfest verbrachte. Am 2.1.1942 ging es von Karlsruhe in Richtung Italien. Am 9.1.1942 traf er mit seinen Kameraden auf der Insel Sizilien ein.
Wiedergabe der Aufzeichnungen meines Vaters: *„Am 20.12.1941 kommen wir in Karlsruhe an, wo wir immer Arbeitsdienst machen. Dort verbringen wir auch das Weihnachtsfest und den Jahreswechsel. Am 2.1. geht es wieder auf die Bahn. Wir sind 154 Stunden unterwegs. Wir verlassen am Brenner wieder das Deutsche Reich. Es geht über Rom weiter bis ganz in den Süden Italiens. Wir treffen im Morgengrauen in Syracuse auf Sizilien ein und laden dort aus. Per LKW fahren wir weiter nach Lantini.* (Hier hatte die italienische Luftwaffe eine Basis und diese wurde offensichtlich für die Kriegshandlungen in Afrika vorbereitet) *und müssen dort sofort hart arbeiten. Hier ist es jetzt schon sehr warm. Am 25.1.1942*

fahren wir nach Comiso (Luftwaffenbasis bei Palermo). *Wir machen dort Telegrafenbauarbeiten. Am 3.2. kehren wir zurück nach Lantini. Heute am 5.2. sind wir beim Abbau. Es wird mehrere Tage dauern. Ich sitze hier am 9.2. auf einem Stein in der Sonne, vor einem Apfelsinengarten. Jetzt beginnt wieder die strenge Dienstzeit – bis zum 16.3. Am 17.3. werden wir schon um 3:30 Uhr zu unserem Gesundheitszustand befragt. Dann um 6:00 Uhr geht es wieder zur Bahn. Wir bleiben eine Nacht in Siracuse. Am 18.3. geht es weiter nach Scala, wo wir nachts um 2:00 Uhr eintreffen. Wir bleiben auf dem Bahnhof liegen. Am Morgen werden wir zum Flughafen gebracht, wo wir drei Tage ohne Arbeit liegen. Am 23.3. kommen wir wieder zur Stadt, liegen direkt am Meer und haben noch keine Arbeit.*
Am 28.3. ziehe ich auf Wache, schlafe nachts im Wagen und schreibe am Morgen diese Zeilen auf: Es ist stürmisches, regnerisches Wetter. So ganz allein, dann denke ich an zu Hause. Post bekommen wir nur wöchentlich. Wir sind immer noch in Scala und sollten hier eine Startbahnleitung legen aber die Genehmigung ist noch nicht da. Am 11.4. ziehen wir wieder um. Wir kommen jetzt in ein Hotel in der Stadt und sind Selbstverpfleger. Bis zum 15.4 arbeiten wir etwas an der Leitung zum Flugplatz. Die Arbeit geht langsam voran, weil hier überall Steine sind. Heute haben wir nichts zu tun, jetzt muss erst einmal ein Sprengkommando kommen. Am 30.4. kehren wir zurück zur Kompanie nach Lantini. Am 4.5. beginnt für uns eine neue Zeit. Schon heute Abend steht hier alles auf dem Kopf. Es ist Alarmbereitschaft befohlen. Um 22.00 Uhr tritt die Kompanie an um neu aufgestellt zu werden. Es geht jetzt alles wieder sein alten unruhigen Gang. Das Brüllen und Schreien gefällt uns überhaupt nicht – doch man gewöhnt sich wieder dran. Am 8.2. wurde der neue Urlaubsplan ausgehängt. Danach fahre ich am 17.5. in Heimurlaub. Heute am Vorabend meiner Abreise ist schönes Wetter. Morgen um 1:30 Uhr fahre ich nach Hause in Urlaub.
Ich muss am 5.6. wieder hier sein."

Am 17.5.1942 enden die Aufzeichnungen. An diesem Tag fuhr mein Vater erneut in Heimaturlaub. Im August 1942 war er erneut im Urlaub. Diesmal kam er allerdings von Sardinien. In diesem Urlaub wurde der „*Grundstein*" für meine Existenz gelegt! Ich vermute, dass er bereits nach dem Mai-Urlaub nicht nach Sizilien zurückgekehrt ist, sondern Order hatte, sich auf Sardinien einzufinden. Nach den Aufzeichnungen meiner Mutter kam Vater im Jahre 1943 zweimal, und zwar im September und noch einmal zu Weihnachten 1943 in Urlaub nach Hause.

Am 10.7.1943 landeten die Alliierten (Engländer und Amerikaner) auf Sizilien. Zu diesem Zeitpunkt war Vater bereits nicht mehr dort, sondern befand sich auf Sardinien. Zum Verständnis der Kriegsereignisse zu dieser Zeit hier chronologisch einige wichtige Daten:
10.07.1943: Landung der Alliierten auf Sizilien

24.07.1943: Mussolini wird abgesetzt, Italien wird neutral und ist damit nicht mehr Deutschlands Verbündeter.
17.08.1943: Sizilien ist vollständig von den Alliierten besetzt. Die deutschen Truppen haben sich auf das italienische Festland abgesetzt.
03.09.1943: Italien schließt mit den Alliierten einen Waffenstillstand und die Alliierten betreten im Süden das italienische Festland. Bis zum 15.09.1943 landen sie an mehreren Stellen des italienischen Stiefels, auch in der Bucht von Salerno.
18.09.1943: Die auf Sardinien stationierten deutschen Truppen (90. Division) zu denen zu dieser Zeit höchstwahrscheinlich auch mein Vater gehörte, begannen, nachdem ihre italienischen Kameraden von Verbündeten zu Feinden geworden waren, mit der Evakuierung. Über Korsika gelangten diese Soldaten zwischen dem 16.09. und dem 3. 10.1943 auf das italienische Festland bei Livorno.

Es ist zu vermuten, dass mein Vater im Anschluss daran zunächst in Heimaturlaub fuhr. Meine Mutter berichtet nämlich, dass Vater im September 1943 auf Urlaub zu Hause gewesen ist. Wann genau er nach Italien zurückkehrte ist nicht überliefert. Es darf aber angenommen werden, dass er in der Folgezeit, etwa ab Anfang Oktober 1943, zum Fronteinsatz gekommen ist. Deshalb sind die nachstehenden Aufzeichnungen über den weiteren Kriegsverlauf von besonderer Bedeutung, weil Vater sicherlich in diese Geschehnisse involviert war.
25.09.1943: Die Deutschen errichten eine erste Verteidigungslinie nördlich von Salerno quer über das italienische Festland. Danach zogen sich die unter dem Oberbefehl von General Kesselring stehenden deutschen Truppen rasch bis zur *Gustaf-Linie* zurück. Dort wurden dann am 20.11.1943 die Offensiven durch die Alliierten (5. US-Armee und 8. britische Armee) eingeleitet.

LUBBERS_HANS_D19L_034

Hans Lübbers.
Aus einer Nachricht vom Januar 1944: Kämpfe im Raum Monte Cassino.

31.12.1943: Die Alliierten-Generäle Montgomery (England) und Eisenhower (USA) übergeben ihre Kommandos der in Italien kämpfenden Truppen an die Generäle Leese bzw. Alexander. Es folgen von Anfang Januar 1944 bis zum 18. Mai 1943 erbitterte Kämpfe in der Region um den legendären Monte Casino, mit wechselnden

Erfolgen und hohen Verlusten an Menschen und Material auf beiden Seiten.

04.06.1944: Nach weiteren schweren Kampfhandlungen ziehen die Alliierten in Rom ein. Währenddessen führt die 8. englische Armee auf der Adriaseite *„Säuberungen"* durch.

05.06.1944: Nördlich von Rom bilden die deutschen Truppen eine neue Verteidigungslinie. Die 5. US-Armee rückt dennoch unaufhaltsam am Mittelmeer entlang vorwärts.

19.06.1944: Livorno fällt.

11.08.1944: Florenz fällt, obwohl die Deutschen am 8.8. Verstärkung von der Ostfront heranziehen.

15.08.1944: Die deutschen Truppen ziehen sich auf die *Goten-Linie* zwischen Pisa im Westen und Rimini im Osten zurück. Die alliierten Truppen halten sich danach zeitweilig von weiteren Offensiven zurück, weil gleichzeitig die alliierte Landung in Südfrankreich vorbereitet wird.

25.08.1944: Die 8. britische Armee greift südlich von Rimini an, durchbricht die Goten-Linie und nimmt Rimini am 21.09.1941 ein.

01.10.1944: Die 5. US-Armee holt zum letzten Schlag gegen Bologna aus. Ein Wintereinbruch stoppt allerdings diesen Vormarsch. Zitat: *„Aufgrund des ungewöhnlich harten Winters 1944/45 erstarrte die italienische Front, die nach der alliierten Invasion in der Normandie für beide Seiten ohnehin nur noch einen Nebenkriegsschauplatz darstellte, bis Mitte April 1945."*

Wo sich mein Vater während der vorstehend geschilderten Zeit konkret aufgehalten hat, ist nicht überliefert. Er wird mit Sicherheit an Front- und Kampfeinsätzen beteiligt gewesen sein. Meine Mutter berichtet, dass er 1944 zweimal kurz in Urlaub gewesen ist; das letzte mal über Weihnachten 1944. Meine Mutter schreibt: *„Am 6. Januar 1945 musste er wieder zurück an die Front."* Die beiden sehen sich erst am 30.3.1948, also drei Jahre und drei Monate später wieder. Aufgrund der Tatsache, dass Vater in englische Gefangenschaft gerät, lässt sich vermuten, dass er sich, zumindest von Anfang 1945 bis Ende April 1945, im östlichen Italien, in dem vorwiegend englische Einheiten aktiv waren, aufgehalten hat.

Anfang Februar 1945: Vater wird durch Granatsplitter im Bauchbereich schwer verletzt und kommt in ein Lazarett. Nur der Tatsache, dass seine Verdauungsorgane aufgrund der schlechten Ernährung fast leer sind, ist es zu verdanken, dass er diese Verletzung überlebt.

09.04.1945: Vater kommt, nachdem er einigermaßen genesen ist, wieder an die Front. An diesem Tag nehmen alliierte Truppen ihre Angriffe gegen die *Goten-Linie* wieder auf. Anzunehmen ist hierzu, dass seine schweren Verletzungen zu diesem Zeitpunkt keineswegs bereits völlig verheilt waren. Vermutlich wird aber in dieser Endphase des Krieges jeder, der einigermaßen auf eigenen Beinen stehen kann, wieder in den Kampf geschickt.

20.04.1945: *„Führers Geburtstag“* brechen die Alliierten in die Po-Ebene durch. Die Verteidigung der sich zurückziehenden Deutschen bricht anschließend zusammen. In dieses Wirrwarr fällt die Gefangennahme unseres Vaters durch britische Soldaten. Der genaue Tag dieses Ereignisses ist nicht überliefert. Ich kann mich aber daran erinnern, dass Vater sinngemäß etwa folgendes berichtete: *„Wir waren auf der Flucht vor den überlegenen feindlichen Verbänden und wurden so an den Po-Fluss zurückgedrängt. Es gab keine Brücke und kein Boot und so wären wir gezwungen gewesen, unsere Flucht über den Po-Fluss schwimmend fortzusetzen. Der Fluss war mit dahintreibenden Leichen übersät. Während wir deshalb noch zögerten, wurden wir von englischen Soldaten entdeckt und gefangen genommen.“*

29.04.1945: General Vietinghoff, letzter Befehlshaber der deutschen Italien-Truppen kapituliert, als die Alliierten die Front bis über Venedig hinaus aufgerollt haben.

Nach dem Ablauf der vorstehenden Ereignisse ist anzunehmen, dass mein Vater zwischen dem 20. und 22. April 1945 in englische Gefangenschaft gerät. Am 8. Mai 1945 schreibt er einen ersten Brief aus der Gefangenschaft an meine Mutter. Zu diesem Zeitpunkt hält er sich offensichtlich noch in einem Lager in Italien auf. Der nächste, am 27.05.1945 geschriebene Brief, kommt bereits aus Ägypten, wo er bis Frühjahr 1948, also insgesamt fast drei Jahre lang, gefangen gehalten wird.

D. AUFZEICHNUNGEN MEINES VATERS IN DER KRIEGSGEFANGENSCHAFT 1945 UND 1946

„Heute ist der 4.11.1945, der 33. Geburtstag meiner lieben Frau. Es ist Sonntag und meine Gedanken sind schon seit dem frühen Morgen zu Hause in Ostfriesland. Wie wird es dort sein? Es ist sechs Monate her, seit dem ich zum letzten mal schrieb. Mir geht es gesundheitlich gut, hoffentlich auch all denen zu Hause. Zum Gedenken an diesen Tag war ich heute zur Kirche und zum Abendmahl. Hoffentlich sind wir im nächsten Jahr wieder zusammen, das ist meine größte Hoffnung.

18.11.1945: Es ist ein regnerischer Tag. Meine Gedanken sind wieder viel zu Hause. Seit dem 16.10 sind wir im Lager 382 bei Eldawa, kommen vom Lager 380 am Bittersee. Von dort waren wir 28 auf der Bahn. Zeltbesatzung 8 Mann. Nachts hatten wir Wasser im Zelt.

19.11.1945: Die Sonne scheint wieder, es trocknet sehr schnell ab. Es wird morgens um 6:00 hell und abends um 6:30 Uhr dunkel. Sonst ist alles beim Alten. Sehr magere Kost. Ich habe sehr abgenommen. Tagesration: Milchsuppe, Erbsensuppe und 280 Gramm Brot.

20.11.1945: Mein Geburtstag – ich werde heute 36 Jahre alt. Am Abend kommt eine Spielgruppe, die spielt sehr gut. Von K.H. Kulp bekam ich heute 2 Zigaretten. Mehr konnte ich auch nicht erwarten, trotzdem, es war ein großes Geschenk. Ich denke oft an zu Hause – wie wird es dort wohl sein??? Post erhielt ich immer noch nicht.

14.12.1945: Es geht mir gesundheitlich gut. Immer noch keine Nachricht von zu Hause. Wie mag es dort sein ? Ich habe beste Hoffnung.

24.12.1945: Weihnachten in Afrika.
Es ist schönes Wetter, die Sonne scheint warm. Um 15:00 Uhr gehe ich in die Kirche. Dort steht ein künstlicher Baum als Ersatz für einen Weihnachtsbaum. Es gab 24 Zigaretten und ¼ Päckchen Tabak. Zwischen 19:00 und 20:00 Uhr gehe ich allein in Gedanken an daheim den Zaun entlang, um so wenigstens in Gedanken mit Frau, Kind und Heimat verbunden zu sein. Wie wird es dort wohl sein?
Zum ersten Mal fällt heute die Zählung aus. Es herrscht ein Sandsturm. Um 8:00 Uhr versuche ich, im Lager Bekannte zu finden. Leider vergebens. Um 10:00 Uhr gehe ich zur Kirche. Eine Weihnachtsstimmung kann ich nicht finden, hinter Stacheldraht ist das schwer. Dennoch heißt es „Friede auf Erden und den Menschen ein Wohlgefallen."

26.12.1945: Der Sand weht noch immer und es ist kalt. Weihnachten 1945 geht zu Ende. Ob ich im nächsten Jahr mit der Familie zusammen bin??? Gott gebe uns allen die Gesundheit und beschütze Frau und Kind. Da die Verpflegung sehr mangelhaft ist, war es sehr gut, etwas für Weihnachten aufzusparen. Ich bin deshalb satt geworden, seit langer, langer Zeit. Das ist bis jetzt mein trostlosestes Weihnachten meines Lebens gewesen, dennoch erfreue ich mich meiner Gesundheit. Hoffentlich ist es im nächsten Jahr besser.

1.1.1946: Der Tag ist hier ein Alltag und muss ausgelegt werden. Das Mittagessen ist sehr kläglich. Heute gab es Erbsen mit Gulasch. Abends gab es Speck, wovon ich einen Teil nehme um eine Zigarette zu kaufen. Es geht mir sonst gut. In Gedanken bin ich fast immer in der Heimat. Es ist gutes Wetter, die Sonne scheint. Hoffentlich kommen wir dieses Jahr nach Hause. Das Ergebnis des Tages waren harte Erbsen und die schöne Karte und zum Abschluss ein schöner Film. Das ist Neujahr 1946 in Afrika hinter Stacheldraht.

5.1.1946: Heute genau vor einem Jahr nahm ich Abschied von Euch allen. Nun liegt ein ganzes Jahr dazwischen. Es ist so still, da gehen die Gedanken wieder zurück in die Heimat. Besonders am Abend in der Dämmerung. Gleich gehe ich meinen allabendlichen Rundgang zu machen, wie ein Tier, immer am Stacheldraht entlang. Wir sind noch immer nicht in Arbeit. Heute habe ich mich als Kraftfahrer gemeldet, Trotzdem dass ich schon gegessen habe, habe ich Hunger. Hoffentlich haben die Lieben zu Hause mehr zum essen, für mich ist das nicht so schlimm.

15.1.1946: Wir ziehen um von 2 nach 8. Damit werde ich von meinen alten Kameraden getrennt, mit Rindsführer bleibe ich zusammen. Es ist nur kurz, denn am 19.1. geht es weiter von Lager 382 nach 383 Käfig 3. Hier treffe ich mit den alten Kameraden wieder zusammen. Bekomme von Kulp eine Zigarette. Es ist schon ganz schön warm und ich denke an Euch Lieben. Da zur Zeit Post kommt, hoffe ich auch, erst dann darf ich wieder schreiben. Wir liegen jetzt mit 10 Mann im Zelt und sogar mit Gustav Netzel aus Aurich zusammen, aber nur kurze Zeit. Am 6.2. verlassen mich Netzel und auch Rindsführer, die kommen nach 381. Ich ziehe um und komme wieder mit Kulp und Lantsch zusammen. Am 8.2. zieht wieder ein Landsturm durchs Land. Noch immer keine Nachricht von zu Hause. Hoffentlich bald!

Ostern 1946: Noch immer im Lager 383. Gesundheitlich geht es mir gut. Es ist schon sehr schönes Wetter. Da ich nun mehr Post erhielt, habe ich am 5. und am 15.4. geschrieben. Es war eine Freude, wenn auch noch so kurz. Es ist Ostern, wie wird es zu Hause sein? Klein Hinrich wird sich auch schon am Eierwerfen beteiligen, bei gutem Wetter. In diesem Monat habt ihr zu Hause. Leider bin ich nicht dabei. Sonst nichts Neues. Möchte doch gerne nach Hause – aber wann??? Am 15.5. werde ich versetzt, von K3 nach K13. Wir werden zu einem Arbeitskommando zusammengestellt.

18.5.1946: Mit der Bahn geht es nach 379/5. Als wir dort ankommen, sind dort schon 900 Männer.

21.5.1946: Bübchens Geburtstag. Ich denke sehr viel an den Kleinen, der ja heute 3 Jahre alt wird. Ich werde von hier wieder versetzt. Es ist jetzt schon sehr heiß.

22.5.1946: Heute werden wir nach 3105 verlegt, wo wir eine Prüfung als Kraftfahrer machen sollen.

28.5.1946: Ich habe die Prüfung bestanden. Kann wieder mal schreiben. Wir haben die Nummer 3106. In diesen Tagen möchte ich wieder zu Hause sein, bei Frau und Bübchen. Erhalte jetzt mehr Post.

1.6.1946: Heute beginnt meine Arbeit, aber nicht wie ich dachte als Kraftfahrer, sondern als Kranführer.

3.6.1946: Wir ziehen um in das Lager 3106. Es gibt jetzt mehr zu Essen und die Zeit vergeht viel besser. Mir wird jetzt aber klar, dass ich 1946 die Heimat wohl nicht mehr sehen werde, was doch über alles mein bester Wunsch wäre.

25.6.1946: Heute bekam ich meine erste Löhnung von 38 Piaster.

29.7.1946: Meine zweite Löhnung, 57 Piaster. Nicht viel, doch etwas, das Leben ist jetzt leichter und die Zeit vergeht viel schneller. Einmal muss auch die Zeit der Rückkehr für uns kommen. Wir sind hier 2000 Mann.

LUBBERS_HANS_D19L_042

LUBBERS_HANS_D19L_038

Hans Lübbers in der Kriegsgefangenschaft in Ägypten. Das Bild rechts trägt folgende Notiz: Aufgenommen am 14. Oktober 1946. Mittags, Zelt 44 3106.
Auf dem Foto links ist Hans Lübbers der Zweite von links. Rechts steht er ganz rechts außen.

4.11.1946: Wieder ist ein Jahr verflossen und ich bin immer noch nicht zu Hause. Ich habe heute gearbeitet und einen Kameraden besucht. Am Abend ist hier Theater. Ich habe heute wieder sehr viel an zu Hause gedacht. Ich hoffe doch sehr, dass ich im nächsten Jahr wieder zu Hause sein werde. Post habe ich seit 14 Tagen nicht erhalten.

Hier enden die Aufzeichnungen im Notizbüchlein meines Vaters.
[Es gibt aber einige Schriftstücke und Briefe die noch übersetzt werden müssen.]

E. BRIEFE

22.3.1947: Gedankengänge. Sonntag, den 22.3.1947.
Es ist Sonnabend. Alle sind zum Kino und ich bin ganz allein. In solchen Stunden gehen die Gedanken heim, zu Frau, Kind und zur Familie. Der Krieg ist nun bald zwei Jahre vorbei und wir sitzen hier immer noch in Gefangenschaft. Wir fragen uns, warum muss das sein? Mir wird immer bewusster, dass der einzelne Mensch ganz wenig, ja eigentlich garnichts bedeutet.
Sechs Jahre bin ich schon von Frau und Kind getrennt und wer weiß wie lange noch, denn es besteht noch keine Aussicht auf Entlassung. Man spricht von Schicksal. Aber ist es Schicksal, wenn man von Menschen festgehalten wird, die damit ein bestimmtes Ziel verfolgen? Nein, es ist Willkür, die man als Betroffener nicht ändern kann? Die Welt spricht von Mensch-

lichkeit und Humanität, aber es scheint, das diejenigen die so etwas zu Papier bringen, die Bedeutung dieser Worte garnicht verstehen. Wie und aus welchen Gründen kann es sein, dass man Menschen, die fast alles verloren haben in einem fremden Kontinent festhält und damit zulassen, das deren Familien dem Verbrechen und ihrem Verderben preisgegeben sind? Ohne den Gefangenen die Möglichkeit zu geben, sich selbst und ihren Familien zu helfen. Ich denke an die Worte, die man uns in der zurückliegenden Zeit eingehämmert hat und die sich als leere Phrasen erwiesen haben. Ein großer Teil der Welt liegt in Trümmern, es herrscht Hunger, Arbeitslosigkeit und Armut. Trotzdem bringt man es fertig, tausende gesunde Menschen hinter Stacheldraht festzuhalten, die für geringsten Lohn unsinnige Arbeiten verrichten. Hier hat man Menschen aus allen Berufen, die im normalen Leben das Zehnfache leisten könnten. Stattdessen muss man sich hier große Mühe geben, nicht in Sturheit, Stumpfsinn und völlige Gleichgültigkeit zu verfallen. Man sieht hier Menschen und man hört sie sprechen – aber sie tun das Gegenteil von dem was sie sagen. Man verliert so jedes Vertrauen in diese Menschen, auch weil sich ständig alles ändert. Und dazu die ständige Ungewissheit, wie es weiter geht. Das ist alles sehr, sehr schwer.

Aber heute Abend beschäftigen ich mich im wesentlichen wirtschaftliche Fragen für die Zeit, wenn diese Gefangenschaft einmal zu Ende geht und wenn ich wieder zu Hause sein werde. Was kann ich anfangen, um das Leben für uns erträglich zu machen und um der wirtschaftlichen Not am besten zu entgehen? Da gibt es vieles zu überlegen. Voraussetzung ist ja erst einmal unsere Gesundheit, die wir beide gottseidank noch haben. Wir wollen hoffen dass das noch lange so bleibt. In Deinen Briefen lese ich, dass es zu Hause alles ganz anders aussieht als damals, als ich fortging. Heinrich hat Anni geheiratet ist ganz aus unserem Betrieb ausgeschieden. Hinrich ist verwundet und dabei, mit seiner Familie und dem Geschäft wegzuziehen. Also stehen wir beide vor ganz anderen Verhältnissen als damals. Nehmen wir aber mal an, dass wir noch einen Teil des Viehbestandes und noch einen Teil der Geräte (welche sicher reparaturbedürftig sind) haben, womit wir erst einmal beginnen können. Zu welcher Jahreszeit komme ich nach Hause? Sind noch Hilfskräfte vorhanden? Es muss ja alles geregelt werden. Bei meinen Gedanken komme ich immer wieder zu Fragen oder Dingen die unklar sind, so dass ich hier auch keine Antworten finden kann. Es ist gut, dass wir beide, Du und ich, an ein hartes Leben gewöhnt sind. Es wird deshalb nichts geben, was uns an harter Arbeit hindern kann. Auch Sparsamkeit haben wir gelernt, das ist immer die Grundlage für einen neuen Anfang. So hoffe ich sehr, dass es mir irgendwann gelingt, wieder Herr meiner selbst und Herr der Lage zu sein. Deiner Unterstützung bin ich mir immer sicher. Es wird noch dauern, bis ich meine Gedanken in Taten umsetzen kann und deshalb denke ich unentwegt an den Tag meiner Heimkehr. Trotzdem schreibe ich Dir heute Abend, worüber ich ständig nachdenke.

Vor allem auch, was ist mit unseren Geldquellen, die ja immer im Vordergrund stehen werden? Da auf dem Hof ja alles schwer runtergekommen ist, muss ich erst einmal versuchen,

die notwendigsten Arbeiten zu machen. Ich denke, dass wir zuerst Geld beim Torfgraben verdienen müssen. Das kann uns erst einmal Aufschwung geben. Nun kann es aber sein, dass ich erst im Sommer komme und es zum Torfgraben dann schon zu spät ist. Es bleibt mir dann wohl nur noch, dass ich mich erst den Maschinen zuwende, um damit erst einmal das notwendigste Geld zu verdienen. Die Leute die Du hast, solltest Du über den Winter behalten, wenn es irgend geht. Eine Wirtschaft ohne Arbeitskräfte ist undenkbar und deshalb für uns besonders wichtig. Ganz allein von unserer kleinen Landwirtschaft werden wir wohl nicht leben können. Damit bist du dann an Schwerstarbeit gebunden und kannst Dir sonst nicht viel leisten. Das ganze Wirtschaftsleben ist am besten in Gang zu bringen, wenn man im Frühjahr anfängt grundlegende Änderungen vorzunehmen, die sich über das Jahr hinziehen. Weder Krieg noch Gefangenschaft haben an meinen Plänen etwas ändern können. Nur bis jetzt bin ich nicht in der Lage, außer in Gedanken, davon etwas anzupacken. Die Hauptsache ist und bleibt immer unser Land und das Vieh. In diesem Jahr wirst Du wohl am meisten dazu beitragen müssen, dass alles möglichst erhalten bleibt und dass es im nächsten Jahr noch gut aussehen wird. Ich weiß, dass Du das tun wirst, aber auch Deine Kräfte haben Grenzen. Wenn Du im Sommer auf Dich allein gestellt sein wirst, werden Dir Dinge und Schwierigkeiten begegnen, an die Du bis jetzt garnicht gedacht hast und die nicht leicht zu regeln sein werden. Leider weiß ich ja, dass Frauen oft nicht für voll genommen werden. Ich will aber wissen wie und wo so etwas geschehen sollte. Du wirst jeden Morgen vor Aufgaben stehen, die Du bisher nicht gekannt hast. Ich glaube aber, dass Du das schaffen wirst – lei der kann ich Dir ja nicht helfen.
Am wichtigsten wird sein, was mein Bruder Hinrich macht. Was er mitnimmt und wann er endgültig vom Hof wegzieht. Dann werden wir wissen, wie mit und womit wir weitermachen können.
Ich habe so viele Gedanken, so dass sich diese bei den vielen zu lösenden Problemen oft fast überschlagen und garnicht so schnell zu Papier zu bringen sind. Ich frage mich oft, warum ich so viel schweres von Dir verlangen muss. Du tust das alles selbstverständlich und ohne zu fragen. Und das ist die Antwort, die ich mir dann gebe: Aus einem solch schweren Leben muss eine unzerbrechliche Verbindung entstanden sein, an der wir beide noch einmal unsere Freude haben werden.

Ostern 1947.
Bin mal wieder ganz alleine. Ich komme mit allen Leuten hier gut aus. Aber viele richtige Freunde habe ich nicht. Die Menschen sind ja alle verschieden. Ein Berufssoldat gibt keinen guten Bauern, aber ein Bauernsohn einen guten Soldaten. Junge Leute, die in der Landwirtschaft aufwachsen, sind gewohnt ihre tägliche Arbeitszeit wegen der Abhängigkeit vom Wetter auf 10, 12 oder 14 Stunden zu erhöhen. Weil es nicht anders geht, als die Saat bei gutem Wetter aus- und die Ernte bei gutem Wetter einzubringen. Leute in der Stadt sind kaum

bereit, freiwillig auch nur eine halbe Stunde länger zu arbeiten, es sei denn gegen gute Bezahlung, die es auf dem Land dafür garnicht gibt. Nur mit Arbeit und gesundem wirtschaftlichen Denken kannst Du es zu etwas bringen. Eine gute Kinderziehung ist dafür die Grundlage, aber die ist schon faul, wenn kein gutes und harmonisches Familienleben vorhanden ist.

Wir hier in der Gefangenschaft haben nur alle den Wunsch, bald nach Hause zu den Lieben in die Heimat zu kommen, dort anzupacken und sich des Lebens zu erfreuen.

Anmerkung: Es ist mir erst jetzt gelungen, genaueres über den Aufenthaltsort meines Vaters während seiner Gefangenschaft in Ägypten herauszufinden. Hierbei war mir das Internet behilflich. Autor: Helmut Wolff, München.

Mein Vater schreibt, in seiner Notiz vom Lager 382 in bzw.: *„bei Eldawa"*

Dieser Ort heißt in Wirklichkeit bzw. heute *El Daaba* und liegt rund 300 km westlich von Kairo sehr nah an der Küste. Zu *El Daaba* gehörten die Arbeitslager 381, 382 und 383. In den Notizen ist außerdem von Lagern und Arbeitskompanien *am Bittersee* die Rede. Mein Vater war zuerst offensichtlich im Lager 380 in *El Fanara* am *Bittersee* untergebracht und kam am 18.11.1946 in die Lager um *El Daaba*. Seit Mitte 1946 war Vater, bis zu seiner Heimreise Anfang 1948, im Arbeitslager *Tel el Kebir*, etwa 100 km östlich von Kairo untergebracht. Das war die Zeit, in der er als Kranführer in einer der Verladestationen am nahen Suez-Kanal gearbeitet hat. Von dort begann auch die Heimreise am 9.3.1948, die ab dem etwa 100 km entfernten Hafen von Port Said mit einem Schiff weiterging.

Letzte Aufzeichnung im Notizbuch meines Vaters am Ende der Gefangenschaft:

Die Heimfahrt beginnt am 25.2.1948. Um 7:30 Uhr verlassen wir in froher Stimmung die Kompanie 3106. Wir werden in Kompanie 3105 umgeladen. Mit 15 Mann auf einem LKW. Um 15:00 Uhr geht es weiter, in langsamer Kolonnenfahrt nach 380, wo wir um 12:00 Uhr ankommen. Hier erfolgt die Einladung in Käfig Nr. 3106, der kommt nach K 22. Es beginnt eine Wartezeit, voraussichtlich bis 9.3. sagt man uns – wer weiß? Die Tage vergehen in bester Hoffnung. Es gibt noch allerlei zu regeln. Am 8.3. um 14:00 Uhr haben wir eine Filzung, die sehr gut verläuft und sehr schnell geht. Keiner fällt auf, ist auch nicht notwendig, denn es ist sinnvoll nur das mitzunehmen, was man braucht. Am 9.3. wird unser Gepäck verladen und es geht gleich zur Bahn. Am 10.3. geht es gleich am Morgen zur Gesundheitsprüfung. Wir erhalten dort einen Impfschein und eine Bescheinigung über das Gepäck. Am 11.3. müssen wir zur Kontrollstelle. Wir erhalten dort eine weitere Bescheinigung und 20 Zigaretten für die Fahrt. Am 13.3. früh am Morgen geht es los: 6:15 Uhr antreten zur Zählung. Um 8:00 Uhr Abgang zur Bahn, die um 9:30 Uhr abfährt. Richtung Port Said, wo wir um 12:30 Uhr ankommen. Sofort beginnt das Aussteigen und es gibt etwas Tee und ein Stück Kuchen. Wir

werden noch mal gezählt und kommen dann aufs Vorderschiff. Um 11:00 Uhr gibt es das erste Essen auf dem Schiff. Anfangs ist das Essen gut, später wurde es schlechter und es gab stets wenig. Sonnabend den 18.3. Fährt das Schiff um 22:00 Uhr ab. Um Mitternacht passieren wir Malta, ich habe aber nichts davon gesehen. Am Morgen die Insel Pastellria und Mittags Bizorta am tunesischen Festland. Die See ist ruhig.
Freitagabend geht es mir schlecht, ich habe Schüttelfrost und Fieber (Malaria). Sonnabend den 20.3. passieren wir Gibraltar bei Dunkelheit und am 22.3 sehe ich Lissabon von weitem. Am nächsten Vormittag Frankreichs Küste sichtbar und von 14:00 bis 16:00 Uhr sehen wir die Küste Englands. Die See ist auch hier immer noch ruhig. Donnerstag, den 25.3. umfahren wir noch ein altes Minensperrgebiet Um 15:15 Uhr fällt der Anker, weil wir erst die Flut abwarten müssen und dann kommt auch noch Nebel auf, so dass wir erst noch auf bessere Sicht warten müssen. Erst am nächsten Tag um 14:00 Uhr geht es endlich weiter.
Am Sonnabend, den 27.3. kommen wir gegen 17:00 Uhr endlich im Hamburger Hafen an. Es wird ausgeladen, wir gehen von Bord und werden direkt nach Munsterlager gebracht. Erst am 30.31948. geht es endlich weiter. Ich werde mit einer zweispännigen Kutsche am Bahnhof Wrisse abgeholt und bin nun, nach einer Abwesenheit von mehr als vier Jahren mit Lebensgefahr, Angst, Einsamkeit und Sehnsucht, endlich wieder bei meinen Lieben zu Hause.

ANHANG 32

FRAUKE & ELSKE CAMP

Familienstammdaten der Ehefrauen von Hinrich Lübbers und Johannes Lübbers.
[Erläuterung: Bei den angegebenen OSB-Nrn. handelt es sich regelmäßig um das Ortssippenbuch von Engerhafe.]

GENERATION IX:

Der älteste im OSB von Engerhafe vermerkte Vorfahr von Frauke und Elske Lübbers geb. Camp ist:
WILLEM ALBERTS (OSB 88) Upende, * ?, † 10.3.1682, ∞ unbekannt.
[Weitere Eintragungen enthält das OSB nicht.]
Sohn: > Albert Willems (OSB 3385) † 15.4.1732.

GENERATION VIII:

ALBERT WILLEMS (OSB 3385) Schneider zu Upende, * ?, † 15.4.1732, ∞ 4.7.1697 Eng., **ANCKE DIRKS**, * 1674, † 9.12.1755 (Eltern der Ehefrau: im OSB keine Angaben) Albert Willems ist auch auf Seite 105 des Kopfschatzungsbuchs von 1719 aufgeführt.
Kinder:
> Talke Albers (OSB 101, 225) * 1699, † 30.11.1781, ∞I 1729 Jan Allen, Veenhusen, ∞II 1745 Harmen Behrends, Upg
> Willem Albers (OSB 90) * 1701, † 02.12.1780, ∞ 1733 Aje Janssen, Loppersum
> Tettie Albers * 16.01.1707, † 26.07.1712
> Gretie Albers (OSB 1482, 988) * 05.03.1711, † 02.06.1757, ∞I 1732 Jann Heien, Upende, ∞II 1753 Hinrich Friedrichs, Upende.
> **DIRCK ALBERS** (OSB 60) * 25.08.1718, † 19.07.1796, ∞ 1746 Baucke Eiolds, Upgant

GENERATION VII:

DIRCK ALBERS (OSB 60), Schneider in Upende, * 25.8.1718 Eng., † 19.7.1796 *(Kolik)*, ∞ 22.6.1746 **BAUCKE EIOLDS** (Vater Eiold Bartels, Upgant – keine weiteren Angaben) * 1724, † 1794 *(Altersschwäche)*.
Kinder:
> Eiold Dircks * 20.06.1746, † 22.07.1766 *(Kolik)*
> Albert Dircks * 17.01.1749, † 29.11.1750
> Albert Willems Dircks (OSB 631) * 12.11.1751, † 27.01.1819, ∞ 1783 Metje Caspers, Theene
> **HINRICH DIRCKS** (OSB 664) * 19.11.1756,† 3.12.1809, ∞ 1783 Voolke Willems, Vict.
> Agthe Dircks (OSB 2839 und Vict. 4715) * 06.12.1760, † ?, ∞ 1782 Hinrich Rolfs, Vict.

GENERATION VI:

HINRICH DIRCKS (OSB 664, OSB Vi 1000) *Einwohner zu Upende* bzw. *Arbeiter in Victorbur* * 19.11.1756, † 3.12.1809, ∞ 27.4.1783 **VOOLKE WILLEMS** (OSB Vi 3166) * 16.1.1762 Victorbur, † 6.3.1828 Eng.
Eltern der Ehefrau: Willem Janssen (OSB Vi 3166), *Arbeitsmann in Uthwerdum, Warfsmann in Victorbur*, * 25.02.1732, † ?, ∞ 9.4.1752, die Witwe des Jelte Ennen (OSB Vi 1265), Haucke Tieben (OSB Vi 5247) aus Wiegboldsbur, * 25.10.1728, † 17.12.1809.
Kinder:
> Haucke Hinrichs * 25.08.1783 Eng, † 27.10.1795 *(Krämpfe)*
> Baucke Hinrichs * 18.08.1786 Eng, † 09.06.1795 *(auszehrender Husten)*
> Evke * 06.01.1790 Vi, † 02.05.1794 *(blindes Kind)*
> Dirck Hinrichs (OSB 407und OSB Vi 676) * 21.07.1792 Vi, † 31.07.1866 *(Schwindsucht)* ∞ Tetje Damm

> **WILLM HINRICHS** (OSB 415) * 19.09.1795 Eng, † 28.11.1843 ∞ Antje Luitjens
> Baucke Hinrichs (OSB 2964) * 15.03.1798 Eng, † ?, ∞ Redelf Schwitters,
> Haucke Hinrich (OSB 2411) * 15.05.1801 Eng, † 29.10.1844, ∞ Ocke Meyer, Upende

GENERATION V:

WILLM HINRICHS CAMP (OSB 415) *Warfsmann in Upende*, * 16.9.1795, † 28.11.1843 *(Auszehrung)*, ∞ 29.4.1820, **ANTJE LUITJENS** (OSB 82), * 28.10.1799, † 27.1.1847 *(Schwindsucht)*

Eltern der Ehefrau: Luitjen Alberts (OSB 82), *Colonist und Warfsmann hinter Upende, Moorhusen*, * 23.3.1774, † 18.11.1835 *(Kolik)*, ∞ 3.10.1796 Vict., Frauke Mennen (OSB Vi 5586: Vater Menne Weyers, *Warfsmann in Victorbur* (OSB Vi 127), offensichtlich 1. Ehemann Luitjen Janssen Alberts. Die Eltern der Braut sind identisch mit den Eltern der Braut des Sohnes Hinrich Dirks Wilm Camp (OSB 409). Vater und Sohn haben also Schwestern geheiratet. Kinder:

> Foelke Camp (OSB 361, 2270) * 16.09.1821, † 24.12.1889
> **HINRICH DIRKS CAMP** (OSB 409) * 09.01.1824, † 07.11.1868
> Luitjen Willms Camp, * 25.12.1828, † 26.07.1831

Die älteste Tochter Foolke Camp führt offensichtlich ein für damalige Verhältnisse bewegtes Leben: Am 29.4.1848 heiratet sie Willm Gerdes Brungers (* 1811). Sie gebiert am 15.11.1851 ein Kind (Antje Lutjens Wilms), dessen Vater nicht ihr Ehemann, sondern offensichtlich der Colonist zu Münkeboe Zacharias Eiken Ulfers (OSB 3246) ist. Die Ehe wird, wohl aus diesem Grund, geschieden. Foolke heiratet am 5.8.1855 Harm Lübben (* 1826) aus Moorhusen. Ihr außereheliches Kind Antje stirbt am 14.10.1855 an Wassersucht. Mit Harm Lübben hat Foolke vier weitere Kinder, von denen zwei im Säuglingsalter sterben (OSB 2270). Ihr Vater Willm Hinrichs Camp (* 1795) hat nach seiner Geburt bis etwa 1812 mit Sicherheit noch den Namen Willm Hinrichs Dircks getragen. Auf Grund der Änderungen im Namensrecht um 1812 (den Bürgern wird von der französischen Besatzung auferlegt, sich einen konstanten Familiennamen zuzulegen) entscheidet sich Willm Hinrichs (ggf. auch noch seine Mutter, sein Vater ist bereits 1809 verstorben und Willm ist 1812 erst 17 Jahre alt) offensichtlich für den Familiennamen Camp. Woher dieser Name stammt ist aus den Eintragungen der OSB nicht abzuleiten. Die älteste Person, die mit dem Familiennamen Camp in den OSB verzeichnet ist, ist Dirk Hinrichs Camp (OSB Eng. 407, OSB Vi 676) der ältere Bruder von Willm Hinrichs Camp. Im OSB Vi findet sich unter der Randnummer 679 ein Johann Heinrich Ludwig Campmann, Leutnant unter dem Sächsisch-Coburgischen Militär. Dieser hat eine Tochter, die um 1796 geboren wird. Campmann selbst wird so etwa um 1760 geboren sein. War er als *„Respektsperson"* möglicherweise Vorbild für den Namen Camp?

GENERATION IV:

HINRICH DIRKS WILMS CAMP (OSB 409) *Warfsmann in Oldeborg*, * 9.1.1824, † 7.11.1868 *(Schwindsucht)*, ∞ 29.4.1848, **ANKE LUITJENS** (OSB 82), * 20.5.1824 Eng., † 1.7.1864. Eltern der Ehefrau: Luitjen Alberts (OSB 82), *Colonist und Warfsmann hinter Upende, Moorhusen*, * 23.3.1774, † 18.11.1835 *(Kolik)*, ∞ 3.10.1796 Vict., Frauke Mennen (OSB Vi 5586: Vater Menne Weyers, *Warfsmann in Victorbur* (OSB Vi 127), offensichtlich 1. Ehemann Lütjen Janssen Alberts. Die Eltern der Braut sind identisch mit den Eltern der Braut des Sohnes Hinrich Dirks Wilm Camp (OSB 409). Vater und Sohn haben also Schwestern geheiratet.

Kinder:

> Willm Hinrichs Camp * 02.08.1949, † 11.05.1867 *(Schwindsucht)*
> Luitjen Hinrichs Camp * 24.12.1851, † 26.03.1855 *(Scharlach)*
> Menne Hinrichs Camp (OSB 414) * 12.03.1854, † 22.02.1933, ∞ Johanne Diekmann, 3 Kd
> Luitjen Hinrichs Camp (OSB 413) * 17.11.1856, † ?, ∞ Tätje Schoolmann, 10 Kd
> **DIRK HINRICHS WILMS CAMP** (OSB 408) * 15.05.1860, † ?, ∞ Frauke Tammen
> Jann Luitjens Camp (OSB 412) * 08.03.1863, † ?, ∞ Alberta Peters

GENERATION III:

DIRK HINRICHS WILMS CAMP (OSB 408) * 01.05.1860, † 20.4.1917 *(Asthma)*, ∞ 8.9.1895 **FRAUKE JANSSEN TAMMEN** (OSB 3074) * 7.12.1869, † 24.4.1949

(weitere Daten fehlen vorerst, weil das OSB mit dem 31.12.1899 endet, das gilt insbesondere für die nach dem 1.1.1900 geborenen und gestorbenen Kinder)

Eltern der Ehefrau: Ekke Willms Tammen, *Warfsmann zu Upende*, * 9.5.1838 Eng., † 30.04.1909 Eng. ∞ 7.4.1861 Eng. Elsche Janssen Taden (OSB 3064), * 10.8.1838 Eng, † 19.12.1935 Eng.

Frauke Janssen Tammen hat fünf Geschwister: Willm Tammen * 1862 *Verbleib unbekannt*, Jan Tammen * 1864 *Verbleib unbekannt*, Renke Tammen (OSB 3086) * 1867, ∞ Magdalene Schwitters, 4 Kinder, *Zimmermann Oldenburg*, Jacob Tammen * 1872 *später wohnhaft in Wilhelmshaven?*, Ecke Tammen * 1874, † 1916. *gefallen 1. Weltkrieg (Hofnachbar)*

Die Großeltern der Ehefrau:

mütterlicherseits: Jan Wilts Taden (OSB 3064, 1663), *Arbeiter in Upende*, * 8.3.1795, † 17.10.1858 *(Schwindsucht)*, ∞ 26.4.1823, Frauke Janssen Meints Uphoff (OSB 3273), * 3.1.1797, † 17.3.1865 *(Schwindsucht)*. Jan und Frauke Taden haben sechs Kinder.

b) väterlicherseits: Willm Jacobs Tammen (OSB 3090) *Arbeiter in Upende*, * 10.5.1796, † 13.4.1860 *(Schwindsucht)*, ∞ 16.4.1825 Mareke Jürgens Eilers (Vater Jürgen Eilers, Strackholt) * ?.11.1803, † 9.9.1854. Willm und Mareke Tammen haben zehn Kinder:

> Hinrich Dirks Camp * 03.10.1896, † 22.09.1960
> Elsche Janssen Camp * 19.04.1898, † 01.01.1970
> Ecke Willms Camp * 13.12.1899, † 1906
> Menne Camp * 1902, † 02.06.1962
> Antke Camp * 10.02.1903, † 28.11.1991
> Wilmine (Mimi) Camp * 1907, † 1985
> Eka Camp * 1910
> **FRAUKE JANSSEN CAMP** * 04.11.1912, † 1984

Der Name meiner Mutter Frauke Janssen Camp geht auf Frauke Janssen (OSB 1435), 2. Ehefrau von Lübbe Harten, * vermutlich um 1680, † 30.12.1734, zurück. Dessen Sohn Jann Lübben (Ehefrau Volke Engelbarts, OSB 1606) nennt seine 1736 geborene älteste Tochter Frauke Janssen. Deren Sohn Meindt Janssen (Uphoff) (OSB 2362, 3273 / Ehefrau Antje Harms) wiederum nennt seine 1797 geborene älteste Tochter Frauke Janssen Meints. Diese wiederum ist die Großmutter meiner Großmutter Frauke Janssen Camp, die ihrerseits ihre Tochter (meine Mutter) Frauke Janssen Camp nennt.
So geht der Vorname meiner Mutter in der Familienlinie nachweislich auf das 17. Jahrhundert zurück.

LEBENSGESCHICHTE FRAUKE CAMP

Frauke Lübbers. Meine Lebensgeschichte.
Am 04. November 1912 wurde ich als achtes Kind der Eheleute Dirk und Frauke Camp in Upende Kreis Aurich geboren. Unsere Eltern hatten eine kleine Landwirtschaft, wie die meisten damals auf dem Lande. Es war ein schweres Leben für unsere Eltern, weil unser Vater sieben Jahre an Asthma litt, als Folge einer Grippe. Daran starb er am 20. April 1917, 11 Tage vor seinem 59. Geburtstag. Nun war unsere Mutter alleine mit 7 Kindern, ein Bruder war schon im Alter von 6 Jahren gestorben. Beim Tod unseres Vaters war unser ältester Bruder Hinrich 20 Jahre, Elske 19, Menne 15, Antke 11, Wilmine 10, Eka 7 und ich 4 Jahre alt. Die beiden ältesten Geschwister hatten es besonders schwer, aber auch alle anderen Geschwister mußten schon mithelfen so gut es ging. Meine Schwester Elske mußte schon immer bei anderen Familien mithelfen, obwohl sie klein und zart war. Mein Bruder Hinrich musste den Vater ersetzen. Mutters Bruder, Ekke Tammen, der mit seiner Familie mit 5 Kindern in der Nachbarschaft wohnte, fiel im November 1916 im ersten Weltkrieg. Mein Bruder Hinrich mußte nun auch noch diesen Hof mit versorgen. Familie Tammen hatte aber keine finanziellen Sorgen, weil Tante Geske Kriegerwitwe war und deshalb eine Rente bezog. Mutter bekam dagegen keine Rente, weil selbständige Landwirte auch damals nicht „klebten" d.h. Beiträge für eine Rentenversicherung bezahlten. So mußten wir von Kind an bescheiden leben, waren

zufrieden und glücklich, wenn wir gesund waren. Wir wurden immer von den Leuten bewundert, weil wir uns in der Familie so gut verstanden.
Im Jahre 1919 kam ich in die Schule in Upende, die ich im Jahre 1927 nach 8 Jahren verließ. Ich ging sehr gern zur Schule und habe Tränen geweint, als wir 1927 [...]. Sonntagsnachmittags von 2.00 bis 4.00 Uhr mußten wir ab dem 12. Lebensjahr zum Kindergottesdienst. Daneben fand in der Woche an jedem Montag und jedem Donnerstagvormittag von 10.00 bis 12.00 Uhr im Anschluß an den Schulbesuch der Konfirmandenunterricht statt und am Sonntagvormittag ging es von 10.00 bis 12.00 Uhr in die Kirche. Im Konfirmandenunterricht und in der Schule mußten wir viel auswendig lernen. Gesänge, Sprüche und Bibeltexte lernten wir so intensiv, daß wir viele heute noch kennen.

CAMP_FRAUKE_D19Q_006

Volksschule Oldeborg 1919. Frauke Camp ist in der zweiten Reihe von unten, das zweite Mädchen von rechts.

Ich blieb zuhause und half im Haushalt und auf dem Hof. Dadurch konnte ich unserer Mutter das Leben etwas erleichtern. Mit meiner Mutter war ich sehr oft bei Verwandten und Bekannten zu Besuch. Diese Besuche machten wir meist zu Fuß. Oft waren dies Strecken von 10 bis 12 Kilometern. Auch wenn wir mit der Bahn Verwandte besuchten, mußten wir erst weit zum Bahnhof laufen. Man kann sich heute kaum noch vorstellen, welche weiten Wege wir zu Fuß zurücklegten. Wir haben es aber mit Freuden gemacht, bis Mutter sechzig war, dann wurde es schlechter. Obwohl meine Mutter und ich so viel gewandert sind, bekamen wir beide jeweils im Alter von ungefähr siebzig Jahren ein Knochenleiden, welches das Laufen schmerzhaft und schwer macht. Die letzte Zeit ihres Lebens war Mutter steif. Sie starb am 24. April 1949 im Alter von 79 Jahren. Am 07. Dezember 1949 wäre sie achtzig Jahre alt geworden. Nun bin ich 79 Jahre alt und auch stark gehbehindert. Hoffentlich ist es mir vergönnt, mit meinen Gehstöcken noch lange in Bewegung zu bleiben. Ich schreibe dies im Herbst 1991.
Jedes Leben geht einmal zu Ende. Mein ältester Bruder Hinrich starb am 22. September 1960, Menne am 02. Juni 1962, Schwester Elske am 01. Januar 1970, Wilhelmine 1985 und Antke

am 28. November 1991. Schwester Eka ist jetzt auch kränklich und meine Behinderung macht mir sehr zu schaffen.

Meine Jugendjahre verlebte ich im Elternhaus. Schwester Elske fand durch die Vermittlung von Kusine Elske Stürenburg, Rechtsupweg, 1927 eine Stellung als Haushälterin bei dem Witwer Hinrich Lübbers in Marcardsmoor. Dieser hatte drei Söhne und bewirtschaftete seit 1924 ein kleines Moorkolonat. Der älteste war Bäcker, die jüngeren Söhne Hans und Heinrich Landwirte. Das Moorkolonat hatte Schwiegervater Hinrich Lübbers Im Jahre 1925 vom Staat gekauft. 1925 wurde darauf ein Haus gebaut.

Das Land war ein Heidefeld und mußte noch urbar gemacht werden. Die Kolonate in Marcardsmoor waren fast alle gleich groß. 10 bis 12 Hektar, nur wenige waren größer.

Die Arbeit im Moor war sehr, sehr hart. Die Kolonisten mußten bescheiden leben: Aber die Leute waren harte Arbeit gewohnt, sie waren fleißig und deshalb haben sie es geschafft. Da alle gleich arm waren, war das Zusammenleben unter Nachbarn wie in einer Familie. Kein Neid, kein Hass und kein Streit. Die Frau von Schwiegervater Hinrich Lübbers war 1917 gestorben.

Damals hatte er einen Hof in Bremen-Oberneuland gepachtet. Eigentlich hätte er den Hof seines Vaters in Rechtsupweg erben sollen, weil sein Bruder Lübbert im ersten Weltkrieg gefallen war. Nun war er der Erbe. Deshalb wurde er auch vom Militär entlassen, damit er den Hof bearbeiten konnte. Als Schwiegervater Hinrich seiner kranken Schwester Elske Fleßner in Marcardsmoor zeitweise aushalf, brachte es seine Schwester Lina mit ihrem Verlobten Focko Dettmers fertig, das Hoferbe für sich zu ergattern. Nun stand er mit leeren Händen da und mußte einen neuen Anfang machen. Das war nur durch harte Arbeit zu schaffen.

Bäcker Hinrich hatte sich 1926 neben dem Bauernhaus in Marcardsmoor ein Backhaus gebaut und darin ganz klein angefangen, Brot in einem Torfofen zu backen. Das erste Korn zum Brotbacken, einen Zentner Roggen, holte Schwiegervater selbst mit dem Fahrrad aus Aurich. Das war der Anfang der Firma Lübbers in Marcardsmoor. Weil die ganze Landstelle aus Moor bestand, wurde viel Torf gegraben. Das war schwere Arbeit und erforderte fleißige Hände, aber die Männer schafften es und es ging wirtschaftlich langsam aufwärts.

Sohn Hans war nach Schwiegervaters Weggang von Rechtsupweg bei einer Oma auf dem Hof geblieben. Heinrich ging mit nach Marcardsmoor. Hans hatte in Rechtsupweg ein schweres Leben. Er war schlecht gekleidet, bekam wenig zu essen und als sein Vater ihn Mai 1927 nach Marcardsmoor holte, war er halb verhungert. Die Männer-Familie Lübbers wurde damals notdürftig von den Frauen der Familie Fleßner versorgt.

Schwiegervater kochte aber auch selbst. Oft soll es „Fuhrenzopp" (Updrögt Bohnen) gegeben haben, was die Jungens nicht besonders gerne mochten. Bei den „Kochkünsten" ihres Vaters haben sich die Jungens sicherlich gefreut, als mit meiner Schwester Elske am 01.08.1927 eine

Frau ins Haus kam. Schon bald verliebten sich Bäcker Hinrich und meine Schwester Elske ineinander. Schwiegervater hatte damals ein wenig Sorge, daß auch seine beiden anderen Söhne bald an eine Familiengründung denken könnten. Bäcker Hinrich und Elske heirateten am 12. März 1932. Am 25. Dezember 1932 (Weihnachten) wurde ihre Tochter Johanne Frauke-line geboren. Diese war nach ihren beiden Omas benannt. Alle haben sich sehr gefreut.
Ostern 1928 besuchte ich meine Schwester Elske zum ersten Mal in Marcardsmoor. Damals ahnte ich noch nicht, daß dieses damals noch recht öde Moordorf einmal meine Heimat werden würde. Im Wohnteil des kleinen Bauernhauses in Marcardsmoor war nicht viel Platz. So konnte man fremde Hilfe schlecht unterbringen. Deshalb war ich am 08. November 1932 nach Marcardsmoor gezogen um Elske, die zu der Zeit hochschwanger war, bei der Arbeit zu helfen. Ich habe mich hierüber sehr gefreut, weil ich gern in Marcardsmoor sein mochte. Eineinhalb Jahre, bis zum 15. Mai 1934 blieb ich dort. Gern wäre ich ganz geblieben, aber meine Schwester Antke heiratete den Nachbarsohn, den Bauern Harm Wilts und so musste ich wieder zu Hause helfen. Antke war eine gute Bauersfrau. Sie hatte Lust zur Arbeit auf dem Hof und auf dem Feld. Damals mussten wir alles mit der Hand machen. Es war schwer, aber es hat auch Spaß gemacht. Alles ging ein bißchen gelassener zu und nicht so hektisch wie heute.
Ich habe vor Heimweh geweint als ich von Marcardsmoor weg mußte, um wieder bei Mutter und den Geschwistern im Elternhaus zu arbeiten. Ich hing besonders an Elskes kleiner Tochter Hanne, sie war wie mein eigenes Kind. Weil sie den Namen Frauke noch nicht aussprechen konnte, nannte sie mich „Kaka". Mein Heimweh nach Marcardsmoor hatte aber noch einen anderen Grund: Der zweite Lübbers-Sohn Johannes (Hans genannt) und ich verstanden uns besonders gut und wir hatten uns ineinander verliebt. Ich habe es nicht vergessen, es war am 16. Dezember 1932 als Hans zu mir sagte: „Woran denkst Du, wenn Du am Abend im Bett liegst?" Ich antwortete: „Nach dem Abendgebet sind meine Gedanken bei Dir!"
Es war eine schöne Zeit, so heimlich verliebt miteinander zu leben. Wir konnten dies auch eine ganze Zeit verheimlichen, so daß keiner etwas merkte. Als ich von Marcardsmoor Abschied nehmen mußte, bekam ich von meinem späteren Schwiegervater ein kleines Lämmchen geschenkt. Es war zu schwach zum Saugen, aber durch meine besondere Pflege wurde es bald ganz kräftig. Das Lämmchen und ich, wir hatten beide Sehnsucht nach Marcardsmoor. Wenn das Lämmchen weinte, weinte ich mit. Ich liebte Tiere sehr.
Die schöne Zeit des Zusammenseins mit Hans war nun erst einmal vorbei. Um mit mir zusammensein zu können, mußte Hans nun 6 Jahre lang zuerst mit dem Fahrrad und später mit dem Motorrad 30 Kilometer hin und 30 Kilometer zurückfahren. Er besuchte mich jeden Sonntag.
Auf dem kleinen Moorhof in Marcardsmoor entwickelte sich in dieser Zeit ein reges Wirtschaftsleben. Nachdem es mit dem Bäckereibetrieb und der Landwirtschaft gut voran ging, wurde 1930 zuerst eine Mühle und dann eine Dreschmaschine angeschafft. Die Maschinen

wurden zuerst mit einem Dieselmotor betrieben. Schwiegervater Hinrich hatte schon immer eine „kaufmännische Ader“ und so entwickelte er zusammen mit seinem Sohn Hinrich ständig neue Ideen für Geschäfte. Dies geschah nicht immer zur Freude von Sohn Hans. Der war mit Leib und Seele Landwirt und geriet manchmal mit Vater und Bruder aneinander, wenn diese das beste Vieh verkaufen wollten, um geschäftlich zu investieren.

Anfang der dreißiger Jahre hatten die Kolonisten in Marcardsmoor meist nur einfache Vorrichtungen zum Dreschen des Korns. Manche Bauern droschen noch mit dem Flegel andere schon mit einem Göpel-Drescher. Familie Lübbers drosch und mahlte nun für die Kolonisten in Marcardsmoor. Die Maschinen wurden auf Loren von Hof zu Hof transportiert. Die Wege waren in Marcardsmoor nur schlecht ausgebaut. über das sumpfige Moor hatte man für die Wege einfach Sand aufgeschüttet. Konnte man darüber im Sommer auch gut verkehren, im Winter waren diese Wege oft unpassierbar. Um den Transport wichtiger Güter für die Landwirtschaft, insbesondere Milch sowie Dünge- und Futtermittel ganzjährig sicherzustellen, wurden Feldbahngleise verlegt. Darauf wurden nun die meisten Güter auf Loren, die von Pferden gezogen wurden, transportiert. Für Radfahrer und Fußgänger gab es neben dem Gleis einen mit Hochofenschlacken befestigten schmalen Weg, der „Schlackenpad“ genannt wurde. Erst in den sechziger Jahren bekamen die Marcardsmoorer Wirtschaftswege eine feste Straßendecke.

Der kleine Lohnbetrieb der Familie Lübbers wurde Anfang der dreißiger Jahre durch zwei Lanz-Bulldogs und durch einen weiteren großen Dreschsatz (Dreschmaschine und Strohpresse) ergänzt. 1934 wurde damit der Lohndreschbetrieb auch auf die Marschgebiete ausgeweitet. Hans, der zusammen mit seinem Vater als Werkführer bei der Lohndrescherei arbeitete und dies nicht gerne tat, sagte einmal: „Die Drescherei ist etwas für jemanden, der Vater und Mutter tot geschlagen hat.“ Auch einige Nachbarn aus Marcardsmoor arbeiteten in der Dreschkolonne. Für viele war dies damals wohl die einzige Möglichkeit, den schmalen Ertrag aus der eigenen Landwirtschaft ein wenig aufzubessern. Der Stundenlohn betrug in den dreißiger Jahren oft nur 15 Pfennige und meist hatten die Männer in der Dreschsaison als Bett nur das Stroh, welches sie tagsüber gedroschen hatten.

Die Lanz-Bulldogs mußten zum Starten mit einer Lötlampe vorgeglüht werden. Hans erlitt 1937 bei dieser Arbeit durch eine explodierende Lötlampe schwere Verbrennungen, besonders im Gesicht und an den Händen.

Dies passierte im heutigen Wangerland und Hans kam nach Jever ins Krankenhaus. Durch seinen eingeschwollenen neuen Verlobungsring bekam er dazu noch eine Blutvergiftung.

Auf dem Hof gab es in den dreißiger Jahren zwei Pferde. Diese mußten neben der Arbeit in der Landwirtschaft auch den Bäckerwagen ziehen, mit dem ganz Marcardsmoor und Teile der Nachbargemeinden mit Backwaren und anderen Lebensmitteln versorgt wurden.

Meine Schwester Eka heiratete am 10. Oktober 1937 und Hans und ich verlobten uns am gleichen Tag. Ekas Mann, Hinrich Stürenburg aus Wirdum war Bäcker von Beruf. Er verun-

glückte im Juni 1938 tödlich. Meine Schwester Eka war nun nach 8 Monaten Ehe schon Witwe. Genau ein Jahr nach der Hochzeit, am 10. Oktober 1938 wurde ihre Tochter Hilde geboren. Sie wurde ein liebes, anhängliches und fleißiges Kind und ist auch bis heute so geblieben. Daran konnte Eka sich erfreuen. 10 Jahre später, am 17. Oktober 1947 heiratete Eka zum zweiten Mal, den Landwirt Johann Tholen in Marcardsmoor. Sie bekamen einen Sohn, Heinrich, der leider 1971 schon mit 23 Jahren verstarb. Aber nun im hohen Alter sorgt ihre Tochter Hilde für die beiden.

Nur kurz war die Zeit des glücklichen Zusammenseins. Am 06. Februar 1941 wurde mein lieber Hans zur Wehrmacht eingezogen. Er wurde in Dedelsdorf ausgebildet: Am 06.04.1941 wurde er nach Gent in Belgien versetzt. Dann ging es am 04.06.1941 nach Polen. Hans war dabei, als am 22. Juni 1941 der Krieg mit Rußland begann. Sein Weg führte ihn bis in die russische Stadt Orel, in deren Nähe damals die Front verlief. Der Rückmarsch seiner Einheit begann am 14.10.1941 über Smolensk, Minsk und Wilna zurück nach Deutschland. Ich sah Hans erst am 19.11.1941 wieder, da kam er zum ersten Mal in Urlaub. Am 19.12. wenige Tage vor Weihnachten mußte er wieder weg. Das war hart. Sein neuer Einsatzort war nun Sizilien an der Südspitze Italiens.

Als Hilfe auf dem Hof hatten wir zum Glück Kriegsgefangene. Darunter waren Serben und auch Belgier. Anfang 1943 kam der Deutsch-Russe Krokowski, der hatte sechs Jahre eine deutsche Schule besucht, war Lehrer von Beruf und sprach wie ein Deutscher. Er war ein sehr netter Mann und arbeitete, als sei der Hof sein Eigentum. Zu meinem Mann sagte er einmal wie dieser wieder Abschied nehmen mußte: „Solange ich hier bei ihrer Familie sein kann, brauchen Sie sich nicht zu sorgen.“ Bei Kriegsende, als er frei war, versprach er uns zu schreiben. Aber leider hörten wir nie wieder von ihm. In der Zeit bei uns hatte er immer große Sehnsucht nach seiner Frau und seinen Kindern. Hoffentlich durften sie sich wiedersehen.

Im Mai 1942 hatte Hans Urlaub aus Sizilien und im August 1942 noch einmal aus Sardinien. Am 21. Mai 1943 wurde unser Sohn Hinrich geboren. Es war sehr hart, weil sein Vater fern der Heimat als Soldat in Sardinien war. Zum Glück haben wir alles gut überstanden. Die Hebamme war so lieb, als wenn sie meine Mutter gewesen wäre. Hans kam erst im September 1943 in Urlaub, da war unser Sohn schon vier Monate alt. Im Jahre 1944 war Hans noch zweimal kurz auf Urlaub zu Hause. Besonders glücklich waren wir, daß er Weihnachten 1944 bei uns verleben durfte. Am 06. Januar 1945 mußte er wieder fort.

Es war eine düstere Zeit und es war abzusehen, daß der Krieg wohl bald zu Ende sein würde. Das Leben und die Gesundheit der Männer war ständig bedroht. Das war das Schlimmste.

Im Februar 1945 wurde Hans in Italien durch einen Splitterschuß in den Bauch schwer verwundet. Sein Bruder Hinrich, der noch im August 1944 eingezogen worden war, kam nach Rußland und wurde ebenfalls im Februar 1945 schwer verwundet. Ein Bein wurde ihm abge-

schossen, das andere mußte später noch abgenommen werden. Weil er organisch gesund war und viel Lebensmut hatte, hat er es geschafft. Nach dem Krieg, wie er wieder zu Hause war und Prothesen bekommen hatte, konnte er sogar wieder Motorrad und Auto fahren. Bäcker Hinrich kam am 28.09.1945 aus der Kriegsgefangenschaft zurück. Hinrich de Vries brachte ihn aus Heilbronn mit, weil er mit seiner Verwundung nicht allein laufen konnte. Der Bäckereibetrieb wurde während der kriegsbedingten Abwesenheit von Bäcker Hinrich vom Schwiegervater, mit der Hilfe eines Holländers (Vorname Günter) und einem entlassenen Soldaten namens Kurt Gröhler, weitergeführt. In der schlechten Zeit, nach Kriegsende, wurden die Bäcker verpflichtet, dem Brotteig Maismehl beizumischen. Weil die Bäckerei Lübbers keine Probleme hatte, Brotroggen zu besorgen, verzichtete man auf dieses Beimischen. Die Folge davon war, daß die Leute von weit her kamen, um das maisfreie Lübbers-Brot zu kaufen. Einmal wurden wegen des Andrangs sogar die Fensterscheiben eingedrückt.

Hans schwebte nach seiner Verwundung in größter Lebensgefahr. Er musste, nach einem langen Lazarettaufenthalt , am 09. April 1945 noch wieder zurück an die Front und wurde bei Kriegsende von englischen Soldaten in Nord-Italien am Po-Fluß gefangengenommen. Den Krieg hatte er, Gott sei Dank, lebend überstanden. Er schrieb am 08. Mai 1945 aus der Gefangenschaft einen Brief, den ich erst am 02. Januar 1946 bekam. Ich freute mich sehr, daß er noch lebte. Einen Monat später, im Februar, bekam ich dann eine Karte aus Ägypten. Diese trug das Datum vom 27.05.1945. Darauf stand, daß sich nach der Seereise die Personalnummer geändert habe.
Ich fürchtete nun, meinen Mann nie wieder zu sehen. Drei Jahre des Hoffens und des Sehnens mußten vergehen, bis wir uns wiedersehen durften. Erst am 30. März 1948 war der Tag gekommen, an dem wir uns nach so vielen Jahren der Trennung wieder in die Arme nehmen konnten. Wir waren sehr glücklich. Unser Sohn war schon fünf Jahre alt. Hans hatte ihn nur als Baby gesehen. Hans war sehr glücklich, daß er wieder bei uns in der Heimat sein durfte. Aber er mußte sich erst wieder im Leben zurechtfinden. Im August 1948 mußte er für 11 Tage ins Krankenhaus. Er hatte Malaria und dazu eine Lungenentzündung. Aber auch das überstand er. Für uns war es das Schönste, daß wir nun nach sieben Jahren der Trennung wieder jeden Tag zusammen sein konnten.

Schwiegervater Hinrich war schon im November 1945 mit unserer Schwester Eka, die mit ihrer Tochter Hilde am 01. Oktober 1940 zu uns auf den Hof gekommen war, in Marcardsmoor-Mitte im Geschäft angefangen. Das war ja schon 1940 geplant gewesen. Sie hatten zuerst einige Zimmer im ehemaligen Arbeitsmaidenlager, wo sie begannen, Backwaren und Lebensmitteln zu verkaufen. Die Baracken des Arbeitsmaidenlagers waren aus Holz und standen am Ems-Jade-Kanal. Später wurden diese Baracken gekauft und auf einem eigenen Grundstück am Nord-Georgsfehn-Kanal aufgebaut. Weil dort noch kein Backofen vorhanden war, mußte der Backbetrieb bis 1948 bei uns auf dem Hof im alten Backhaus bleiben. Die Backwaren wurden mit Pferd und Lore zum Geschäft transportiert. Eka arbeitete im Laden. Am Anfang war alles erst einmal einfach und primitiv. Bei uns auf dem Hof blieb auch nach dem Umzug eine Verkaufsstelle in einer Stube. Ein einfaches Brotlager blieb noch bis 1961 bei uns auf dem Hof, zur Versorgung unserer Nachbarn.

Im Krieg waren wir Frauen mit Schwiegervater Hinrich auf dem Hof allein gewesen. Eka war für den Laden zuständig. Elske kochte das Essen und half Eka im Laden mit aus. Ich arbeitete im Stall und in der Landwirtschaft. Die anderen Arbeiten im Haushalt machten wir alle zusammen. In diesen schweren Kriegsjahren galt unsere ganze Sorge und unsere Hoffnung unseren lieben Männern, daß sie gesund aus dem Krieg zurückkommen mögen.
1948 wurde im neuen Geschäft in Marcardsmoor ein Backofen eingebaut. Der wurde zuerst noch mit Torf geheizt. Der Torf kam nun aber nicht mehr mehr direkt in den Backofen selbst, sondern in einen gesonderten Ofen seitlich vom eigentlichen Backofen. Man nannte dieses Verfahren „Dampfbacken." Ab 1968 wurde der Backofen mit Heizöl beheizt.

1958 baute Schwager Hinrich ein neues großes Geschäftshaus an der Stelle, an der früher die Baracke gestanden hatte. Das Gebäude wurde ganz unterkellert. Von da an war es ein schönes Geschäft, was anschließend immer noch weiter verbessert und ausgebaut wurde.
Schwester Elske hatte am 19.04.1935 ihren Sohn Diedrich geboren. Diedrich hatte schon während seiner Schulzeit oft gesagt, daß er wie sein Vater Bäcker werden wolle. Nach Schulzeit und Konfirmation begann er bei seinem Vater, der ja Bäckermeister war, mit der Lehre. Diedrich wurde danach ein guter Geselle, die Arbeit ging ihm immer schnell von der Hand. 1958 machte er seine Meisterprüfung. Sein Vater Hinrich konnte ihm wegen seines Kriegsleidens in der Bäckerei nicht viel helfen. Dafür mußte Mutter Elske öfter mit einspringen. Für sie war das eine schwere Belastung, weil sie auch viel Arbeit im Laden und im Haushalt hatte. Tochter Hanne hatte leider kein großes Interesse, im Geschäft zu arbeiten. Sie heiratete im Juli 1956 den Bauern Jan Lienemann. Auf dem Hof ihres Mannes hat sie schwer arbeiten müssen. Aber sie war fleißig und hat es geschafft. Hanne und ihr Ehemann bekamen zwei Mädchen, Tea und Heidi […].
Diedrich heiratete im Oktober 1960. Seine Frau Helga war sehr tüchtig, wohnte in der Nähe und lernte auch im Laden der Firma Lübbers. Diedrich und Helga Lübbers haben drei Kinder: Dieter, Michael und Claudia. […] Nicht vergessen darf ich unseren Schwiegervater. Solange er körperlich dazu in der Lage war, half er in der Bäckerei mit. Seine Enkelkinder hat er sehr geliebt.

Schwager Heinrich Lübbers heiratete im Krieg, am 06.08.1940 die Nachbartochter Arianne (Anni) Saathoff. Bis zu seiner Einberufung zur Wehrmacht hatte er auf dem Hof geholfen.

Seine Ehefrau Anni hat zwei Schwestern, die mit ihren Ehemännern nach Celle verzogen sind. Schwager Heinrich zog auf den Hof seiner Ehefrau, die die Hofstelle nach dem Tod ihrer Eltern erbte. Auch sie bekamen einen Sohn, Alfred, geboren am15.10.1940 und eine Tochter, Klara, geboren am 28.6.1947. Schwager Heinrich kam schon im Juni 1945 aus der Kriegsgefangenschaft nach Hause. Er mochte gern arbeiten, aber leider war er in der Jugend zu schnell gewachsen und seine inneren Organe waren dadurch geschwächt. Herz und Lunge machten Schwierigkeiten. Er wurde Frührentner und konnte nur noch leichte Arbeiten machen, was ihm gar nicht gefiel. Er ist am 13.05.1972 gestorben.

Für meinen Hans und mich begann nach seiner Rückkehr aus der Kriegsgefangenschaft zunächst eine glückliche Zeit. Seine Brüder hatten beide eine eigene Familie und ein eigenes Zuhause. Wir waren nun für uns und konnten uns der Arbeit auf dem Hof widmen.
Die Lohndrescherei war Mitte der vierziger Jahre aufgegeben worden. Zuletzt wurde sie nur noch mit fremden Kräften geführt, nachdem Schwiegervater sich dem Geschäft widmete. Die Lanz-Bulldogs wurden verkauft. Eine Dreschmaschine und eine Strohpresse behielten wir auf dem Hof. Für unsere Nachbarn, die keine eigene Dreschmaschine hatten, wurde weiter gedroschen. Angetrieben wurde die Maschine nun mit einem Elektromotor, ebenso wie die Mühle, mit der wir noch bis Ende der 50er Jahre Korn für die Nachbarn gemahlen haben.
In der Landwirtschaft und im Haushalt hatten wir am Anfang meist fremde Hilfe. Seit 1946 wohnten und arbeiteten Frau Sigmund mit ihrer Tochter Gerda und ihrem Sohn Otto bei uns. Dies war eine Flüchtlingsfamilie und sie zog 1951 nach Heilbronn. Danach kamen: Horst Lichtenstein (wanderte später nach Amerika aus), Martin Mäken aus Akelsbarg, Ida Völker, Ida Adams und Dini Brandes. Auch Rolf Adams und Gerhard Gronewold, beide aus Akelsbarg, arbeiteten zeitweise für uns auf dem Hof. Rolf Adams blieb uns als Hilfskraft bis 1961 treu. In den ersten 50er Jahren befassten wir uns ziemlich stark mit der Torfgewinnung. Der Torf würde im Frühjahr von einer Arbeitergruppe (vier Mann) im Tagelohn (erst 5,00 DM später bis 20 DM Tageslohn) gegraben. Manchmal arbeitete Hans in der Gruppe mit. Meist war er aber mehr mit dem „Abbunken" der „Bauerde" sowie mit dem Trocknen des Torfes (Stuken und Bülten) beschäftigt. Die Arbeit im Moor begann oft um 5.00 Uhr morgens und endete erst spät in der Nacht. Im Sommer und im Herbst wurde der trockene Torf vom Moor an den Weg gefahren und dort in großen Haufen aufgeschichtet. Von wurde er meist von den Sandbauern aus Holtrop, Ostersander, Bietzefeld usw. abgeholt. Für uns war das damals eine gute Einnahmequelle. Zum Ende der fünfziger Jahre wurde die Torfgewinnung mehr und mehr eingestellt. Zuletzt wurde nur noch für den eigenen Bedarf Torf gegraben. Mitte der fünfziger Jahre war das Moor endlich drainiert worden. Hans hatte sich hierfür immer stark gesetzt und auch den Drainverband Marcardsmoor mit gegründet. Durch Torfgraben hätten wir die wertvolle Drainage teilweise wieder zerstören müssen. Andererseits stiegen mehr und mehr Torfkunden auf andere Brennstoffe, damals meist Koks, um.

Wir waren sehr glücklich, als am 03.04.1950 unsere Tochter Frieda geboren wurde. Von unserem Sohn Hinrich hatte mein Mann in dessen schönsten Alter ja nicht viel gehabt. Nun war er doppelt glücklich. Die glückliche Zeit nach der Rückkehr von Hans aus der Kriegsgefangenschaft, nach der Geburt unserer Tochter und nach der wirtschaftlichen Aufwärtsentwicklung endete schon Anfang 1955.

Hans bekam starke Schmerzen. Erst war die Ursache unklar, aber schon bald bestätigte sich der Verdacht, daß die bei der Verwundung 1945 zurückgebliebenen Granatsplitter die Ursache für die Schmerzen waren. Die Ärzte waren zunächst ratlos.

Eines morgens im Juli 1955 war Hans beim Melken. Plötzlich bekam er so starke Schmerzen, daß er sich kaum noch auf den Beinen halten konnte. Der Arzt erkannte erst am vierten Tag den Ernst der Lage und schickte Hans ins Krankenhaus nach Wilhelmshaven. Er wurde dort sofort operiert. Was war geschehen? Ein Granatsplitter hatte seine Lage im Bauch verändert und ein eiterndes Geschwür gebildet. Dieses Geschwür war geplatzt und hatte in vier Tagen bis zur Operation den gesamten Bauchraum durch Eiter, Blut und Darminhalt verunreinigt. Die Verdauungsorgane waren dadurch unheilbar geschädigt worden und arbeiteten in der Folgezeit nicht mehr normal. Es folgten drei Jahre voller Schmerzen. Nur weil der übrige Körper organisch gesund war, konnte Hans diese Zeit überstehen. Eineinhalb Wochen nach der schweren Operation am 22.07.1955 stand Hans schon wieder am Fenster des Krankenhauses und winkte uns nach. Am anderen Tag besuchte ihn Schwager Hinrich. Da fühlte er sich nicht mehr so gut. Er hatte zum ersten Mal wieder gegessen und mußte sofort wieder operiert werden, weil der mürbe Darm erneut geplatzt war. Trotz der schweren Eingriffe war Hans nach viereinhalb Wochen wieder zu Hause, durfte aber nicht arbeiten. Ende des Jahres fing er wieder langsam mit der Arbeit an. Nach kurzer Zeit bekam er einen dicken Bauch. Der Arzt sagte, nach der schweren Operation habe man mit seinem Ableben gerechnet und die Bauchmuskeln nicht mehr zusammengemacht. Wir wußten davon nichts. Genau ein Jahr nach der schweren Operation wurden nun die Muskeln wieder zusammengenäht. Auch das hat Hans Überstanden. Kurz darauf bekam er eine Blutkrankheit. Er hatte zu wenig weiße Blutkörperchen. Der Arzt sagte hierzu, die roten Blutkörperchen seien durch Blutübertragungen zu ersetzen, aber nicht die weißen.

Ich blieb bei Hans im Krankenhaus und saß sieben Tage an seinem Bett. Nachts schlief ich bei Onkel und Tante, die in Wilhelmshaven wohnten. Hans erholte sich gut, weil ich die ganze Zeit bei ihm war. Am 03.10.1956 kam er wieder nach Hause.

Er schien gesund, doch weil die Därme kaputt waren, wurde der Körper nicht richtig ernährt. Er mochte zwar gerne essen, hatte aber immer starke Schmerzen. Am 05.02.1957 bis zum 14.04.1957 lag er wieder im Krankenhaus in Sanderbusch. Er bekam dort immer wieder Blutübertragungen. Zu Hause konnte er danach außer ganz leichten Arbeiten nichts mehr machen. Weil sein Bauch anschwoll und er wieder heftige Schmerzen hatte, kam Hans im November 1957 erneut ins Krankenhaus, diesmal nach Sandhorst bei Aurich. Die Ärzte

waren ratlos und konnten weiterhin nichts machen. Nach 11 Tagen kam er wieder nach Hause. Sein Leben ging danach mit heftigen Schmerzen weiter. Es war sehr schwer alles mit ansehen zu müssen, ohne helfen zu können.
Anfang Februar 1958 ging es Hans zunächst etwas besser, aber nach kurzer Zeit wurde es wieder schlechter. Am 01.04.1958 war der Arzt da. Er wollte Hans wieder ins Krankenhaus einweisen. Weil aber unsere Tochter Frieda am 03.04.1958 acht Jahre alt wurde, wollte er gerne Zuhause bleiben, meinte dann aber doch: „Ich nehme ja doch keinen Anteil, da kann ich auch ins Krankenhaus gehen." Hans kam darauf ins Krankenhaus und wir besuchten ihn jeden Tag. Am 06.04.1958 war Ostern. Hans hatte starke Schmerzen und er hatte dem Arzt gesagt, er möchte operiert werden, wenn nicht Ostern wäre. Der Arzt meinte, das habe mit Ostern nichts zu tun. Ich wollte gerade zu ihm fahren, da rief das Krankenhaus an und teilte mir mit, Hans müsse dringend operiert werden, weil er die Schmerzen nicht mehr aushalten könne. Wegen eines Darmverschlusses war sein Zustand sehr ernst und man bat mich, bei ihm zu bleiben. Ich saß vier Tage und Nächte an seinem Bett. Hans freute sich, dass ich bei ihm war und er fühlte sich bis zum 15. April besser, so dass ich nach Hause fahren konnte. Am Morgen des 16. April wurde ich schon früh vom Krankenhaus angerufen. Ich solle gleich kommen, es gehe meinem Mann bereits die ganze Nacht sehr schlecht, das Herz wolle nicht mehr. Um 8.00 Uhr waren Schwager Hinrich und ich bei ihm. Hans hatte die ganze Nacht nur meinen Namen gerufen. Um 9.30 Uhr starb er – und war nun von seinem Leiden erlöst.

Ich war nun mit meinen Kindern allein. Es war meine Hoffnung mit den Kindern gesund zu bleiben, was zum Glück auch für viele Jahre eintraf. Bis 1986, seitdem habe ich oft Schmerzen und kann schlecht gehen.
Mit 80 Jahren darf man nicht klagen, wir haben ja unser Leben gelebt.
Auch nach dem Tode meines lieben Mannes mußte das Leben weitergehen. Mit fremder Hilfe haben wir die Landwirtschaft weitergemacht. Mein Sohn Hinrich war erst 15 und half bereits seit seiner Schulentlassung zu Hause in der Landwirtschaft mit. Hans hatte ihm noch Anfang 1958 eine Lehrstelle beim Bauern Brinkmann in Düngstrup bei Wildeshausen besorgt. Hinrich sollte die Landwirtschaft lernen. Am 01. Mai 1958 nur wenige Tage nach der Beerdigung seines Vaters ging Hinrich nach Düngstrup. Ich blieb mit meiner Tochter Frieda, die 8 Jahre alt war, allein zu Haus. Wir verkleinerten die Landwirtschaft, indem wir einige Flächen an Nachbarn verpachteten. Rolf Adams aus Akelsbarg, der schon lange Jahre bei uns ausgeholfen hatte, half mir bei der Arbeit, so daß ich den verkleinerten Betrieb ein Jahr weiterführen konnte. Am 01. Mai 1959 kehrte Hinrich aus Düngstrup zurück und arbeitete wieder zu Hause in der Landwirtschaft.
Am 10. Juni 1961 starb im Alter von 85 Jahren mein Schwiegervater Hinrich Lübbers. Er hat bis zu seinem Tod bei Schwester Elske und Schwager Hinrich in Marcardsmoor-Mitte gelebt.

Weil Schwester Elske in ihrem Leben zu viel und zu hart gearbeitet hatte war sie schwach und kränklich geworden. Sie schaffte die Arbeit in ihrer kleinen Wohnung nicht mehr, wozu ja auch die Pflege ihres behinderten Ehemannes gehörte. Keiner konnte ihr helfen. Ihre Angehörigen waren im Geschäft voll belastet. Auch mir fiel die Arbeit in der Landwirtschaft, die ich zusammen mit meinem Sohn verrichtete, nicht leicht. Ich sagte zu meiner Schwester man solle aufhören, damit man zusammen ein besseres Leben haben könne. Schwager Hinrich war damit sehr einverstanden. Drei Tage nach diesem Gespräch stand unser Entschluß in der Zeitung. Unsere Landstelle mit dem Haus sollte verpachtet werden. Da es auch für unseren Sohn mit 18 Jahren ohne Vater in der Landwirtschaft nicht leicht war, hat er sich gefreut, eine Möglichkeit zu bekommen sein Leben neu zu gestalten. Weil er gut lernen konnte, fand er eine Lehrstelle als Bankkaufmann bei der Raiffeisenbank in Werdum. Er begann seine Lehre am 01. Oktober 1961. Er hat alles gut geschafft. Durch seinen Fleiß und seine guten Leistungen hat er sich inzwischen zum Bankdirektor hochgearbeitet.

Für meine Tochter Frieda war es sehr schwer unser Haus zu verlassen, wo sie sich so wohl gefühlt hatte. Sie hing sehr an ihrem Vater und hat durch seinen Tod sehr gelitten.
Nun lebte sie mit mir bei Schwester Elske und Schwager Hinrich. 1965 kam sie aus der Schule. Anschließend war sie vier Jahre als Haushaltsgehilfin in Wittmund tätig. Im ersten Jahr war sie in einem Arzthaushalt tätig und litt sehr an Heimweh nach ihrem geliebten Marcardsmoor. Danach wechselte sie zur Familie Brauer, die hatten drei Söhne und wohnten auch in Wittmund. Frau Brauer nahm Frieda wie ihre eigene Tochter an, denn sie wußte durch eigene Erfahrung, daß Heimweh sehr weh tut. Im Alter von 19 Jahren begann Frieda eine Lehre als Krankenschwester beim Krankenhaus in Wittmund. 1972 legte sie mit Erfolg ihr Examen ab. Anschließend wollte sie mit einer Kollegin vorübergehend in Bremen arbeiten. Sie fand eine Anstellung im Krankenhaus „Links der Weser". Die Freundin blieb nur kurze Zeit, weil sie in Wittmund einen Freund hatte.
Frieda lernte in Bremen ihren Mann kennen und blieb dort. Sie arbeitet noch heute im Krankenhaus „Links der Weser." Seit vielen Jahren ist sie im Herzkatheterlabor tätig, wo ihre Arbeit sehr anerkannt wird. […] Sie wohnen in Bremen.

Nachdem mein Sohn Hinrich seine Lehre abgeschlossen hatte, blieb er noch ein halbes Jahr in Werdum und wechselte dann […] zur Raiffeisenkasse nach Marx. […] Weil mein Sohn Hinrich beruflich weiterkommen wollte, wechselte er in der Folgezeit mehrfach seinen Arbeitsplatz, da mußte die Familie ja mit. Im Oktober 1969 zogen sie nach Rastede. Hinrich arbeitete dort bei der Raiffeisenbank. Er machte auch viele Fortbildungskurse mit, die er immer mit gutem Erfolg abschloß.
Schwester Elske und ihr Mann Hinrich verstarben 1970. Daraufhin zog ich am 02.07.1972 zu Hinrich […] nach Rastede. 1982 ergab sich für ihn die Möglichkeit als Vorstandsmitglied zur

Raiffeisenbank Wittmund zu wechseln. [...] Zur gleichen Zeit begann der Hausbau in Wittmund, Im September 1983 zog die ganze Familie um. Nun waren wir wieder in unserer alten Heimat Ostfriesland. Obwohl wir uns überall wohl gefühlt haben ist es doch schön, weil auch unsere Verwandten ja alle in der Nähe wohnen. Meine Kinder werden ja auch älter, die Enkel sind auch schon erwachsen. [...] Die Zeit geht so schnell dahin.
Nun wo ich diese kleine Geschichte zu Ende schreibe, nähert sich mein achtzigster Geburtstag. Ich kann auf ein arbeitsreiches, erfülltes Leben zurückblicken. Viel Leid, aber auch viel Freude hat dieses Leben bisher für mich bereit gehabt. Krieg, Krankheit und auch Schmerzen haben ihre Spuren hinterlassen, aber letztlich überwiegt doch die Freude am Leben. Auch wenn in meinem Alter und wegen meiner Krankheit in dieser hektischen Welt manchmal ein wenig Einsamkeit aufkommt – ein ruhiger Lebensabend in der Geborgenheit einer gemütlichen Wohnung, dazu gesunde, fleißige Kinder und Enkelkinder, das ist etwas worüber ich mich trotz meiner Beschwerden jeden Tag freue.

Wittmund im Sommer 1992

Meine Mutter Frauke Lübbers geborene Camp ist am 18.11.1994 im Krankenhaus Wittmund verstorben. Sie ist neben meinem Vater Hans Lübbers auf dem Friedhof von Marcardsmoor beerdigt.

Hinrich Lübbers

ANHANG 33

GESPRÄCHSPROTOKOLL HINRICH JANSSEN, MARCARSDSMOOR

Am 28. Januar 2006 besuchte ich Hinrich Janssen in Marcardsmoor, den ich vor Monaten bei Jan Lienemann getroffen und gehört hatte, dass er noch einiges aus der *alten Zeit* der Lübbers-Familie in Marcardsmoor zu berichten hatte.
Viel Neues ergab sich nicht, aber ich will hier, zur späteren Einarbeitung, das Gehörte kurz protokollieren:
Hinrich Janssen selbst ist in Marcardsmoor geboren. Sein Vater kam als Siedler aus Ardorf aufs Moor. Er war zunächst Tagelöhner und erlernte später den Beruf eines Schlachters, den er sowohl als Angestellter in Schlachtereien als auch als Hausschlachter ausübte. Nebenbei wurde offensichtlich eine kleine Landstelle bewirtschaftet. HJ ist 84 Jahre alt und somit im Jahre 1922 geboren, also ein Jahr bevor Großvater Hinrich Lübbers das Kolonat an der zweiten Reihe übernommen hat.

Hinrich Janssen erinnert sich, dass Opa Lübbers als Tambourmajor eine Musikkapelle des Kriegervereins Marcardsmoor leitete, dem auch dessen Sohn Hinrich angehörte: *„Ich erinnere mich, wie er mit dem Tambourstab vor uns her marschiert ist und auch dass er eine kleine Trommel aus dem ersten Weltkrieg hatte, auf der er trommelte."*
Hinrich Janssen erinnert sich auch an die Zeit, in der die Bäckerei Lübbers die Region Marcardsmoor, Wiesedermeer, Wiesede und Reepsholt per Pferdewagen mit Backwaren belieferte.

LUBBERS_HINRICH_E43A_DRESCHTEAM_001_EA

Der Lohndreschbetrieb von Hinrich Lübbers III in den 1940er Jahren mit Seniorchef im Bild oben links (ganz rechts).

Besonders nah kam Hinrich Janssen der Familie Lübbers, als er den in den 30er Jahren zur Dreschmaschinenmannschaft der Lohndrescherei Lübbers gehörte. Es gab zwei Dreschsätze, jeweils bestehend aus einem Lanz-Bulldog, einer Dreschmaschine und einer Strohpresse. Der kleinere Satz (mit einem gewöhnlich eisenbereiften Lanz Bulldog mit ca. 20 PS (wahrscheinlich vom Typ HR 5, Bauzeit 1929-1935) wurde für Drescharbeiten im Raum um Marcardsmoor eingesetzt. Hier waren die Höfe kleiner, so dass auch der verwendete Dreschsatz und die Strohpresse kleinere Ausmaße hatten. (Anmerkung Verfasser: Dieser Dreschsatz stand später auf unserem Hof und wurde noch bis 1960 für Drescharbeiten bei uns und bei den Nachbarn eingesetzt – allerdings ohne Bulldog, sondern mit einem 10 PS-Elektromotor als Antrieb.) Der zweite größere Dreschsatz wurde mit einem 38 PS-Lanz-Bulldog (vermutlich von Typ

HR 6 Verkehrsbulldog) betrieben. Dieser Dreschsatz war für Arbeiten auf größeren Höfen geeignet und wurde insbesondere in der Harlinger Marsch und in den Marschgebieten des Jeverlandes eingesetzt. Alle Maschinen stammten seinerzeit von der Firma Karl Berger in Wittmund, die auch für Reparatur- und Wartungsarbeiten eingesetzt wurde. Hinrich Janssen hat bei beiden Dreschteams mitgewirkt und konnte sich an folgende Einzelheiten erinnern:

„Das jeweilige Dreschteam der Firma Lübbers bestand i.d.R. aus vier Leuten: Dem Maschinisten oder Werkführer, dem Bulldog-Führer, dem Einstecker und einem Mann bei den Getreidesäcken. Die übrigen, für das Dreschen benötigten Personen, wie zum Beispiel Leute für das Zuwerfen der Garben, den Abtransport und die Lagerung des Getreides und des Strohs, wurden von den jeweiligen Höfen gestellt.

Als Maschinisten waren im Laufe der Jahre tätig: Großvater Hinrich Lübbers, Vater Hans Lübbers, als Angestellter Johann Weber und später Hinrich Jacobs aus Kirmeer. Weiterhin gehörten verschiedene Personen insbesondere aus Marcardsmoor zu den Dreschteams. Hinrich Janssen erinnert sich an folgende Namen: Johann Martens, Alfred Martens, Karl Hüls, Harm Päben und Julius Bohms.

Hinrich Janssen: *„Wir arbeiteten in der Saison bis zu 15 Stunden am Tag, meistens von 5 Uhr morgens bis 10 Uhr spät am Abend. Manchmal arbeiten wir auch die ganze Nacht durch. Nach Kriegsbeginn durften wir zeitweise nur noch bei Tageslicht arbeiten, weil es ein Verdunkelungsgebot bezüglich feindlicher Luftangriffe gab und so durften wir kein Licht mehr machen. [...]*

Auf manchen Höfen waren wir mehrere Tage, auf anderen auch nur kurze Zeit tätig. Verpflegung gab es für uns auf den Höfen dazu. Geschlafen haben wir im Stroh. Nur der Seniorchef (der seinerzeit bereits über 50 Jahre alt war) bestand darauf, auf dem jeweiligen Hof in einem Bett zu schlafen und nur am Samstag fuhren wir (in der ersten Zeit mit dem Fahrrad) nach Hause. Dabei kam es vor, dass wir in irgendeiner Kneipe hängen blieben und dann in entsprechenden Zustand nach Hause kamen.

Später hat uns die Firma mit dem Bulldog und einem Anhänger nach Hause gefahren, um unsere Kneipenbesuche zu verhindern. [...]

Einmal lösten sich bei der Auffahrt zu einem Hof, der auf einer Wurt lag, die Dreschmaschinen vom Bulldog und rollte rückwärts in einen Graben. Dort konnte er nur mit Hilfe von schweren Militärfahrzeugen, die zu Hilfe gerufen wurden, wieder herausgeholt werden. Die Maschinen waren zwar etwas „verbogen“ aber das Dreschen konnte bald weitergehen. [...]

Als Bulldog-Führer habe ich einmal einen schwerwiegenden Fehler gemacht. Aus Versehen verwechselte ich beim Lanz-Bulldog die Einfüllstutzen für das Kühlwasser und für das Motoröl (Lanz-Bulldogs waren Zweitakter). Die Folge war natürlich dass der (einzige) Kolben sich alsbald festlief. Zusammen mit Hans Lübbers versuchte ich, den festgefahren Kolben nach dem Entfernen des Zylinderkopfes mit einem kräftigen Pfahl wieder in Bewegung zu bringen – erfolglos ! Die Firma Berger musste her und den Bulldog mittels Erhitzen des Zylinders und Abschleifen des Kolbens, nachdem dieser aus dem Zylinder heraus war, wieder in Gang setzen. [...]

Mit dem großen Dreschsatz wurde außer auf den großen Marschhöfen in näherer Umgebung nur auf dem relativ großen „Judenhof" in Rispel gedroschen. Dieser war, nachdem der jüdische Eigentümer Anfang der 40er Jahre von den Nazis vertrieben wurde, von der Landmaschinenfirma Berger übernommen worden. Hier wurde auch der große Dreschsatz, insbesondere in der Winterzeit, untergestellt, weil einzig dieser Hof über die erforderliche Gebäudegröße verfügte. [...]

Ich war auch direkt dabei, wie Hans Lübbers (1937) durch eine explodierende Lötlampe in Brand geriet und schwere Verbrennungen erlitt. Ich versuchte spontan, das Feuer mit einem leeren Jutesack zu ersticken. Dieser Rettungsversuch stellte sich als falsch heraus, weil die Sackjute dann in Haut und Haare eingebrannt war und die Brandverletzungen eher verschlimmerte. Hans wurde mit einem Rettungsfahrzeug (?) so schnell wie möglich in das Krankenhaus nach Jever gebracht und musste dort wegen schwerer Verbrennungen etwa 6 Wochen behandelt werden. Meines Wissens geschah das Unglück auf einem Hof bei der „Vereinigung" im Jeverland (s. zu diesem Thema auch die Lebensgeschichte von Frauke Lübbers). [...]

Ich habe zeitweise auf dem Lübbers-Hof auch beim Torfgraben geholfen. Ich erinnere mich an den Hund Max, der stets in der Nähe des Seniorchefs war und daran, dass ich mit Bäcker Hinrich Lübbers manchmal in der Backstube Blasmusik machte. Ich meine mich erinnern zu können, dass der große Dreschsatz mitsamt dem großen Lanz-Bulldog vom Werkführer Hinrich Jacobs übernommen worden ist, als die Lübbers-Familie dieses Geschäft aufgab."

Verfasser: Ich erinnere mich, dass mein Vater mit Familie etwa 1950 mit dem großen Bulldog samt Familien nach Upende gefahren ist um die dortigen Verwandten zu besuchen. Außerdem kann ich mich erinnern, dass dieser Bulldog, auch wahrscheinlich etwa zu dieser Zeit, zum Düngerfahren benutzt wurde.

ANHANG 34
HINRICH LÜBBERS V

Mein weiterer Lebensweg nachstehend stichwortartig im Zeitablauf:

01.10.1961 bis 30.09.1964: Ausbildung zum Bankkaufmann bei der Raiffeisenkasse Werdum.

01.10.1964 bis 30.03.1965: Angestellter bei der Raiffeisenkasse Werdum.

01.04.1964: Angestellter der Raiffeisenkasse Marx, Schwerpunkt: das Warengeschäft der Bank.

21.05.1968: Das Eigentum an dem Hof meines Vaters in Marcardsmoor geht nach dem Erbhofgesetz auf mich über.

16.10.1969: Umzug nach Rastede und Beginn meiner Tätigkeit als Angestellter der Raiffeisenbank Rastede.

1971: Kauf eines Wohnhauses am Stratjebusch in Rastede. Verkauf des Hofgebäudes in Marcardsmoor.

02.07.1972: Meine Mutter zieht zu uns nach Rastede in eine Einliegerwohnung unseres Hauses

01.10.1973: Beruflicher Wechsel zur Raiffeisenbank Burhave, Butjadingen, Wesermarsch. Grund: Angebot für bessere Aufstiegschancen.

01.11.1974: Umzug der Familie nach Burhave.

1974 bis 1977: Absolvierung der Bankwirtschaftlichen Seminare der Raiffeisenschule Rastede mit dem Abschluss zur theoretischen Befähigung der Leitung einer Kreditgenossenschaft.

1975/1976: Bau eines Familienhauses mit Einliegerwohnung in Rastede an der Fasanenstraße, Verkauf des zwischenzeitlich vermieteten Wohnhauses in Rastede. Verkauf der restlichen 10 Hektar des Hofes in Marcardsmoor.

07.11.1977: Berufung in der Vorstand der Raiffeisenbank Burhave.

1979: Absolvierung des 10-wöchigen Bankwirtschaftlichen Führungsseminars der Akademie Deutscher Genossenschaften in Montabaur, Titel: Diplomierter Bankbetriebswirt ADG.

01.04.1983: Wechsel als Vorstandsmitglied zur Raiffeisen-Bank Wittmund. Verkauf des Wohnhauses in Burhave.

MÄRZ BIS SEPTEMBER 1983: Hausbau an der Friedeburger Straße in Wittmund, Einzug im September 1983.

1985: Bank-Erweiterungsbau in Wittmund

1987 bis 2000: Maßgeblich mitgestaltete Fusionen: 1987 Raiffeisen Willen, 1989 Raiffeisenbank Werdum + Umbenennung in Raiffeisen-Volksbank Harlingerland, 1991 Raiffeisenbank Harlingerland Blomberg, 1992 Raiffeisenbank Leerhafe, 1997 Volks-

bank Aurich + Umbenennung in Raiffeisen-Volksbank Aurich-Wittmund + Ernennung zum Vorstandsvorsitzenden, 1998 Raiffeisenbank Altes Amt Friedeburg, 2000 Raiffeisen-Volksbank eG, Uplengen.
1996: Verkauf des Wohnhauses in Wittmund.
1997: Bau eines Einfamilienhauses in Friedeburg.

Meine Nachkommen:
> Hendrik Lübbers
> Marina Lübbers

Meine Schwester:
Frieda Haacke geb. Lübbers, * 3.4.1950 in Marcardsmoor.
Beruf: Krankenschwester. Nach Ausbildung im Juni 1973 beruflicher Ortswechsel nach Bremen.
∞ Hartmut Haacke am 26.9.1975 in Bremen.

LUBBERS_FRIEDA_C28C_014

Konfirmationsbild Frieda Haacke geb. Lübbers 1964.

REGISTER

NAMEN

ORTE

BESCHREIBUNG DER BILDER AUF DEM BUCHUMSCHLAG

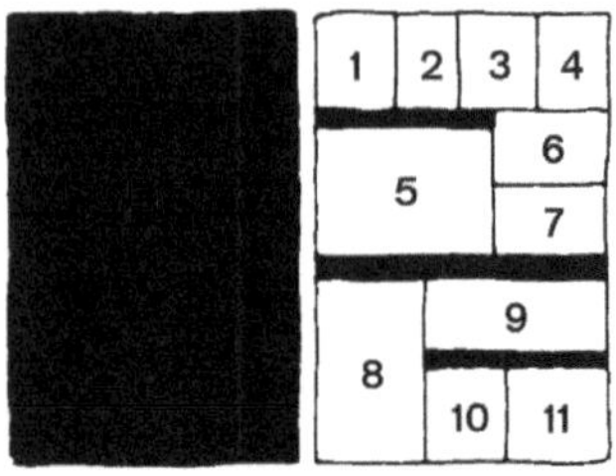

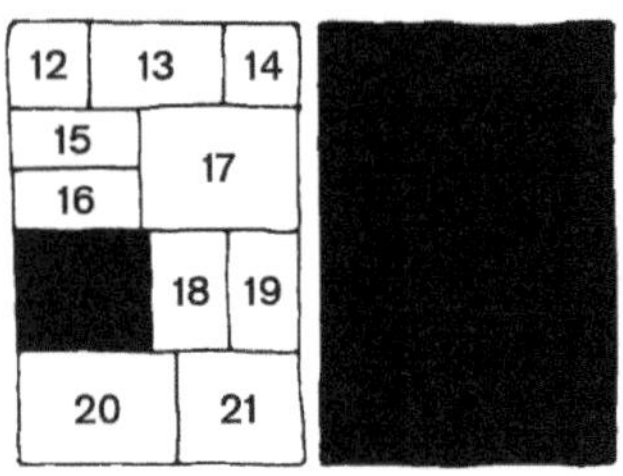

VORDERSEITE:

1. Gesche Lübbers geb. Brungers (vorn links) mit ihren Geschwistern Ahlke, Bonne und Gretje. ca. 1900.
2. Hinrich Lübbers IV ca. 1930.
3. Hinrich Lübbers III mit Frau Johanna Arens und den Söhnen Hinrich IV (re.) und Hans. Oberneuland (?) 1913. Ist das Mädchen links möglicherweise Johannas voreheliche Tochter Diederike (?)
4. Kinder in Marcardsmoor: von links: Diedrich Lübbers, Lisa Weber, Johanne Lübbers, vorn: Hilde Stürenburg.
5. Volksschule Oldeborg 1919. Frauke Camp ist in der zweiten Reihe von unten, das zweite Mädchen von rechts.
6. Postkarte vom März 1916 an Krankenschwester Amke Lübbers in Hemelingen bei Bremen.
7. *Fuchs* im September 1961 auf seiner letzten Ausfahrt mit Landarbeiter Rolf Adams.
8. Krankenschwester Amke Lübbers mit Kolleginnen in Bremen. Amke steht hinten rechts.
9. Hans Lübbers (3. von links) 1941 als Soldat mit Kameraden in Russland.
10. Adi Lübbers (spätere Straube) ca. 1910.
11. Familie Saathoff 1938, von links: Anni Lübbers geb. Saathoff, Klaas Saathoff, Hanni Pottberg geb. Saathoff, Ehefrau von Klaas Saathoff *(Name unbekannt)*.

RÜCKSEITE:

12. Klaas Saathoff mit seinen Enkelkindern Klara Lübbers (spätere Schäfer) und Alfred Lübbers. ca. 1953.
13. Lohndreschbetrieb von Hinrich Lübbers III in den 1940er Jahren.
14. Hans Lübbers und Frauke geb. Camp mit den Kindern Hinrich V und Frieda 1952 in Marcardsmoor.
15. Torfgräber auf dem Lübbers-Hof in Marcardsmoor, rechts im Bild: Hinrich Lübbers IV. Ende der 1930er Jahre.
16. Hinrich Lübbers III in den 1930er Jahren mit Pferd und Düngerstreuer auf dem Hof in Marcardsmoor.
17. Foto mit handschriftlichen Notizen: Familientreffen ca. 1925 in Marcardsmoor *(wahrscheinlich bei Fleßner oder Barkhoff)*; v.li.: Hinrich Barkhoff, Focke Dettmers, Hinrich Fleßner, Janna Giliard, Antje Barkhoff, Lina Dettmers, Heidine Fleßner (?), Tebbe Barkhoff, Elsche Fleßner, Jannette Fleßner; davor zwei Mädchen, eine alte Frau, und zwei weitere Mädchen im weißen Kleid, v.li.: Frieda Dettmers (spätere Behrends), Elisabeth Giliard, Gesche Lübbers, Anne Fleßner, Gesine Fleßner.
18. Hinrich Lübbers III in den 1920er Jahren auf dem Hof in Marcardsmoor.
19. Janna Giliard, geb. Lübbers.
20. Hans Lübbers 1954 auf dem Hof in Marcardsmoor mit seinem *Fuchs*.
21. Lübbers-Hof in Marcardsmoor 1961.